采购经理
如何管采购

林朝宇◎著

电子工业出版社.
Publishing House of Electronics Industry
北京·BEIJING

内 容 简 介

采购从业人员觉得采购难做，领导者或管理者觉得采购难管，这就是采购两难——一个公认的难题。对于管理者和采购从业人员来说，如何提高工作的有效性是一个极具挑战的问题。

从乌卡时代到巴尼时代，环境变得越来越难以捉摸；从 Y 世代到 Z 世代，人的个性越来越鲜明。对于采购管理者来说，只有跳出日常工作与惯性思维的盒子，基于社会主义核心价值观和企业文化，以人为中心，重新思考和建立"人、组织、领导力"三者的关系，才能最终成为一个优秀的采购管理者，而不是被职位赋予权力的管理者。

没有管理的管理可能是最好的管理，没有谈判的谈判可能是最佳的谈判。本书对于各级管理者、企业主都具有一定的启发意义。

图书在版编目（CIP）数据

采购经理如何管采购 / 林朝宇著. —北京：电子工业出版社，2024.3

ISBN 978-7-121-47220-6

Ⅰ．①采… Ⅱ．①林… Ⅲ．①采购管理 Ⅳ．①F253

中国国家版本馆 CIP 数据核字（2024）第 025640 号

责任编辑：王陶然
印　　刷：三河市鑫金马印装有限公司
装　　订：三河市鑫金马印装有限公司
出版发行：电子工业出版社
　　　　　北京市海淀区万寿路 173 信箱　　　邮编：100036
开　　本：720×1000　　1/16　　印张：16　　字数：282 千字
版　　次：2024 年 3 月第 1 版
印　　次：2025 年 2 月第 2 次印刷
定　　价：79.00 元

导读：两页读完一本书

重新思考采购管理

- **采购两难**：采购难做，采购难管。
- **三大陷阱**：不可能三角形（战略陷阱），蠕动环（协同陷阱），能力逻辑（改变陷阱）。
- **三大困局**：偏差与噪声，博弈，内卷。
- **八大挑战**：协作挑战、噪声挑战、隐形权力挑战、过度管理挑战、乱撩挑战、操守挑战、丛林法则挑战，以及企业文化挑战。
- **两难本质**：采购管理面临的挑战本质上就是多因素推动下的复合博弈。
- **四注视一忽视**：过于关注组织、团队、供应商及客户，忽视长期价值。

成为优秀的采购管理者

- **管理者的核心责任与价值**：制定组织战略与提升组织能力，以满足企业未来发展的需要。
- **采购管理之顶层设计**：
  - ➤ **1个本质**：建立和带领一个团队，完成目标绩效，为企业未来储备人才。
  - ➤ **两对夫妻**：采购方与供应商的"夫妻相"，员工与企业的"夫妻相"。
  - ➤ **4个核心**：高绩效的采购组织，可持续供应管理战略，高度协同，间接采购。
- **卓越供应链三环理论**：高绩效团队、可持续战略，以及内部协同。
- **采购管理飞轮模型**：以领导力和价值为推力，以团队为中心，提升组织能力与制定组织战略，克服组织自重与协同阻力，产生飞轮效应。
- **采购组织的核心竞争力**：采购领导力，采购竞争优势，核心能力，赋能业务。

- **打造高绩效的采购组织：**解决三个问题，即会不会、愿不愿意和允许不允许。
  - ➤ **打造四个心理基础：**不做超人，有底有气，心理安全，眼高脚低。
  - ➤ **五步建设高绩效的采购组织：**组建优化，磨合成形，提升核心，柔性建设，潜力打造。
- **可持续供应管理战略：**眼高脚低做可持续供应管理，保持可持续心态。
- **高效协同三原则：**不离群，不靠近，相互追随。
- **关注间接采购：**失间采，失江山，忽视的可能才是重点。想明白，选对人，有重点。
- **成功三要素：**快乐，人，赢！让身边的人快乐，让身边的人赢，成就他人，成就自我！

供应管理的企业家思维

- **四化风险：**领导力沙漠化，流程完美化，协同表面化，公司政治化。
- **5 个常犯的错误：**打造体力工作者团队，将领导力扔进垃圾桶，向上管理与向下管理，滥谈忠诚度，追逐有毒的快赢。
- **3 个典型的管理风险：**过度管理风险，监管与牵制风险，继任者风险。
- **组织成长：**做人有温度，制度有弹性，管理有韧性，团队有活力，收益能共享。
- **采购管理的基础：**有目标，有能力，有信任，有开放，有投资。
- **相信 3 件事：**相信付出的力量，相信投入的力量，相信相信的力量。

自序

这本书不是——

一本采购专业的书。 关于采购与供应链的知识与实践，笔者推荐刘宝红和宫迅伟的系列著作，实用、接地气，读懂这几本书，读者开展日常工作基本上绰绰有余了。如果还不解渴，笔者推荐精读 CPSM 教材，看似平白却字字珠玑，对人性的思考非常深刻，是笔者读过的最优秀的采购图书，值得认真研读。而本书，既不是心灵鸡汤，也不是成功者的经验总结。

这本书是——

失败者的教训总结。 笔者在职场的道路上经历过太多失败，多到足够笔者就这个话题说上一周。每次失败后笔者都问自己："我为什么错了？下次怎样才能成功？"所以这本书更多记录了笔者的失败经历，是笔者试着找到自己的过程记录。

工作笔记的集合。 笔者 20 多年保存下来的笔记本有 10 来本，笔者尝试将这些笔记整理、总结出来。堆砌内容很容易，但要把这么多内容糅合在一起，从中提炼出一套逻辑，对于语言能力一般的人来说是一个巨大的挑战。幸运的是，在这个过程中笔者得到了很多同事和朋友的支持，让笔者在一次次的挫败中坚持了下来，最终有机会与各位读者朋友分享。

他们的经验总结。 笔者也参考了很多大师的作品，如帕特里克·兰西奥尼、吉姆·柯林斯、戴维·尤里奇等的名著。

经历。 在 20 多年的职业生涯中，笔者做过质量管理、供应商管理、寻源、采购运营管理和供应链管理等工作，这本书是笔者不断尝试、犯错和一次次重新出发之后的思考与总结。"9·11"事件、2002 年 SARS、2008 年金融危机、2018 年至今的中美贸易摩擦，以及新冠疫情导致的全球供应链遭受重大挫折，每个大事件都在对企业形成冲击的同时也创造了机遇。

是关于"做采购管理"的思考——

作为供应链从业者，笔者深感工作之艰难。笔者曾走访过近千家企业，有不少企业的采购与供应链管理处于亚健康状态，亟待变革。采购人员觉得采购难做，领导者或管理者觉得采购难管，采购两难是一个公认的难题。对于管理者和采购人员来说，如何提高工作的有效性是一个极具挑战的问题。

笔者希望能够借助这本书触发职业经理人及企业主的思考：①如何进行采购管理与变革，并持续改善，形成可持续的、优秀的采购与供应链能力？②如何优化人力资源战略来支持企业未来战略及组织的变革？③什么是管理的初心、本质与核心？

采购与供应链是"兵家必争之地"，采购人员随时都在面对各种挑战甚至"战争"，"避而不战"或者"战而胜"是很多采购人员的第一选择，但这是最佳选择吗？我们随时准备着迎战或发起战争，这是工作的意义吗？不如认真思考这些问题的根源，只有找到原因，及时找到应对的方法，我们才能准备好面对目前和未来的挑战，追寻更高层次的"不战而胜"，甚至超越胜负。

绕不开的"以人为中心"

供应链咨询公司或专业人士通常会建议企业提高采购人员的采购技术、优化采购流程等，却很少会建议企业关注员工与组织的关系。这不是因为他们不知道，相反他们很清楚这是问题的本质，然而这是最难以改变的事情，所以避之而唯恐不及，"不说也罢"是最佳选择。

《供应链变革：构建可持续的卓越能力与绩效》一书中提到：即便是最聪明的领导者创造出的最明智和精巧的供应链设计方案也不会成功与持久，除非，你解决了人的行为带来的更复杂的挑战，并将这一挑战的解决方案与变革过程整合。知道要做什么是相对容易的，如何做则是具有挑战性的，在一个大型组织里是这样的，在一个整合的供应链中更是如此——**看似柔弱的人往往是最难处理的**。

时代在变，人的个性变得更加鲜明。Y 世代（1980—1994 年出生的人）逐渐成为管理者的中坚力量，Z 世代（1995—2009 年出生的人）逐渐在企业里发挥着越来越重要的作用，他们对于自主、权利、公平、安全、个人价值的诉求与传统的、主流的管理思维和模式形成了前所未有的对立。"以人为本""以人为中心"这些说起来朗朗上口的话，知易行难，真正落实到日常工作中，我们还能做到吗？如果这些理念没有深入骨髓并在实践中得到验证，那么它们终将沦为大部分企业的文化装饰品。我们更愿意专注于系统、流程等内部因素和市场等外部因素。

跳出盒子

工作的本质是人的行动，管理的本质是支持人的工作以创造更多的价值。因此，我们应尝试跳出日常工作的盒子，跳出采购技术的盒子，以人为中心，思考如何提升采购管理的水平。本书通过对案例的解读和采购人员的心得的整理，尝试从更深层次去理解采购这个职能，探讨如何成为一个优秀的采购管理者，乃至领导者。

自我灵魂拷问之旅

笔者经常被下属批评（你没有看错，是批评！）"大嘴巴""乱讲话"。在别人眼中能说会道的笔者，动笔没几天就屡屡卡壳。这时，笔者才意识到原来那些"未说的和不可说的"才是最重要的，必须反复思考、探讨和推敲，把那些隐藏的信息挖掘出来，这可能才是价值所在——**未说的和不可说的可能是关键。**

莱安德罗·埃雷罗说：当你试图理解一种文化时，会有很多可见的东西需要去看、去听、去感受。具有高社交技能的领导者会抓住它们，并试图理解它们。尽管这在某种程度上很重要，但它们是比较容易的部分。难的是，要进入文化的更深层、思想的深处、隐藏的信仰和情感的交织，你需要听到未说的和不可说的。作为一名优秀的领导者，你必须挑战极限并探索未说的事物。如果"我听到了什么"和"我是如何听到的"是关键的核心领导力问题，那么"我没听到过的"和"这可能是未说的"则进一步要求领导者的社交技能提升到更高的水平。

人天然存在着防御心理，总有一些没说完的话。尤其在传统文化的影响下，我们身边的人更含蓄，更擅长也更倾向于"说半句话"，剩下的半句话靠听者领悟。这一点在采购与供应链管理领域尤为明显，大部分高阶采购人士都显得温文尔雅、惜字如金，这可能与其职业特性及文化思维习惯有关系，但这也是大部分供应链专业人士做到经理总监后很难再上一个台阶的原因。因此，**本书写的是采购，思考的是管理与领导力，触及的是人性。与其说本书在谈采购管理，不如说在思考职业发展的同时进行自我灵魂拷问。**

可能的错误与导致的不适

本书中很多案例的分析和描述存在一定的错误概率。

基本归因错误是指人们往往倾向于把他人的不恰当行为归结为其自身的问题，而对于自己的错误更倾向于归结为环境因素。这种归因倾向性可能会让我们在这些案例的思考上出现偏差，把问题的责任推给其他人，并且假设采购人员的做法是合理的，甚至可能带有情绪化的认定与描述。还有一种可能是我们所站的高度不够，没能站在全局的高度思考问题，这样就难免存在偏颇了。

如果你是需要与采购人员合作的人，书中的一些案例或说法可能会让你感到不适。其实很多东西也让笔者感到不适，但不面对这些不适怎么会改变呢？所以，考验一下自己的勇气吧！

比如，采购人员在推进工作中经常碰到一些内部障碍和阻力，为了不影响业务的运行，尽管他们觉得这些障碍和阻力有些"无厘头"，但他们可能会选择忍气吞声以换得事情的尽快结束，这并不意味着采购人员做得对，也不意味着"您"做得对。有人这样说："采购是为了结束一件事情，而你们是为了在每一件事情里证明自己。"

这段话是不是会让你觉得不适？如果会，不能忍受，甚至想骂人，那建议你不要继续往下看。但如果你是采购人员，可能也会感觉不适，但笔者不会为此而担心，至少你会认可其中一部分说法。

笔者相信帕特里克·兰西奥尼说的："生活中每种重要的努力，无论是关于创新、运动、人际关系的，还是关于学术的，都会带来一定程度的不适感，这使我想起那句老话'没有付出，就没有收获'。当我们逃避必要的痛苦时，我们不但无法体验到痛苦，从长远来看，还会使痛苦加剧。"

这本书可能更适合愿意细细阅读、喜欢思考、善于反思、愿意接受异议并乐于改变自己的人看。

有意思的疑问

这本书耗时两年半，修改了 23 个版本，朋友们除了支持也产生了不少有意思的疑问，一并在自序里答复，希望这些回答也能够消除读者的部分疑虑。

【都是你的想法或者做法】书里这么多思考都是你的想法或者做法？书里有很多思维和做法来自采购专家和团队的贡献。

【浅薄的思考】你自己怎么看书里的内容？好像也没有太多新意。很多观点本身就是常识，只是这些在日常工作中常被忽略，我们要做的事是一次又一次地强调这些观点。

【失业的风险】在我整理第一批案例的时候，同事告诫我："你要是把这些案例写出来，估计要失业了，太真实了，你这是要把该得罪和不该得罪的人通通得罪一遍吗？"其实，笔者也有所顾虑，但是只有真实的案例才会触发真正的思考。不过，笔者也许不用担心失业，正像程晓华所说的：只要销售还在为了销售额而不是为了客户的真实需求而苦苦挣扎，生产制造商还在斤斤计较产能利用率而不是把精力放在生产弹性的提高上，财务还在把"3＋6"（3 个月账期，6 个月承兑）当成"赚了"而不是"赔了"、还在把库存当成资产而不是负债，采购还在追求"Piece Price Only"（只看单价）、"伪 VMI"（伪供应商管理库存）、"薅（供应商）羊毛"而不是把努力放在供应商辅导上，供应链管理就永远有的玩儿……

【先射箭再画靶心】笔者有一个同事是刘宝红的"铁粉"，熟读刘宝红的几本书。他问笔者："你写这个会不会有点儿先射箭再画靶心的嫌疑？"在刘宝红的书中经常提到靶心理论，如有些最佳实践就像射出去的箭，好事者就围绕射中的地方画个圆圈，说这就是靶心了。没错，在某种程度上，笔者就是先射箭再画靶心，这是从实践到总结的过程，不见得对，也不可能对任何情景或任何人都有用。

【情况大不同】每个采购人员面对的情况都不同，对有些事情的看法也不同。的确如此，场景不同，每个人都有不同的思考，这才是有意思的地方。

【有抄袭拼凑的痕迹】有些桥段看起来很熟悉。不是有痕迹，就意味着拼凑、抄袭，笔者这是工作笔记的整理，而不是原创管理大法。

【还不是追料砍价】有同事说，写那么多还不是要"追料"吗？没错。笔者喜欢在啃着硬馒头的同时想着面朝大海、春暖花开，理想一定要有，万一实现了呢？

【要不要读 MBA】看了你的草稿，发现对于同样的案例，我的体会和你的不一样，我是不是应该去读 MBA？笔者不相信读完 MBA 就可以脱胎换骨，因为笔者就是那个读完 MBA 也没有什么长进的人。但读了总比不读强，收获多少取决于个人吧。

【为什么写书】这么费劲干吗？都说采购职场的尽头只有 3 条路，即创业、咨询、培训。对于创业，笔者没有经商天赋而且暂时没有冲动（或等待触发点）；对于咨询和培训，写书就是一个起点，或者说写书就是为了找一份新工作或给自己退休后找点事做。

【以后怎么办】团队都知道了你的招数，还怎么带？老板看了会怎么想，怎么做？如果他们真的赞同我的想法，那就太好了！连苦口婆心的沟通都省了，那该多好！如果不赞同，那么大家也可以针对本书中的内容进行讨论，这也是一件好事。

【谁是 Thomas】书中很多案例提到的 Thomas 是你吗？因为我合作过的两位采购领导——两位优秀的采购管理者都叫 Thomas，所以案例中就用了这个名字，案例本身则来自身边从事采购与供应链工作的朋友。

小故事　董胖不懂

　　董胖加入 E 公司担任采购总监快一年了，他尽忠尽力于自己的工作，加班加点甚至牺牲个人的家庭生活，但他越来越力不从心，工作越做越乱，整个团队一团糟，不是成本出问题，就是交期出问题，或者质量出问题，老板也不怎么满意，同事之间的关系愈发紧张。董胖越来越觉得自己是"不懂的胖子"。

　　他怀疑自己选择加盟这家公司是不是错了、是不是要回到前公司，甚至怀疑自己选择采购这个职业是不是从一开始就错了，但他在过去的 10 多年还算顺风顺水。

　　董胖早就觉得应该给自己放个假了，但是他连选目的地和安排行程的时间都没有，偶然听到同事们提起武夷山，想起来前同事小朱辞职后回武夷山开了一家旅行社，于是拿起手机预订了一张去武夷山的车票。

说走就走的旅行

　　小朱来高铁站接老同事，董胖一眼就在接车人群里看到了小朱。董胖感慨："多年不见，当年那句'伊人眉似远山，面若芙蓉，远远近近，像一幅清丽的画。'仍可用，不浪费！"小朱则回答："又见'渣男'啊！"

　　董胖在武夷山心不在焉地逛了两天，看到大多数商店门口或大厅都摆着一套或复杂或简单的茶具，一群人在那悠闲地喝茶、聊天。董胖感叹道："这才是生活啊，我什么时候也能这样？"

　　一旁的小朱听到了，便问董胖："我看你也没有心思看风景，要不先去看看做茶，再去喝点儿茶？"董胖说："这个主意不错。"小朱说："那去我家坐坐吧，我叫辆车送你过去，我爸在，现在正好是制作秋茶的时间，挺好玩的，我晚点回来。"

　　从武夷山度假区驱车到小朱家花费了将近 1 小时，翻越高山、穿过密林，从一个山口进入位于山谷的小村子，在一处老屋前停了下来，小朱的爸爸老朱正坐在门口边喝茶边等着董胖。老朱虽然已经 60 多岁了，但面色红润、耳聪目明、说话铿锵有力。

老朱说："欢迎欢迎，小朱刚才说有上海客人要来，坐，吃茶！"董胖连忙说："谢谢，谢谢！"

老朱问："小董来旅游的？"董胖回答："嗯，工作太累了，出来散散心。"老朱说："挺好，挺好，武夷山茶好、空气好、水好，来品品今年的秋茶。"

董胖端起茶杯，茶香四溢，沁人心脾，喝下去口齿生津，忍不住叫道："好茶！"老朱说："这个茶没有时间的味道，还不是最佳状态。""时间的味道？"董胖很惊讶。老朱说："刚做完的茶，至少放半年的时间，让它自己退火和陈化，那时韵味才好！"董胖心里想：有意思，工作和人才的培养及开发好像也有这样一个过程。

老朱说，他们祖上就在这里种茶、做茶，自己十来岁就学做茶，如今 60 多岁了还在围着茶忙活。他跟房子后面的山坡上老枞水仙的年龄差不多大。

参观制茶工坊

老朱带着董胖逛了自家的茶叶作坊。

作坊里有几十个人在有条不紊地工作着，董胖突然有感而发："老朱，这么多人，你是怎么管理的？怎么做到保质保量？"老朱愣了一下回答："怎么管？没有管啊，他们自己做就好了，我就是过几个小时来看一下。"董胖心里嘀咕了一下："真的？"

老朱接着说，武夷岩茶制作讲究"一采二倒青，三摇四围水，五炒六揉金，七烘八捡梗，九复十筛分"。青叶要先散失水分、退青、走水、还阳、恢复弹性……经历一系列的变化，再进行揉捻、烘焙、挑剔、分选、拼配、复火，才能完成从青叶到岩茶的蜕变。

董胖虽然没有完全记住整个过程，但隐约觉得这与团队管理有些许异曲同工之妙。采摘就像面试选人，做青很像员工入职的初期接受培训和适应企业文化的过程，揉捻、烘焙、复火很像促进员工从新人到成熟的过程……暗自感叹，艺术来源于生活，看来管理亦是如此。

老朱说同一片茶园产出的茶叶，味道各不同，即使是同一个师傅做的茶，味道也会有很大差异。董胖暗自思量，这不是跟之前读的书《噪声》里描述偏差与噪声对决策的影响有几分相似吗？

细品武夷茶道

傍晚时分，小朱回来了，邀请董胖到茶厅，说要给他表演一下正宗的武夷茶道，原来她不仅是旅行社老板，还是茶艺师。"武夷茶道一共有18道……"

第一道：焚香静气，活煮甘泉。焚香静气，就是点一支香，营造一种祥和、温馨的氛围，抛开杂务，专心泡茶，用心品茶。苏东坡说："活水还须活火烹。"活煮甘泉就是煮沸这壶中的山泉水。董胖自问：工作中是不是也要营造一种这样的氛围？这是不是有点像之前读过的书里写的"心理安全的工作环境"？

第二道：孔雀开屏，叶嘉酬宾。"孔雀开屏是指孔雀向同伴展示自己美丽的羽毛，就像你们男士在女生面前展示自己的才华。"说到这里，小朱自己都笑了，"我主要是为了介绍今天所用的茶具：茶海、紫砂壶、母壶、闻香杯、品茗杯、茶则……叶嘉酬宾，就是请您观赏我们武夷岩茶的外观形状，待会儿再请您品鉴它的岩骨、花香，感悟令人销魂的岩韵。"

董胖感叹道："武夷山茶道果然名不虚传，为了呈现一杯茶，竟然准备了这么多茶具，要是在工作中我们都能准备得这么充分，结果一定也会好很多。岩骨和岩韵这两个词也很妙啊！"这句话一下子把小朱逗乐了："你能不能静下心来享受茶道，不要老想着工作？"董胖有点儿不好意思，感觉辜负了小朱的心意，忙解释道："我这也是在理解茶道！比如，你刚才说的岩骨、花香、岩韵，这几个字就像做人的境界。"

第三道：大彬沐淋，乌龙入宫。大彬是明代制作紫砂壶的一代宗师，大家将名贵的紫砂壶称为大彬壶。大彬沐淋就是用开水浇烫茶壶，目的是洗壶和提高壶温。把茶拨入紫砂壶内，这就是乌龙入宫。放入的茶叶量因人而异，适浓者可多加，喜淡者则少放，一般茶叶量为壶的2/3。董胖忍不住又开始想了：这洗壶和热壶不就相当于给部门适当地营造紧张的工作氛围吗？茶叶量的多少与浓淡不就是人才密度的问题吗？

第四道：高山流水，春风拂面。武夷茶艺讲究"高冲水，低斟茶"。高山流水就是悬壶高冲，借助开水的冲力使茶叶在壶内随水浪翻滚。"春风拂面"就是用壶盖轻轻刮去茶壶表面的白色泡沫，使壶内的茶汤更加清澈、洁净。董胖想：高冲水，不就是助力团队？刮去泡沫，不就是让团队撇去杂念？这不是跟团队建设很像吗？

…………

停下来，重新思考

在小朱家吃过晚饭，小朱带着董胖在村里转转，整个村子都弥漫着烘焙茶叶所散发出的香气。董胖跟小朱说他准备再住一个星期，还要邀上几位供应链行业的老友来武夷山聚聚。

董胖拿起手机，给老板发了一条信息："领导，我需要再请一周的假……"滑动屏幕，他找到"高端采购经理人"群发了一条信息："兄弟姐妹们，我在武夷山，一起来聚聚，看日出，喝岩茶？这几天突然想明白了一些事情，都是困扰我们已久的问题，解决了可能以后日子会好过很多。马上订票，酒店都给你们订好了，快来快来！"

第二天午后，董胖的朋友们陆续应邀到达。小朱开玩笑说："真是重量级会晤，多位采购总监、副总、CEO，董胖说各位的年度采购额加起来（近 200 亿元）已经快接近武夷山市去年的 GDP（2021 年，224.7 亿元）了！感觉武夷山都要被你们压沉下去几厘米了，市长应该来招待你们的。"

武夷山论道

隔天一早，小朱先带大家去看了日出，然后去"九曲十八弯"乘坐竹筏游玩，随后去山里的茶园参观茶叶作坊，并品了工夫茶。本来计划是午餐后去酒店讨论的，可大伙觉得在茶园里就挺好的，他们邀请小朱加入讨论，一是有人给大家泡茶，二是一个采购出身的小企业主看问题的角度也很有借鉴意义。于是在接下来的几天里，他们在茶园就着一块门板、一盒粉笔、一壶清茶，进行了一场采购管理论道。

董胖给下午的讨论开了个头儿："我们都是老采购了，也都是有丰富经验的管理者，我们都知道采购这活儿不好做，采购管理更是难做，我们就借小朱的茶园来一场'茶园论道'，看看能不能找到让工作和生活都更好的方式。我提议每个人先写一条自己目前遇到的最大挑战，如何？"

看大家点头，董胖率先在门板上写上了"采购难做"。

老李写了一句"人、钱、权"。老张写下了"两对夫妻"，看得大家一脸懵。老张补充说道："企业与供应商的'夫妻相'、员工与组织的'夫妻相'。"这句话引发全场爆笑。小朱说："怕老婆症状。"

丁老哥笑了笑，拿起粉笔写上一句"博弈与熵增"。他又问："我能再加一句吗？"得到肯定答复后，他写了"越做越错的不可能三角形"。大家纷纷表示赞同。

小李是这群人中最年轻的，拿着粉笔纠结了一会儿，写了"拿不拿？"引起一阵哄笑。小朱说："那我接一句'信不信'。"这次大家纷纷鼓掌。

轮到严总，他可以说是这群人里的采购老大哥了，有与多家 500 强企业合作的经验，长期在汽车行业工作。他说："你们都说得差不多了，我补一句。"他转身在门板上写下了"文化差异下采购如何实现价值"，大家纷纷点头。最后一个是王总，他前年从首席财务官升职为首席执行官，有几年兼管供应链的经验。他信步走上前写下"采购难管"！

不知不觉天色渐暗，小朱觉得差不多了："各位对采购理解深厚、字字珠玑，可惜我不能完全理解，要不晚饭后大家帮我解释解释？晚饭已经准备好了，请大家吃正宗的武夷山家常菜。"

5 天一晃就过去了，他们品遍了武夷山名茶，对采购工作和采购管理中的各种问题进行了分享与探讨，各自分享了多年的经验教训。董胖收获满满，记了整整 50 多页。有鲜活的案例，有管理者的思考，有小企业主和 CEO 的看法，一周下来，董胖感觉上了一次供应链 EMBA 培训课。离开武夷山之前，董胖说他准备把这些经验写成一本书，书名都想好了，叫《采购管理博弈之武夷山论道》。

上了火车，董胖想起来有一个问题还没有弄明白，那就是老朱到底是怎么管理几十个员工的。他给小朱发了一条信息："完美的旅程！感谢朱总的接待和安排，能不能帮我问问老朱，他是怎么把作坊管理得井井有条，还能保证品质和产量的？——渣男"。

"渣男最大的本事是什么？**懂人心，知人性**，无他。"这条回复怎么看都不像老朱说的，他相信一定是小朱总结的，当年与小朱共事的时候，她在团队管理上就颇有无为而治之意。

　　董胖还没有回过神来，手机界面又跳出一条信息："你在武夷山看到的人们聚在一起喝茶、聊天，是多么让人羡慕的悠闲生活，然而更值得学习的是他们懂得如何悠闲地品着茶就把生意谈好了。想明白了，或许能找到帮你摆脱困境的办法。"董胖不由赞叹：知我者，伊人也。

　　不知不觉困意来袭，董胖靠在座椅上打起了呼噜，恍惚中，好像听到当年主管在说：**"什么时候你能真正理解以人为本，关注问题的核心，成功就不远了……"**

目录 ◆◆◆

第一部分　重新思考采购管理

我们理解的采购管理是什么？

我们的困惑很多，找到答案了吗？

能否做一个与众不同的采购管理者？

注：供应管理的范畴要比采购管理大得多，笔者也经常混用这两个词，为了方便，采购管理与供应管理在本书中通用。当然，供应链管理的范畴要更大一些，就不在本书做过多论述了。

第一章
采购简单如买菜，复杂如毛线球

Easy is Boring!——Mr .Michael Galler
他经常这么激励笔者，尤其当笔者抱怨工作难做、环境恶劣时。

一、采购如买菜

"采购不就是花钱吗？不就是买东西吗？""花钱的部门，朝南坐，简单。""只要给我采购决策权，我也会做。"……这些是很多人对采购的理解。"采购如买菜"，有个采购总监也是这么说的。

买菜的智慧就在某个地方——Thomas

家里谁负责买菜？妈妈？爸爸？配偶（或者你）？她/他们是家里最需要被尊重的人！我们不敢说自己比他们强吧？如果你不是这么想的，恭喜你，你还很年轻。

家里负责买菜的人通常是最睿智的人，不当家不知柴米油盐贵，要用有限的预算让一家人吃好喝好，要应对众口难调的挑战，要日复一日重复着一样的工作：

问大家明天想吃什么——确认需求；脑子里快速算一下明天可以花多少钱和明天跳好广场舞再去买吧——支出管理与计划；去菜市场买肉，去超市买调味品——品类采购战略；去菜市场对比各个摊位的质量和价格，议价，付钱——采购执行；把菜放进车筐——物流开始了；洗菜，备菜，做菜——生产准备与生产；上菜——交付；这道菜有点咸了，拿去回一下锅——客户服务……像不像供应管理？

在这么长的流程里，哪个环节不是充满智慧？

你会花钱？你确定？某位知名广告人说："你肯把钱或资源花出去，才是让钱或资源再进来的动能。"你会买菜吗？买菜是人生哲学和智慧的集合，有些人买了一辈子菜都没有学会买菜。**只有学会了买菜，才能做好采购！**

来听听提出"采购如买菜"论的采购总监是怎么说的。

案例：采购总监说，采购如买菜

在 2015 年的那场供应商年度会议上，我的第一页 PPT 写的就是"采购如买菜"。台下哄堂大笑，估计是觉得我这个采购负责人太不靠谱了。为了避嫌，总经理连忙说："不是的，采购是一项很专业的工作。"

我举了一个买猪肉的例子。

我先提出了一个问题："你知道自己家附近菜市场有几个猪肉摊吗？知道的举个手。"这个问题难倒了一大片人，包括公司高管和一群供应商老板。我接着说："我家附近的菜市场有 5 个猪肉摊，我有时会跟肉摊老板们聊几句。"

其中 3 家是散户，两家是加盟商。散户是从政府指定的屠宰场进货的，小货车配送；加盟商中一家是双汇，另一家是金锣，都是自营屠宰场，冷藏车配送。

散户每天的进货量基本上是 2～3 头猪，卖得好，第二天就多定一头，卖得不好，第二天就少定一头。而金锣和双汇需要提前一周定好下周每天配送的数量。金锣、双汇配送的是分切好的半成品，而政府指定的屠宰场配送的是整猪。

每天下午 4:00—5:00，临近收摊，散户大约还剩 1/2～1 头猪的量，双汇基本上都卖光了，金锣大约还剩 1/4 头的量。对客户来说，这些尾货就是第二天买到不新鲜肉的风险了。

价格上，金锣和双汇要比散户贵 10%左右，同样提供帮客户切肉的服务，双汇是先切后称，散户与金锣是先称后切，回家处理好后进行对比发现净重差异在5%左右。除先后顺序导致的差异外，还有就是加盟商是半成品配送，一些边角料在屠宰场就被切除了，而散户的肉通常都带着一些边角料。

通过下面的表格，我们可以看出，散户的肉虽然单价低了 9%，但总成本高了11.7%。除了表里列出的成本，还有很多隐形成本：家人不满意，食物中毒概率上升……价格=成本？隐形成本算不算成本？风险成本有多高？

	采购成本				落地成本		总成本				
	单价(元/千克)	差异	重量(千克)	称重	到手重量(千克)	实际采购价(元)	不新鲜的比例	其他辅助成本(元)	风险成本(元)	总成本(元)	差异
散户	25	-9%	1	先称后切	0.95	26.32	15%	3.00	4.40	30.71	11.7%
金锣	27.5	0	1	先称后切	0.98	28.06	5%	3.00	1.55	29.61	7.7%
双汇	27.5	0	1	先切后称	1	27.50	0		—	27.50	0
							经验数据	配料/煤气等	扔掉		

还有看不见的垃圾处理成本：

以上海为例，日均产生湿垃圾 9000 吨左右，如果按照上表毛估 10% 的丢弃率，每天要多产生 900 吨的垃圾，每吨的处理成本为 128 元，全上海每天的湿垃圾处理费要增加 11.5 万元左右，一年就是 4200 万元。

在会上，我让大家写下来大家感受到了什么？答案五花八门，当我们把所有答案都收集在一起后，归类分析的结果很有意思，大体可分为以下几个类别的信息：市场情报、供应源分析、需求计划与预测、剩余物料与库存管理、成本分析、落地成本、总成本、供应商质量管理、增值服务……

我曾经在菜市场逗留了 3 小时，观察肉摊老板的行为，观察买菜者的行为。

金锣、双汇的消费者，整体穿着比较整齐，不贪小便宜（如去零头），买肉干脆利索，不会翻来翻去，买了就走，平均停留时间为 3.5 分钟。而散户的消费者，穿着比较随意，总是翻来翻去，还要将鼻子凑过去闻一闻，付钱之前还要讨价还价，停留时间为 5~6 分钟。

肉摊老板也会针对不同的购买者，提供不同的建议。比如，对于想要便宜肉的人，就建议他选案板上的某块肉；对于想要品质更好的肉的人，就从冰箱里挑一块肉出来给他看（销售策略）；对于昨天没有卖完的肉，要先摆出来而且要放在中心的位置（先进先出）；对于有特殊要求的老客户，会事先预留出来特定部位的肉（客户管理？安全库存？）……

这是不是一个战略采购案例呢？这是不是一个客户管理案例呢？摊贩就是总经理，一个人负责选择货源、做预测、订货、销售、客户关系管理、库存管理、质量控制等。这也是活生生的一个供应链管理案例。作为消费者，这就是一个典型的采购行为，有的购买行为像战略采购，有的购买行为像战术采购。

采购不就是买菜吗？我是采购，我骄傲！采购如买菜！ 唯一的差别可能就是决策权的问题了，买菜你可以全权决策，做采购就不是了。

企业总经理跟肉摊老板有什么本质区别吗？如果总经理可以换个角度思考，"销售如卖菜""总经理就是有几个摊位的卖肉老板"，可能管理公司就变得很简单了！

这个采购总监通过讲述一个"买猪肉"的故事，一战成名。

Tips　会讲故事对一个采购人员来说是非常重要的。

采购看起来确实简单

很多人觉得采购很简单，可能是因为通常大家看到的只是表象或者采购行为呈现的结果。任何一种采购行为背后都有一个复杂的决策系统，对于重大的决策可能会呈现复杂的决策过程。而在小的、快速的采购行为中，采购人士更多是在思维系统里进行快速决策，最终呈现出来的结果看起来确实简单，正所谓"会者不难，旁观更易"。

大家熟知的采购多局限于品类管理、商务谈判等，实际上采购是多方位的管理学和方法论的叠加，是绝对的**"三高"，即高智商、高情商、高财商**。参照美国供应管理协会（ISM）的供应管理能力模型，可概括出供应管理人员需要具备的 16 项核心能力：业务敏锐度和领导力，品类管理，社会责任与道德，成本与价格管理，财务分析，法律与合同，物流与材料管理，谈判，项目管理，质量管理，风险管理，销售与运营计划，寻源，供应商关系管理，供应链战略，系统能力和技术。

每个职能看起来都很简单，也可以做得很简单。如果财务部只管做账、报销、付款，人事部只是查查考勤，那么确实很简单。但如果财务部要做融资、投资、企业财务规划，人事部要做企业人力资源规划与员工战略管理，那么听起来是不是复杂和"高大上"多了？

采购的复杂，更多源于人的复杂

《供应链变革：构建可持续的卓越能力与绩效》一书中说："作为个人，我们是理性的，会分析，会理解，会做决定；作为个人，我们是感性的，有感觉，会犯错，会掩饰自己。"

采购与供应链理论大多是西方专家或学者基于实践总结出来的，更多基于西方的文化价值观与行为方式，这与亚洲国家（如中国）的实际情况存在很大的差异。东西方的思维方式与行为方式大相径庭，采购工作就更具复杂性和独特性。

在中国做采购或供应链工作的难度远远大于在欧美国家做采购或供应链工作，关于这一点，笔者在每次开启新工作时都会花上一些时间与国外的同事深度沟通这种差异性。

采购人员要与各种人打交道，不仅要平衡企业内部关系、平衡企业与供应商之间的关系，还要面对各种不确定性、应对各种难题和挑战。这种复杂更多源于人的复杂，这就要求采购人员对人要有更深刻的理解，需要进行多维度思考，这样才能更好地解决问题，而这恰恰是采购工作和采购管理工作中最难的一部分。笔者的水平有限，很难用文字来形容透彻这种复杂，文中的案例或许有助于读者领悟。

题外话：采购人的高冷

许多人不喜欢采购人员，觉得采购人员骨子里带着一股傲气，很多人认为这是"朝南坐"养成的习性。笔者更愿意用另一句话来形容，即"采购人的高冷"。

采购这份工作可以让采购人员更快地成长，练就更高的眼界，具备更高战略高度的思维和素养，有很强的实战能力、内外部沟通协调能力、把握局面的能力、应变能力等，成为非常典型的复合型人才。所谓的傲气或高冷，可能是因为见多了人情冷暖，以及他人感受到的能力与层次的差距罢了，抑或是"三高"人群的"风轻云淡"吧。

Tips 看到简单背后的复杂性，把事情简单化是智慧，
而致力于把事情复杂化是愚蠢！

二、采购难做、采购难管——采购两难

身边做采购的朋友，开心的没有几个，都是一肚子苦水。老板们（企业主和高级职业经理人）殚精竭虑地想要管理好采购，却鲜有成功。这就是"采购难做、采购难管——采购两难"！在笔者走访过的近千家企业里，有巨无霸、有中小企业，也有小微企业，采购两难的现象屡见不鲜。我们通过一位采购人员和一位管理者的故事，感受一下两位精英人士的心情。

Anna 说，我太难了

案例：我是被谁打趴下的

开发供应商比采购还专业！

采购找的价格低，他说质量可能不好。

采购找的价格高，他说选低价控制成本，事后找个理由涨价。

两家的价格差不多，他说要分摊风险。

采购找的出问题了，马上停止付款、罚款；

他们找的出问题了，抹平，小事一桩。

合同流程？

总经理签字了，找采购补一下采购需求。

人人都说这个事情是总经理同意的。

要邮件批复，就说口头说的；

要会议记录，就说谁谁谁在场。

立场说了算？

商务条款，法务说了算。

要不要付款，财务说了算。

人人都说"站在公司利益的立场上"，

还有人说"可以增加谈判筹码"，

好像说得也没错啊！

毕竟晚点付款，还可以赚几天利息。

"躺平"吧！想不通？为什么？

采购到底是被谁打趴下的？

同事们的道德高人一等吗？

都比采购更懂采购吗？

领导们为什么支持呢？

专业水平不够？

领导力不够？

不会抗争？不会反对？

胳膊拧不过大腿？

这有什么好奇怪的？

找个装修公司的小弟来就可以当监理；

顺便看看还有什么能做的，家具也可以询询价、比比价。

总经理职位如有空缺，估计也可以问问。

自己去找个供应商，还要采购帮忙比个价，

说采购不就是干比价的活儿吗？

采购说，

供应商是我家的吗？

花的是我的钱吗？

向谁采购重要吗？

采购的任务就是确保走了系统流程。

不付款？爱付不付，供应商反正都得接着。

供应商不玩了就不玩了呗，找个新的呗，想做生意的人多了。

抗争的人都干得很痛苦，

我是被谁打趴下的？

Tips　销售说，最怕碰到一种客户：

除了采购说了不算，其他部门说了都算。

王总经理说，我太难了

案例：某公司的采购故事

故事一：推进集权和合理化流程。

采购总监 Jeff 在上任后不久发现，公司的间接采购费用在采购部管理范围内的大约只有 20%，相当大的一部分支出掌握在用户手里。而采购部只有一个原材料采购员兼任间接采购，专业化程度不高。

- 物流采购：物流管理、供应商选择、谈判由物流部完成，而采购部只是协助下个订单、付个款。
- 行政类采购：通过发票报销的形式来进行，总经理办公室人员直接在市场上进行现货采购，或者与供应商签订合同，整个流程完全不经过采购部。
- 厂房租赁等固定资产类采购：管理办公室直接与潜在供应方谈判，合同签订、付款及合同续签都不经过采购部。
- 办公室维护类采购：如空调保养维修等，同样由管理办公室管理。
- 财务、人事的外包：都是各自与供应商签订合同，并各自负责履行合同与付款。

随着全球统一企业资源计划（ERP）系统的上线，所有的采购行为都进入了总部的监管范围，采购总监 Jeff 意识到这个问题必须解决，于是他向总经理和运营副总说明间接采购的重要性，希望可以招聘一个专业的间接采购经理以应对日益增长的间接需求。

在总经理的支持下，间接采购经理到岗，他借助 SAP 上线的机会与各部门重新梳理间接采购流程和进行工作范围界定。通过一系列的协商和磨合，间接采购逐步步入正轨。总经理也逐步要求各部门的采购行为必须交由采购部完成，他也不再签署"非采购部门"提交的合同。经过一段时间的磨合，间接采购的集权逐步完成，间接采购流程也逐渐合理。

故事二，王总来了。

新任总经理王总很重视采购，一到岗就开了一场轰轰烈烈的间接采购会议，重申各部门的采购行为必须经过采购部，由采购部主导采购行为。

在会议中也有人提出了异议。比如，由于行政类采购比较琐碎，因此还是要由管理办公室来完成；由于财务部的采购信息属于机密信息，因此还是要由财务部自行负责采购。

一场收权运动无疾而终。当然，王总毕竟是总经理，大家也不敢太过分，毕竟保住饭碗很重要。因此，在接下来的几个月，表面看起来采购行为开始逐步"流程性"合规了，至少采购需求（PR）基本有了、订单（PO）由采购部下了，不合规的合同也减少了。

故事三，丢盔弃甲。

过了三四个月，间接采购经理发现了一些迹象。

- 用户说，这件事情是总经理同意了的，你去和这家供应商签合同吧。
- 用户提交上来的 PR 里面竟然附带总经理签过字或盖过章的合同，合同签署跳过了采购部。
- 很多需求基本上只能选择用户找的供应商。供应商给出的价格低了，用户会说就应该选择价格低的；供应商给出的价格高了，用户会说价格高好呀，质量有保证。而总经理一般都会认同用户的选择。
- 用户自己提交采购建议方案找总经理审批。
- 用户找的供应商先以低价中标，再找理由提价，有时夸张到费用翻数倍。

采购经理是一位非常敏感的女士，她将此情况汇报给采购总监 Jeff。Jeff 就几个案例与相关部门进行讨论，沟通这些行为对公司运作和效率的影响，以及存在的合规风险。最高管理层对此没有做出任何有效的表态，这些沟通自然无疾而终了。Jeff 据此指示间接采购经理按照管理处默许的执行吧。

在经过一段时间的观察之后，大家发现某些用户采取的战术是一步步试探领导的底线，逐步又恢复到先前的做法，原先逐步稳定下来的几个区域又逐渐失去控制。紧接着，各部门开始重新自行做决策、自行寻源等，并自行发布未经过审议的流程。

原来，丢盔弃甲的不是采购。有些事情是不能让步的，有些人是不能让步的。或许正如电影里台词所说的："有些枪一定要开，有些枪不一定要开；打得一拳来，免得百拳来。"

上面这个案例呈现了"采购人难做，采购行为难管"的两难。事实上，在采购决策过程中，对采购行为有影响力的人和事都直接或间接参与了，本质上这些人也是采购行为人；非采购职能部门也会有采购决策权。比如，在某些企业，行政部负责采购办公用品、管理办公室被授权签订不动产租约等，这些我们称之为"非采购职能的采购行为"。

三、A 公司与 B 公司的故事

两家企业的故事前言。一般情况下，一个组织或一家企业，目前正在做什么、怎么做都是合理的，都是基于其当下的能力做出的必然选择。也就是说，一般情况下，一个组织或一家企业所有的行为都有其合理性。

案例：A老板是一个优秀的采购管理者

本土公司A，经过20多年的努力，虽说整体规模不大，但在细分市场具备非常强的实力，对国外品牌造成了巨大的压力。国外品牌也曾经尝试收购A公司但被拒绝了，A公司的品牌效应和口碑日益提高，市场份额也是年年增加。

供应情况与问题。作为一家有着极强质量意识和以客户为中心的公司，A公司在很多核心物料的选择上十分讲究，核心零部件基本都使用国际一线品牌，部分材料只有单一来源，部分材料只能通过品牌指定代理商采购。在这种情况下，其全球供应的成本占比超过50%（笔者评估）。

2021年开春，大宗原材料疯狂涨价，核心供应商受原材料涨价的影响也纷纷涨价。这些供应商发来一纸涨价函，而A公司只能被动接受，因为A公司的采购额在这些供应商的销售额中占比不高。

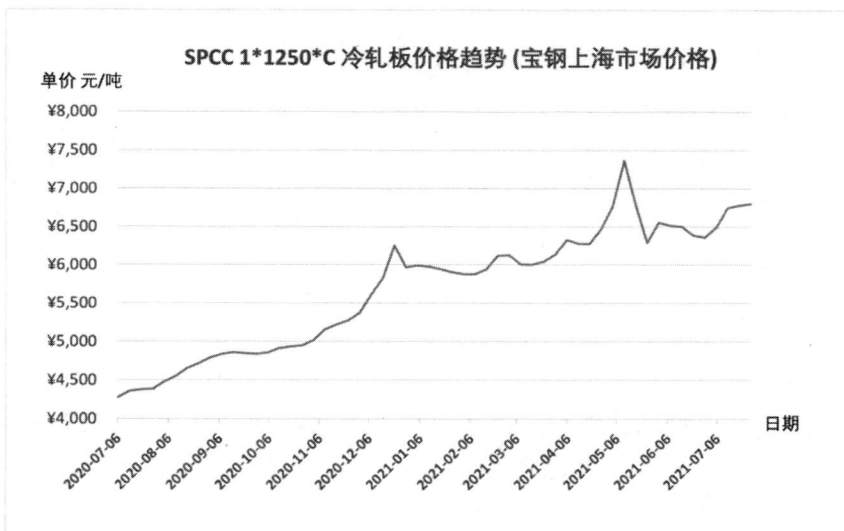

SPCC 1*1250*C 冷轧板价格趋势（宝钢上海市场价格）

而在销售端，由于A公司正在与国际巨头抢市场，销售价格不能跟着涨，两头挤压，A公司的利润下滑得很快，几近盈亏平衡点。

庸医开处方。A老板打来了电话，说明了目前的困境，向笔者请教怎么办。（笔者觉得他更多是想跟我谈涨价，当然不能接招啊）。

　　笔者提供的建议很简单，也是做采购的都会说的。比如，战略合作，成本结构分析，年度订单，可控成本，多层级采购协议，优化工艺，优化设计……

　　A老板听得有点懵，问："这么复杂啊？"他开始问一些具体的操作细节，更加具体的信息就涉及商业机密了，在没有数据基础和业务信息的情况下，笔者也很难做出进一步的建议，咋办呢？

　　书中自有黄金屋。笔者就给对方寄了一套CPSM教材。令人惊喜的是，A老板不仅要求采购部门学习，还组织学习会议，自己也学习了起来。

　　成果。一个半月以后，A老板对笔者说A公司的成本下降5%以上，他从产品梳理、供应商梳理、工艺梳理，到库存管理都走了一遍：

- 优化产品设计和工艺流程。
- 约谈大部分核心供应商。
- 谈判年度总订单和年度价格。
- 签订年度采购框架合同。
- 去除代理商环节，与原厂签约。
- 重新审核外包/自制战略，加大外包力度。

　　这位老板的学习能力和学习意愿，以及执行力超级优秀。这位老板为什么牛？可能是因为省出来的钱都是净利润吧。笔者开始担心他会不会觉得采购原来这么简单。

为什么老板能做到，职业经理人却做不到

　　A老板简单介绍过他们的采购经理，他也是从大企业出来的，A老板感觉这个人的能力还可以，就聘用了他。采购经理兢兢业业，成本控制得不错，与供应商的关系也比较融洽，但面对全球大宗物资价格快速上涨的状况，他仿佛无能为力。笔者没有见过这位采购经理，无从判断他的专业水准，当然也无法回答这个问题。

　　A老板通过电话咨询了一个小时，读完了一套采购书籍就快速展开行动。他

在内部重新审视设计与流程；在外部对不同的供应商采取不同的策略，充分博弈，让双方在谈判过程中取得想要的东西。通过这个案例，我们可以看到：**专业的采购知识可以为公司创造价值；采购不是一套很复杂的知识体系，学会也不难，难的是如何应用。**

A 公司的采购还停留在商务降本层级，所以当 A 老板意识到战略层级的概念后，尝试实施了一些战略采购方法，初见成效。同时，笔者相信这个案例能够成功和 A 老板亲自操刀不无关系。供应商很清楚谁有决策权，应该跟谁谈。如果 A 老板没有充分信任和授权采购经理，采购经理即使专业度足够高，也是很难做到这种程度的。

作为老板，你抽出时间完整地读过采购书籍吗？了解专业采购是如何创造价值的吗？作为采购从业者的我们，又系统学习过多少采购专业理论？

Tips 采购真的不难，要做好也真的不容易。老板之所以是老板，是因为他比职业经理人更努力、更聪明！

案例：B 公司的采购部简史

B 公司采购部的演变可谓一部私营企业采购职能发展的简史，既经历了企业发展的不同阶段，也经历着管理模式和人员的更迭。

B 公司赶上了太阳能行业兴起的时代，创业两年就成功上市。其核心管理团队豪华。在辉煌时期，B 公司的年度销售额超过百亿元，直接采购金额近 60 亿元。

采购部负责人从股东到老板娘，再到小舅子，接着聘请 500 强的采购大咖，然后启用"70 后"，之后"80 后""90 后"开始登上舞台。

第一阶段，股东管理时代，在创业初期，股东利益高度一致，分工明确，高效协同。股东之一负责公司的采购管理，各项工作井井有条。好景不长，在一个外地投资几十亿元的项目中，老板认为采购价格不合理，找个借口把该股东撤了下来。

第二阶段，老板娘走马上任，她之前是一位幼儿园老师。

老板娘觉得采购很简单，就开始一通指挥，安排了一堆新供应商进来，下属敢怒不敢言。用现在流行的词形容就是员工"躺平"了，凡事"谨遵太后懿旨"。结果可想而知，B 公司在采购方面出现了各种混乱，供应的不稳定影响了生产的稳定性，产量急剧下滑，那是硅片制造堪比印钞机的年代，B 公司损失惨重。而员工们面对这些问题，回答都是"这是老板娘说的"。

于是老板的小舅子走马上任。小舅子也没有掌握多少采购知识，认知仅限于买卖层面，他根据自己的认知大肆启用新的供应商。而下属在逃离了老板娘魔爪之后，一张张"处方"开出来，小舅子照单全收。一场新的混乱代替了旧的混乱。老板被逼"疯"了，痛定思痛，决定换人！

第三阶段，高级职业经理人阶段，老板从 500 强挖来了供应链总监厉总。

从汽车行业出来的高管的水平确实很高，厉总在上任短短半年时间内，通过引入人才、重组团队、全面梳理采购流程、建立合同管理制度、推进需求管理、成本分析和品类采购、市场预测、总成本管理等一系列举措，把需求、计划、采购、生产、库存管理连接起来，建立了一套决策和管理体系，真正开始实施全面供应链管理。

在核心战略品类上，厉总协同首席战略官建立中长期战略规划，主导了一场场精彩的谈判。B 公司的供应基础快速得到夯实，成本管理也在业界领先。

一套组合拳打下来，B 公司的组织架构、人才、流程、战略、成本管理、运营都盘活了，有时甚至让来 B 公司的人疑惑自己是不是到了 500 强公司了。厉总也快速晋升到核心管理层，这无疑触动了很多人的利益。每种料的用量是多少、库存还有多少、成品应该有多少，连废品应该有多少，每一笔账都清清楚楚，导致原来各部门的小九九空间所剩无几。

天气是晴朗了，但各部门负责人的心里是流泪的。几个部门负责人达成默契，开始找碴儿：质量不行、交货不行、服务不行、市场上那家的价格更低我们为什么不买……老板正好觉得采购部的势力过大，导致他在采购领域的话语权弱化了，又说不过厉总，先是支持了几次反对的声音，后来就干脆分拆采购部，又过了几个月把厉总解雇了。

一场改革轰轰烈烈地开始，持续了一年半就结束了，一夜回到解放前。

第四阶段，启用年轻人。厉总给公司留下了几个不错的年轻人，老板开始大力提拔年轻人，让他们各自负责一块业务，直接汇报给他。年轻人的经验可能不那么足、能力可能不那么强，可是他们有冲劲、有想法、条条框框少，正值春风得意，就把公司的事当成自己的事，做事雷厉风行，拍板意愿比较足。

没过多久，老板觉得这些年轻人也不太好掌控啊。

第五阶段，海归 D 副总来了。几个月后，海归 D 副总到岗。D 副总早年去了国外，回国前在国外一家汽配公司做品类采购。在 D 副总管理采购部期间，对于核心采购老板仍会亲自过问，形成了混合管理的状态。

这群下属基本都拥有 500 强背景，有从半导体行业出来的，有从电子行业出来的，也有从汽车行业出来的，要能力有能力，要背景有背景，又经过历总一年多的"魔鬼"训练，还有老板的支持，D 副总与下属配合起来磕磕碰碰。

这种能力错配和交叉管理注定了是一段"短命婚姻"。没过几个月，一位年轻的总监辞职了，D 副总当天就被炒了，理由是"留不住优秀的员工"。随后几个月，几位采购主管也因为各种原因逐渐离职，B 公司的业务状况一日不如一日。

第六阶段，"90 后"新一代采购上位。此时 B 公司已经苟延残喘了，接下来就是不停更换愿意被欠钱的供应商和应付成天来追债的供应商。又过了两年，B 公司几乎停摆，新一代采购负责人也跳槽了。

B 公司的采购更迭史，堪称一部中国私营企业的采购简史，也契合了这家公司从崛起到兴旺，再到衰败的过程。

B 公司采购部发展的思考

老板的疑心病重，虽然明白专业采购的价值，但仍重复犯错，或许这就是人性的弱点。

老板没有意识到，这个规模体量的公司采购/供应链动荡对公司业务的影响有多大。在每一波重大调整过后，采购战略和流程都被打破重建了一次。新人为了表现自己而拼命压低价格，老板窃喜，好像只要不停地换采购，成本就可以一直下降。这种杀鸡取卵的做法一遍又一遍地破坏供应链。

为了避免故事线过于复杂，笔者在前文并没有把采购监管职能放进去。B 公司的监管故事单独拿出来可以写一本厚厚的书。老板对身边所有的人都不信任，先后尝试过提高财务/法务的控制力、将采购监管的工作交给内审部门等方法。

过度监管制造了许多障碍和噪声，采购流程变得非常长，以前 1～3 天能处理完的合同，现在延长到 1～2 周。采购负责人只能通过提高供应商库存和提高内部库存的方式来应对采购周期的延长，从而导致供应商的成本增加和内部库存周转率下降。

为了降本而频繁更换供应商，致使原材料的质量一直处于不稳定状态，制造工艺也随之不停调整，最后的总成本不仅没有降低，反而居高不下。因为害怕货款收不回来，供应商也不再提供有竞争力的账期；每天都能看到供应商在采购部和财务部追款，实在不得已，供应商还得跟财务部"搞好关系"以争取优先付款。更换供应商，价格低了，收款难了，服务和质量下降了，那就只能继续更换供应商，从而形成了恶性循环。

B 公司是怎么走到绝境的？ 在 B 公司财务困难时，供应商率先发难。物流供应商扣住货物不发车，要发车就得先把旧的货款结清了；主要供应商轮流停止供货；员工开始成批辞职，原材料供应断断续续，员工消极怠工，客户付了钱却提不到货……这种情况持续了 2 年左右，一家营业额过百亿元的公司轰然倒闭。这里涉及的因素很多，用人、投资、管理、业务策略等都存在问题，**供应链是压倒骆驼的最后一根稻草。**

总结一下，采购与供应链管理动荡 → 市场不景气/战略偏移 → 资金紧张 → 供应商关系进一步恶化 → 供应链崩溃 → 无材料可用 → 发不出货 → 收不到应收账款 → 资金链断裂 → 公司破产。

Tips

历史总是惊人的相似，人性的弱点总是难以克服！

在一个存在内部联系的体系中，一个很小的初始能量就可能导致一系列的连锁反应。

第二章
采购管理的挑战

买菜的智慧，在于超越生活；
采购的智慧，在于超越买卖；
团队的智慧，在于超越工作。

你有没有随时要面对各种突如其来的挑战的体验？有没有曾经辗转于各种战争，心惊胆战，时时担心："今天会不会又有什么幺蛾子？""早会上又会出现什么妖魔鬼怪？"我们把采购管理的挑战归纳为 3 种：商业环境型挑战、人文型挑战，以及企业文化挑战。

商业环境型挑战。这是来自经济领域的挑战，如大宗商品的价格暴涨、新冠疫情带来的供应紧张、来自客户的挑战（如交货周期要求减半等）等。这些挑战大多能够在技术方面得到解决，如提高柔性、扩展供应商基础、风险管理等，这是诸多挑战中最简单的。

人文型挑战。这是指人性复杂而又多变，如人的动机和欲望、心理状态、思维模式等。人文型挑战在内部主要体现在政治与权益上，在企业外部的影响主要体现在文化冲击层面。这是最复杂的挑战。

企业文化型挑战。我们常常低估企业文化对采购工作的挑战和风险。由于对企业文化的理解不同，每个决策者会在不同的、互不相容的、互相矛盾的基础上做出各自的决策并采取行动，将企业推向各个不同的方向，但其可能根本没有意识到分歧的存在。这是最难以捉摸的挑战。

大多日常工作中常碰到的行为与挑战是上述 3 种挑战在一定情境下混合的产物。基于挑战的特征，我们又分出**采购管理的八大挑战：协作挑战、噪声挑战、隐形权力**

挑战、过度管理挑战、乱撩挑战、操守挑战、丛林法则挑战，以及企业文化挑战。

有解决办法吗？在每一个案例之后，笔者都会给出一些建议，然而，笔者不建议大家带着找答案的想法去阅读这些案例。首先，书中的这些案例中的思考不见得完全正确，或者背景信息没有完整地表达可能导致读者无法领会当时的情境。其次，即使解决了这些问题，还会有新的问题出现，因为我们没有真正解决问题。生搬硬套、对号入座都不可取，关键还是这些案例带来的思考。

采购管理八大挑战

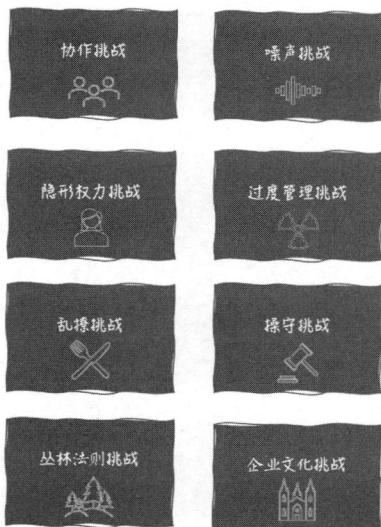

有件事一定对。仅针对问题本身很难找到解决方案，我们必须站在更高的角度和从更宽的维度去看问题，这样才能更快找到出路。

需要强调的。很多问题在回溯两到三层后，我们就会发现问题的根源最终都可以追溯到领导层成员身上（如股东价值观）及企业文化上。说句白话，我们能改变环境的机会微乎其微。

一、协作挑战，财务/法务与采购的矛盾

采购部通常跟财务/法务部之间有着诸多协作，然而在一些企业中，财务/法务部与采购部的矛盾极深。

案例：财务/法务与采购的矛盾

某公司的总经理是 Sam，采购总监是 Thomas，财务总监是 Sharon，法务部负责人是 Lily。

该公司签了一个销售订单，交货期是正常周期的 2/3，如果不能按时交货，则存在赔偿和商誉损失风险。

同时，受新冠疫情和半导体供不应求等因素影响，全球供应链一片混乱。2021年该公司的一部分材料原料交期从 2~3 个月延长到 6~8 个月，甚至有些要 12 个

月。其中一个核心元件来自知名的瑞典 D 公司，由于订单爆满，交货期达不到该公司的要求。

在总经理 Sam 的支持下，经过与 D 公司的多轮谈判，D 公司同意降价 3%，并优先保障该公司的需求，将提前两个月交货。Thomas 认为这个结果非常完美，不管是在成本上还是在交期上，采购部都已经取得了重大的谈判胜利，采购合同必须尽快发下去。

合同流转到法务部负责人 Lily 手中后，Lily 对双方的一般贸易条款进行了大幅修改，主要集中在责任归属与赔偿问题上，要求 D 公司承担所有因为其产品问题导致的一切直接和间接损失，包括设备延迟交付产生的巨额损失。

Thomas 看到邮件来来回回，觉得很奇怪，因为他评估这个订单的风险非常低，D 公司也不可能接受这样的条款。Thomas 还是与 D 公司安排了一轮谈判，结果如他所预想的。随后 Thomas 与 Lily 进行了沟通，谈论了关于这个订单的紧急性和重要性，而且 D 公司也是全球法务管控的并占据市场强势地位，不可能同意这种条款；同时，采购部判断此合同是低风险的。最后 Lily 与 Thomas 达成一致，同意采购部作为最后的业务风险判断和决策者。

于是 Thomas 的下属写了一封邮件，申明基于业务需要和风险判断，采购部判断这份协议是合理且低风险的，决定继续按照谈判结果签订合同。孰料，法务部又提出了数条不同的修改意见，财务总监 Sharon 更是要求采购合同与销售合同做背靠背赔偿。法务部还邀请几个管理层就付款及设备配套的服务条款给出合理意见，意图打破现有的合同审批流程。

财务总监 Sharon 说："我赞成 Lily 提出的修改点，将销售合同中的部分风险转移给我们的供应商。但我从财务部的角度表达我的意见，仅供参考。最后的决策由你和 Sam 来做。"

Thomas 把这些要求发给了 D 公司。D 公司的销售经理回话说："这么奇葩啊？那这个订单我们就不接了吧？"

换位思考一下

采购总监的目标是在成本和交付时间上满足客户的要求且保证风险可控，减少客户投诉和交付延迟所造成的潜在风险，为了公司好；**法务部负责人和财务总**

监迫于风险管控的压力，要把控公司的风险，最小化风险，最好能把风险全部转移给供应商，为了公司好。总经理一看，双方说得都对，表示你们继续，辩论出真知，这也是为了公司好。

矛盾产生的原因

"大家都觉得是为了公司好"，那为什么还会产生矛盾呢？为什么没有人站在整个公司的高度做出风险平衡决策？

无底线风险管理，免责牌高挂。 "供应商愿意做这单生意，难道不应该接受我们的条款，并承担我们所有的风险吗？""如果不确保合同风险的有效管理，那么一旦出现问题我是不是要担责？"

定位问题。 支持部门站在了决策部门的定位上，同时监管职能变成以监代管（详见第九章），充当了"警察"和"法官"的角色。

目标错误。 各职能只关注自身的价值与目标，企业的目标被搁置一边，看似各司其职，实则实行"自扫门前雪"的本位主义，积极构建部门壁垒。同时，财务/法务人员的绩效多与风险挂钩，而采购人员的绩效与业绩指标的关联度更高。

存在认知鸿沟。 当员工存在不同认知层次时，就形成了认知鸿沟，就会出现"你觉得对牛弹琴，对方觉得你是个笨蛋"的情况，这时单纯依赖沟通已经不足以解决问题。（关于认知偏差与认知鸿沟，在第七章有更详细的分析。）

还有刷存在感的可能，即在彰显专业度的同时借机提升自己在业务决策中的影响力。"采购只想把事情完成，他们（财务/法务人员）想的却是表现自己，领导又乐于看到这种表现……"某采购人员是这么说的。

案例：采购总监是怎么处理的

Thomas 召集了一场会议，开场白如下：

"首先感谢大家对于这个合同的付出，从交期的角度，这个订单如果在本周出不去，那么 D 公司发货要延迟一个月，就无法满足客户需求了。

"我理解大家想尽量降低风险的初衷，但在整个制造业，没有一家企业可以要求供应商承担背靠背的风险，因为这个风险属于设备制造商的责任范围，这是业务常识。即使在汽车和半导体制造领域，D 公司也不会签署这样的条款。

"总部与 D 公司的全球合同也是采用标准的一般贸易条款，这么高的赔偿条款已经超出采购部的能力范围了，大家看看接下来怎么做？"

法务人员和财务人员老调重谈了一番，Thomas 问："你们的这些想法我都知道，都对，问题是现在该怎么办？"大家你看我，我看你，都不说话了，然后都看着总经理。总经理想了一下说："既然采购部判断风险不高，价格、交期也都合适，那就按照采购部的建议执行。"

最终合同双方都做出让步，都不再坚持使用各自的一般贸易条款，而是以普通订单形式生效。（原来降低风险的解决方案就是不谈风险了。）

【后续】在这个案例过去半年后，总经理经常问："为什么你们老是说这件事情要由老板拍板？"他不知道的是，公司还有一句口头禅"这件事是老板同意了的"。

【解读】Thomas 采取的是策略是示弱，后退一步，把问题摆出来，咨询大家该怎么办，这样一部分责任就转移到大家手里了，大家必须提出解决方案，而不是只坚持自己的诉求不松手。这样缓解了大家各抒己见、只负责反对的尴尬。

思考

- 【冲突管理　相敬如宾的风险】冲突的产生是正常的、有价值的，如果管理不当就会导致从对事变成对人或办公室政治。随着冲突对个人利益的效应递减，一部分人会主动停止冲突，开始"相敬如宾"。（比"躺平"听起来要舒服一些？）
- 【风险管理】决策者必须在多个风险之间做出平衡评估，并且做出最终选择，做好承担这些风险的准备，这是决策者的责任。
- 【部门壁垒】部门壁垒或者说办公室政治难以避免，应当如何面对和管理？推荐阅读帕特里克·兰西奥尼的《打破部门壁垒：共担责任，共创卓越》。

还问怎么办？参考第二部分"成为优秀的采购管理者"，以及第七章"打破协同天花板"。

Tips

采购不难，难的是人！

说"NO"容易，只要你给他一个棍子。

说"GO"太难，他自己得有一个有担当的脊梁骨。

二、噪声挑战：采购工作中的噪声

噪声太多是采购难的一个重要因素。采购工作中的噪声是指影响采购工作的一切消极、负面因素。比如，用户自行找供应商询价，假装不懂，跳过流程，站在公司利益高度来损害公司利益，不懂装懂的认知偏差，刻意提高需求的专业性和复杂度；支持部门站在了决策高度，想证明道德高人一等；管理层纵容……

案例：噪声挑战

1. 特种设备保养供应商的选择

采购经理为 Natalia，采购总监为 Thomas，制造经理为 Chris，厂务负责人为 Maria。

公司正在寻找两台特种设备的年度保养供应商，但非常不顺利。

● 谁是用户和谁是决策者的问题。

设备使用方是制造经理 Chris，费用也来自他负责的成本中心，他认为只要在预算范围内服务质量满足要求即可；Maria 认为她是厂务负责人，她才是这件事的决策者，或者至少这件事情要她和 Chris 一起拍板。

● 供应商选择问题。

按照采购经理 Natalia 的想法，这两台特种设备都是新的、还在保修期内，建议选择原厂服务，这样原厂配件供应和服务都比较有保障，也能避免出现保修争议。而且，制造经理根据使用频率评估一年两次保养就可以，费用不高。

原厂报价出来了：15 000 元/次、一年两次。其他潜在第三方的报价与此接近。Natalia 建议与原厂签约。这遭到 Maria 的强烈反对，她给管理层发了一封邮件，写明 3 点理由。

第一，Maria 询问厂家的维修工程师，维修工程师口头报价为一万多元一次、一年 4 次，因此她觉得采购部拿到的报价高了。她又按照不同条件问了几次价格，报价都不一样。

第二，在早先的施工安全培训中，这家供应商的人员迟到了半个小时。

第三，因此，她认为这家供应商不靠谱。

面对这种情况，采购经理 Natalia 有些哭笑不得。

采购总监 Thomas 提出了抗议，认为 Maria 严重违反工作职责和采购流程，制造噪声，干扰了正常的业务决策。Maria 的主管认为这是她不熟悉采购流程的表现，因此她需要知道采购政策和流程。总经理认为这是沟通问题。

2. 矛盾与噪声产生的过程

这种"噪声"到底是怎么产生的？又是怎么传播的？获得了什么支持？Maria 是用户还是内部服务提供者，抑或是采购？

- 对职责分工不清楚，Maria 跨过采购部门，直接向供应商询价。——源头
- Maria 缺乏采购基础知识和流程。比如，找一个维修工程师询价；将维修工程师一万多元一次的口头报价认为就是 10 000 元/次；不了解价格的组成因素，不管其他商务条件，认为都应该一个价。——部分原因
- Maria 进行"买菜"式的采购，并以此作为依据做出判断。——理由
- Maria 以厂务的专业性为支撑，做出需要重新选择供应商的论断，并发邮件给管理层。——传播开始了
- 在收到 Maria 的论断和 Thomas 的抗议后，Maria 的主管回以"不了解采购流程"，总经理认为这是沟通问题。——合理性支撑
- Maria 认为她作为厂务负责人一直在与供应商打交道，所以她做采购也很专业。——认知偏差

3. 怎么办

在喧闹的噪声中，Thomas 为间接采购增调了一个采购员，并建议采购部做好支持工作，Maria 要看几家供应商就给她找几家，把每家供应商都约来开会、看现场、报价，把时间安排得满满的，决策由客户做。人手如果还不够，则可以再增派一个采购员。Thomas 的目标只有一个，那就是服务好客户，直到客户满意。当然，谁决定谁负责。

两周过后，厂务部做出决定，还是选择原厂。

【解读】在尝试通过管理层协调无果的情况下，Thomas 采取的是放手的做法，即让渡采购决策权，投入人力资源，转为支持角色。

整个案例耗时 42 天。通过这个案例，Thomas 对公司运作有了更深刻的理解，对管理也有了更多的思考。在接下来的管理层会议上，Thomas 将这个案例搬到 PPT 上，激发管理层对于这件事情的思考和讨论。

- [ ] 作为管理层，我们应该对合规保持更加审慎的思考。
- [ ] 这些行为导致越来越低下的效率，如不及时纠正，将扩展到整个公司。
- [ ] 我们需要建议，而不是噪音。
- [ ] 为了应付这种局面，我们不得不在间接采购增加一名工作人员。
- [ ] 典型错误行为：
  - 用户行使采购职能：RFP/RFQ/RFI。
  - 用户直接寻找潜在供应商而不是通过采购职能。
  - 用户直接联系潜在供应商，寻求报价、方案和信息。
  - 用户直接与供应商进行议价和商务谈判。
  - 用户提交询价和比价结果给管理层审批。
  - 用户声称"这个已经取得管理层的审批"。
  - 采购只负责协助完成系统流程。

4. 没完没了的设备保养

过了几个月，Thomas 发现特种设备的事情并没有结束，现在是"三不管"，即生产经理不管、采购不管、厂务不管。在管理办公室签订的厂房租赁合同中，一台设备明确了保养责任，另一台则没有，而且因为当初设备的配置选错了还要做设备改造……最后，Maria 的主管自己负责与供应商谈判、合同准备、执行等一系列事务。

两部设备从错误定义功能开始，到厂房租赁条款不明确，再到维保供应商选择纠结，一群人在跨越边界工作了接近一年，事情还在继续，可能这就是 Thomas 说的："我们的效率和协同如果能提升，留一半的人就够了……"

噪声难管，采购管理者该怎么办

对于噪声，有些采购人员采取封堵的方式，即"你说你的，我做我的"。这种做法在隔绝噪声同时也把良性的建议隔绝了，最终让采购工作越来越封闭。采购管理者必须充分认识间接采购的重要性和复杂度，应该积极引导成员做到以下几点。

- 区分好"噪声"与"建议"。
- 接受噪声，因为噪声的存在是不可避免的。

- 进行 5PIO 管理和控制噪声。
- 取得老板的支持，如果噪声是老板支持的，那就转化到支持的角色。

有疏有堵，主动降噪，保持人声（建议的声音）。对懂进退的人，以退为进，反之采用 5PIO 战术，5PIO 的具体内容如下所述。

- Professional：专业性回击，告诉用户他们哪里做错了。
- Procedure：流程回击，告诉用户遵守流程，这是把事情做正确的必需条件。
- Pressure：压迫回击，既然用户做采购，那我们就站在用户的角度来研判他们的决策或想法有没有问题。
- Purchasing Welcome You：笑一笑说，"厉害，要不转到采购部吧"。
- Power of Others：借力打力，借用其他部门对不合规/制造噪声的反对力量。
- Ignore Noise：当除了忽略别无他法时，忽略噪声。
- Others Suffer：忍着，让其他人去反对，如最终用户。

还问怎么办？参见第二部分"成为优秀的采购管理者"，以及第八章"入不了眼的间接采购"。

三、隐形权力挑战："老板娘"说了算

在国内企业，"老板娘"经常是一种非常特殊的职业，采购工作经常会碰到"老板娘说了算"的状况，也有人充当了老板娘的角色对各职能部门指手画脚。

案例：谁可以决定向供应商付款

项目经理已经连续数次发邮件通知财务部停止对某个供应商的付款，理由包括质量问题、交付问题、潜在的风险等。财务部在收到通知后马上执行，但这给采购总监 Thomas 造成了很大的困扰。

第一回合。Thomas 与财务总监 Sharon 进行了一次面对面的沟通，提出疑问：为什么既没有流程也没有决策。财务总监 Sharon 认为从公司利益的角度考虑，项目经理有权提出要求，财务部必须执行。双方这次沟通不欢而散。

第二回合。采购总监 Thomas 给总经理和财务总监写了一封正式邮件：

最近有几个案例，非采购部门发出邮件指令，通知财务部对供应商停止/延迟付款等指令，采购部没有提出反对意见，所以财务部就执行了。刚才跟 Sharon 沟通了一下财务部的两个原则：①项目经理发指令，没有看到反对意见；②总经理不反对，那么财务部就会执行。

事后解除指令的时候，也是大家通过邮件来通知财务部的，即谁想解除由谁提出。这里没有明确的流程和权责定义，谁是申请人、谁是审批人、审批流程是什么？

这种情况既对内部管理造成了一定的困扰，也对外供应管理造成了损害，长期也会有管理混乱、决策混乱、外部口碑不良影响的风险。

听听各位的看法，我建议出台一个流程和审批制度。

过了几个小时，Sharon 回复：我建议流程如下，欢迎大家修正。

步骤	项目经理	财务部	采购部	总经理
1. 因供应商质量等因素严重影响到项目质量、进度（进而影响项目收款），项目经理通知财务部冻结该供应商的项目付款，并抄送总经理和采购部	××	财务会计 财务总监	××	××
2. 收到邮件通知后，财务部将冻结项目付款		财务会计		
3. 采购部有不同的意见，在一周内与总经理洽商。总经理同意后，采购部以发送邮件的方式通知财务部解冻项目付款，并抄送总经理和采购部	××	财务会计 财务总监	××	××
4. 如果采购部没有反应，则待问题解决后，项目经理以发送邮件的方式通知财务部解冻项目付款	××	财务会计	××	××

第三回合。在等待总经理介入无果的情况下，Thomas 回复了一封邮件：

如果按照您建议的这个流程，那么采购部将没有任何决定权，只是被告知，项目经理定了就可以执行！采购部是供应商管理的负责部门，涉及供应商付款等内容，采购部不应该是被告知的。

步骤一：大家应该在取得总经理和采购部同意后，再通知财务部。

步骤二：没有取得总经理和采购部同意就先冻结项目付款不妥。

步骤三：项目部可以先决定，采购部不同意再找总经理协商，这是什么逻辑？

如果采购部没有决策权，那么采购部也没有义务管理供应商关系。这是对等的。

况且按照 SAP（企业管理解决方案）流程，质量部可以在系统里做质量控制（Quality Control）功能，质量部可以将有风险的供应商+物料/订单锁住，这样整个订单付款就可以锁住。我建议按照 SAP 流程进行管控，不要多一个途径。如果一定要多一个线下途径，那么我的建议如下：

（1）质量部或者项目部提出申请。

（2）采购部批准、总经理批准。

（3）如果采购部不同意，质量部、项目部可以找总经理审批。

（4）财务部根据审批结果进行财务冻结与解冻。

Sharon 回复：

在公司内部部门之间有争议、总经理未决定前（5 个工作日或具体规定一个时间），对于有争议的供应商款项，先通知到财务部冻结该款项，以期在未来与供应商的洽谈中取得主动权。对于 5 个工作日的迟滞，采购部是能够和供应商协调的吧？

Thomas 已经无话可说了，回复：

你没有抓住重点，这不是部门之间的争议，而是工作职责和权限的问题。按照你的说法，财务冻结款项可以提高谈判的主动权，那么后续由谁负责跟供应商谈判和管理供应商呢？

【后续】没有人再进一步对此事表态，这个案例就结束了。此后，没有人再随意提出停止付款了，此案例附带的"杀伤力"超过了 Thomas 的预期。

矛盾产生的原因

这个案例和前面"法务/财务与采购的矛盾"案例既有共同点，也有不同之处。

- **定位与目标**：财务部没有搞清楚职责分工和权限：到底谁是负责管理供应商的部门？谁应该决定供应管理事务？谁对供应管理的后果负责？
- **存在认知鸿沟**：有种"冷"叫作"奶奶觉得冷"。财务部对企业运营缺乏基本的认知。
- **错误的逻辑**：以为站在"公司利益"的立场就可以打破职能界限或者进行权力再分配的做法，本身就是一种损害公司利益的行为。

采购管理者该怎么办

Thomas 在这里采取的战术是先请君入瓮，再瓮中捉鳖。

他以求助与咨询的方式引导对方将不合规的想法和做法分别说出来、做出来，然后指出方案中不合理的地方，指出现有系统流程已经明确定义权责并且可以支持其诉求，无须另建流程，到最后才指出项目部、财务部干涉采购部、质量部的供应商管理职能，是合规问题。

本案例在沟通中把企业流程和职责都重申了一遍，都希望对方适可而止，甚至给对方留了一条额外的路——允许对方按照其喜好新设一个流程。

决策者该怎么办

不知道，笔者也不是决策者……你怎么看？

还问怎么办

请参考本章"五问采购管理"中的"从不战而胜到超越胜负"。

对付老板娘，笔者也没啥大招。对于打着"站在公司利益的立场"幌子的人，笔者的经验是，当着总经理的面问："站在公司利益的立场，我觉得保洁阿姨更适合做总经理，这个论断成立吗？"

在企业中动不动就说"站在公司利益的立场"，基本都是在"耍流氓"，因为90%的概率是这个人根本搞不清楚什么才是公司的利益，或者只是用了一个荒谬的利益逻辑来带偏大家而已。

> Tips
>
> 领导者要小心隐形"老板娘"的破坏力，根本没有渔翁得利一说，只有一损俱损的结果，同时更要注意不要培养一个"老板娘"。

四、过度管理挑战：庆祝"盖章部"成立

下面是一个很有意思的案例，公章管理在大多数企业中都是需要重视的事情，通常都有严格的印章管理和使用流程。但应该管理到什么程度呢？这是值得认真思考的。

案例：有必要成立一个"盖章部"

某总经理觉得公司的公章/合同章管理不佳，风险比较高，万一盖错章，不仅

公司要承担损失，他本人也可能要承担法律风险。他的原话是"字可以随便签，章不能随便盖"。

法务部召集各部门负责人开了一场会议，主要讨论印章管理流程，通过了《印章管理草案》：

- 取消合同章，全部使用公章。
- 只能在规定的时间段进行盖章。
- 印章锁在保险箱，保险箱的钥匙、密码不能由同一个人掌管。
- 需要在总经理、财务总监和董事会办公室的两位助理，三方中同时有两方在场的情况下，才能开启保险箱取章和盖章。
- 在保险箱正对面装一个红外防盗装置。
- 盖章前需要登记，盖章后用户扫描电子档发给董事会助理存档。

采购部是用章大户，流程是合同先经过法务部、财务部和总经理审批通过，然后由总经理在合同上签字，之后就可以去盖章了。这个印章管理流程在采购部引起热议，大家在微信群里展开了大讨论。

同事 1 说："这章一盖，能调动 3 个师的兵力、1000 门火炮、500 辆坦克！"

同事 2 说："菜市场的即视感。"

同事 3 说："干脆将章锁到上海中心的观复宝库中，将财务部和法务部的办公室也设到观复宝库中吧。"

同事 4 说："我觉得就是没有了信任，只好走复杂的流程。"

同事 5 说："有心的总能找到漏洞。"

同事 6 说："法令滋章，盗贼多有。"

同事 7 说："从今天开始，谁不能说服供应商接受 SAP 标准 PO，就开除谁。"

同事 8 说："以后怎么活？直接采购还可以走 PO，可间接采购有那么多合同要处理。"

同事 9 写了一段话，马上又撤回了，估计是不想说了。

同事 10 说："直接采购只能走 PO，不能走合同，谁走合同开除谁。"

同事 11 说："再招两个实习生，专门帮我们盖章和整理合同。"

有人看不下去了说："你们是典型的思考偏差综合征，买东西又不是采购部的需求，客户不急采购急什么，走流程是采购部的责任，保证合规也是采购部的职责。"

法务部耗费近一年的时间，终于拟定并发布了《印章管理办法》。

手术很成功，病人却死了

这种举措可以减少多少风险我们不知道，但人为增加工作的复杂性、降低企业运作效率、打击员工积极性等弊端却是真实存在的，总经理办公室也成了"盖章部"。

不只老板爱管理、爱流程，职业经理人也爱，因为完美的流程既可以降低风险，也可以避免不必要的猜忌及秋后算账。

但是过度或完美的流程一定会降低效率，让事情变得拖沓、冗长，员工也会为了"政治正确"坚持流程优先，至于是不是对公司有价值并不重要，客户急不急也不重要。当我们执迷于完美流程时，我们就把业务需求和柔韧性抛在了脑后，"安全"成为第一要务，最后就是**流程很完美，顾客却跑了**。没有完美的采购流程，只有完美的"作死"。

流程是管理的一部分，管理要有但不能过度，要有效且高效。**能够把管理做得既简单又有效才是高手**。维京航空创始人理查德·布兰森说，任何傻瓜都可以把事情弄得很复杂，要做简单却不容易。

为什么管理层常常追求完美的流程

文中的"财务/法务与采购的矛盾""有必要成立一个'盖章部'"等案例中呈现出来的企业病态，都隐藏着"过度管理"的问题，类似的例子一点都不少见。是什么促使我们追求完美的流程？

- 执迷于零风险，通过完美的流程尝试避免所有的风险，或者至少免责。
- 以分权为目的，通过复杂的流程，进行权力的拆解与重新分配。
- 名为分权实为集权，通过复杂的流程将决策流程复杂化，变相地将决策过程转移到某个人身上，最终实现集权及控制的目的。
- 流程与监管是很多人赖以生存的武器，制定流程和进行监管是他们唯一的价值。
- 走入"把流程当成结果"的误区，将完美流程与高效流程当成一回事。
- 用管理来代替领导力，不会领导就用完美管理来凑。

采购管理者该怎么办

今天我们作为下属有 3 种选择："躺平"、严格执行，或者提出修改建议。如何选择取决于当下的企业氛围。很遗憾，我们看到的事实是鲜有人选择提出修改建议。

笔者经历了 **3 个阶段的蜕变**：第一个阶段，直接说出问题，然而收效甚微，甚至被质疑唱反调；第二阶段，学聪明了，先不说，每个流程都说好，待执行时或影响了运作时再找机会提一嘴；第三阶段，尝试不说，内部客户作为需求方，也会忍受不了效率低下继而提出质疑，毕竟大部分人比笔者聪明。**所以解决方案就是"你老了就懂了，看人下菜"。**

思考的价值

明天我们可能会成为管理层，当我们拥有决策和制定规则的权力时，我们应该如何防止这种矫枉过正的行为呢？我们有没有能力平衡好管理与流程的有效性和高效性呢？

如果我们相信人性本善，就没有什么好担心的；如果我们相信人性本恶，那么我们可能不太可能有机会成为优秀的管理者，应该好好反思一下。

还问怎么办

请参考第九章中的"3 个典型的管理风险"。采购管理者本身也是制定规则的人，也需要防止自己出现过度管理的问题，可以参考第九章中的"将领导力扔进垃圾桶"及"过度管理风险"。

五、乱撩挑战：乔氏意面理论

采购的属性决定了领导者都喜欢来"撩一撩"。

在一碗意大利面中，你撩起了一根面条，周围的所有面条几乎都会跟着一起动。 一家企业就犹如一碗意大利面，所有的因素混合在一起，包括人、信息、流程、管理等，相互关联，叉子轻轻一撩，所有因素就会跟着动起来。——乔氏意面理论。

撩得不好，就会变成饥饿营销，引得人人都对这碗意大利面蠢蠢欲动，进而大打出手，场面惨不忍睹。大家真的有这么饿吗？还是面对被激起的莫名需求而不知所措？撩得起，也要收得住，这就是控制好边界和决策的有效性。

书中的很多案例都有撩的原因，如"财务/法务与采购的矛盾""噪声挑战"等。有人成功地撩起了战争，却没有控制好边界和决策的有效性，最终的结果是团队之间快速形成缝隙。权力分配的明示或暗示，也很容易挑起几个部门之间对供应管理权的争夺，打破原来井然有序的分工，管理层之间"大打出手"之后开始"相敬如宾"……

案例："撩人"的故事

笔者曾经的领导对笔者的两个资深下属给出了带有条件的承诺，在这两个下属面前各表一说，把这两个下属撩得心猿意马，让他们觉得自己升职加薪就在眼前，而对方有可能领先自己一步。

此后这两个下属独自干活时极其卖力，而对于需要配合的工作，两个人之间互相提防、互相拆台。笔者怎么协调都不起作用，最后他们的工作业绩也都不尽如人意，当然升职加薪也无望，最后这两个下属先后选择离开公司。

【点评】撩与被撩，都让人感觉极复杂，看着下属被撩，笔者更是五味杂陈。其实，更大的危害是对外部供应商的"乱撩"，因为那伤害的是整个公司的供应基础。

案例："撩供应商"的故事

某供应链副总手握千万元的订单，在采购部完成询价议价后，在已经基本达成目标的前提下，采购部觉得还可以再压一下价格，建议副总约对方领导再谈一轮。采购总监建议副总考虑一下，倾向于与哪家合作就找哪家来谈。

副总分别将两家供应商约来。他先与 A 供应商相谈甚欢，当场双方就达成默契，约定尽快完成设计，对方马上着手准备，双方满心欢喜地握手告别。紧接着 B 供应商也来了，双方谈的结果也不错，价格也压下来了，B 供应商的态度也相当积极，双方就差相拥了。

双方在成本、质量、交期上没有明显的差异了，这下两难了，最后副总给 B 供应商打了一个电话再压了一次价格，决定将订单下给 B 供应商。

A 供应商的销售人员说，以后你们想再找我们总经理就有点难了。

乔氏意面理论之解读

撩面是一种技术活，动作小了，面条不动；动作大了，肉酱乱飞，就连摆盘都废了；撩得恰到好处，才可以将面条和肉酱一起优雅地吃掉。

面可以撩，企业也可以适当进行饥饿营销，但是我们要搞清楚撩的目的是什么、如何控制好撩的边界，做到收放自如。不能忽略员工的职场需求和企业的真正利益，**不要只享受撩的过程，要享受撩的结果。**

采购管理者该怎么办

采购管理者必须时刻提醒自己：一叉在手，不要乱撩，不管是对内还是对外。对内，你的团队给了你饭碗，乱撩就是在打翻自己的饭碗；对外，供应商是你的合作伙伴，乱撩就是在"卸采购职能的胳膊"。

当你在一个"乱撩"的环境中工作时，怎么办？——通过打造高绩效的采购组织和制定可持续供应管理战略，来建设免疫机制（可参考第五章和第六章的内容）。

个体免疫：先打造"不做超人""有底有气""心理安全""眼高脚低"4 个心理基础，让每个员工都有明确的自我认知和对未来职业的规划，这样抗撩的自身免疫力基本上就有了；再通过打造强大的个体能力及团队能力，建立团队自信，这就相当于给每个人打了一剂免疫加强针，虽不能使人免于被感染，却可以大幅减轻症状。

供应商免疫：一是在商言商；二是选择见多识广的供应商；三是如果不是采购撩的，则是在间接帮助采购建立信用，如果是采购撩的，那你得自己去"摆平"。同时，"一份明确的战略伙伴关系或者明确供应商在战略中的定位"，也是为供应商打的一剂免疫加强针。

Tips　一叉在手，不要乱撩。

六、操守挑战：渎职更要命

职业操守永远是绕不开的话题。

职业操守问题会发生在供应链的每个环节。 一谈采购职业操守，多数人自然而然地就把目光放在采购人员身上，然而职业操守的风险不只存在于采购职能，各职能只要对采购决策有控制权和影响力，都存在职业操守风险。这种影响力本质上就是采购决策权的一部分。**职业操守问题分为渎职与腐败。** 腐败很容易理解，渎职指的是玩忽职守、不尽职。一个员工不能完成其本职工作、尸位素餐，难道不是出现了职业操守问题吗？

产品或服务都有对应的评价系统，比较容易量化评估。比如，原材料的价格是可核查和可进行交叉比对的，规格和质量是可测量的，服务类也有服务水平评价，企业只要做好成本管理和供应关系管理就可以大幅降低腐败风险。

渎职对企业的伤害更大。 渎职的影响通常无法很好地量化评估。比如，财务部恶意延迟付款，供应商在后续报价将这部分财务成本加入报价；刻意提高产品设计的复杂度；等等。这种破坏性通常是隐性的，造成的伤害却是巨大的。**看不见的才是危险的。**

案例：谁在忽悠谁，谁在打谁的脸

某外企的财务负责人一直说自己企业的现金流非常健康，付款状况非常好。总经理一有机会就跟供应商说："我们给的价格可能不是最好的，但是我们不缺钱，我们的付款状况非常好！"供应商通常都笑而不语。

采购总监很少去认真核对付款问题，偶有供应商说说，也没有太过关注。既然总经理和财务负责人一直这么说，那就算算看。

采购部统计完，结果发现过去半年财务部的付款状况极差，最严重的付款周期相当于标准账期的 2.5 倍。采购总监顿时明白了财务负责人为什么总说那句口头禅："晚几天付款还可以赚点利息。"原来他不仅这么想，还这么做了。

采购总监做了一份分析报告去参加管理层会议。他认为，一个财务负责人肆意破坏供应链现金流的行为，说其是渎职都算是轻的了。

总经理看到采购总监的分析报告后惊呼："被财务忽悠了，丢脸丢大了。"在总经理的强力推动下，财务部从入账期限到付款及时度都有了大幅提升，一年后，当采购总监再次回顾付款情况时，发现财务部又故态萌发，原因不明（懒得探究了）。

		供应商A	供应商B	供应商C	供应商D
核查发票数量（张）		15	6	32	12
从开票日期到财务入账耗时（天）		14	5	5	15
标准付款条款（天）		**60**	**30**	**30**	**60**
平均付款周期	算法A：从收货开始算	109	60	104	166
	算法B：从开票开始算	110	48	78	116
	算法C：从财务签收开始算	**97**	**43**	**73**	**101**

【点评】财务部看似是一个支持部门，实则是供应链的一个重要环节，是现金流的把控职能。延迟付款以获得更充沛的现金流和赚一点利息，说是为了公司的利益着想，实则是渎职。随意调整现金流走向，本质上就是财务部修改了采购合同。而其根源是价值观、个体能力及系统能力的综合影响，这在后续的团队建设和协同章节会进一步阐明。

案例：尽责的采购经理快破产了

【案例背景】2021年，全球供应链一片混乱，原材料交期基本上都要翻倍。新冠疫情的影响及半导体行业的供不应求导致一部分材料交期延长到4~5个月，甚至有些要延长到12个月。很多元器件根本没有账期一说，谁先给钱谁先提货。

今天，采购经理跟我开玩笑说他快破产了。在最近的一个项目采购中，为了让供应商将紧俏商品预留给我们，他个人预付了好几万元。我很好奇，我们既有预付通道，也有特别申请通道，为什么采购经理要用个人的钱做保证金，以便让供应商将商品预留给我们？

采购经理说，项目紧急，每笔款即使走紧急流程也要3~5天，还要写一堆理由恳求总经理/财务经理通过，而且付款必须等到周四，并且要总经理和总部在网银里审批后款才能付出去，一个流程走下来没有1~2周根本完不成。太累人了。

我听了之后，觉得确实如此，不好再说什么。虽然我认为这种行为有不当之处，可谁让我们有一个"神奇"的财务经理呢。

这个案例中所呈现的问题让某个部门"背锅"肯定不合理，整个流程拖沓、冗长，这是一个系统性的问题。从另一个角度来考虑，制定这么复杂的流程是不是一种渎职行为？

集权和分权能解决问题吗

对于腐败与渎职，企业常寄希望于两种截然不同的方法，即分权与集权。分权就是分散采购决策权，通过"定点定价"会议等形式，期望发挥"群体智慧"，对重大采购进行决策。大部分结果如下：①"群体思维"起作用，先看大家，最后看有权势者；②"群体转移"，形成保守转移或冒险转移，要么大家都很保守，要么大家都变得很激进；③形成群体极化效应，赞同与反对都有所增加，失去理性；④看似分权实则集权，"人人都有话语权，结果老板说了算"。有人说，"人人有权就是人人无权，人人有责就是人人免责"。

至于集权，你或许听过"权力导致腐败，绝对的权力导致绝对的腐败"这句话。

采购管理者该怎么办

- 优秀的流程设计可以减少职业操守风险。采购流程的设计、权责分工是关键，如果没有流程保证，所有部门都是黑洞！总结起来就是组织保证、流程保证、人员保证！人员也只是其中之一。
- 采购管理者要管理好部门内员工的职业操守：如前所述，打造"不做超人""有底有气""心理安全""眼高脚低"4个心理基础，让每个员工都有明确的自我认知和对未来职业的规划，打造团队自信，建立安全、开放、透明的工作环境。这些行为在很大程度上可以提高员工遵守职业操守的自觉性。
- 渎职与腐败的本质是企业的治理能力出现了问题。企业主/管理层之所以反复强调职业操守，根源是对自身及团队管理能力、领导力和企业治理水平的担忧。在找不到解决方案时，其简单地将渎职与腐败的原因归结于人性或价值观问题以推卸责任。
- 至于其他职能的职业操守问题，说实话，这有点超出采购管理者的能力范围了，特别是在流程和价值观比较弱的工作环境中。更多答案，可在本书其他部分寻找。

七、丛林法则挑战

案例：某公司的丛林总动员

某公司是一家非标定制游艇制造企业，一条游艇所涉及的物料有三四千种，包括标准件、图纸件、大型结构件、电子电气等。其供应链模式与飞机制造类似，项目周期长，简单的需要5～6个月，复杂的需要10～12个月。其订单稳定性和可预测性较弱，因为公司采取的是按单生产和接近零库存的战略，这意味着所有的物料都要根据客户的定制需求进行采购。

正常的流程是销售合同签署后，工程部需要耗时1～2个月进行设计，项目部与计划部需要耗时1～2周进行项目计划安排，之后才能进入采购环节。在2020年的几个项目中，前期各个职能部门因各种延误，导致需求确定并送达采购部的时间晚了一个月以上，项目如期交货的风险陡增。这给采购部造成了极大的压力，也使后道安装调试部门产生了极大的焦虑。后道安装调试部门希望采购部可以缩短交期，以确保其可以及时开始组装。

本着全力以赴的态度，采购部答应想办法保持原有交期不变。但受限于公司的各种规矩，整个流程所需要的时间一点都不少。比如，前面提到的各种挑战及后面提到的印章管理流程等。

同时，供应商业务繁忙，要大幅缩短交期本身就存在风险。于是，各种"踩踏"事件开始轮番上演，项目部指责采购部订单下得慢，计划部指责采购部维护OC（订单确认）不及时、不准确，以致交货延迟，生产部指责采购部的交货质量不够完美，项目部又跳出来说供应商选择没有经过自己的同意，财务部说供应商交货不良要暂停付款……

既没有人去关心为什么会发生这样的事情，也没有人去指责设计部、项目部、计划部前期的各种不作为，但到了采购阶段，所有人都要求采购部必须有能力完成任务、有能力为所有部门的不作为"擦屁股"。部门之间本该有的协作变成了丛林法则中的"踩踏"总动员。

每个职能部门都没有做好自己的工作，却把手伸到别的职能部门的工作范围内，干着或监督着其他职能部门的工作，仿佛只要能把责任推给对方就能显示出自己的高超技艺。没有了各司其职的前提，协同就是一个笑话，值得深刻反思。这像不像原始森林？

采购管理者该怎么办

只有弱者才需要考虑生存问题。我们应努力做好自己，做好本职工作，做一个强大的采购管理者。既然适者生存，那强大的人一定是可以生存的人之一，强大的团队根本无须关心适者生存的问题。

八、企业文化挑战：怎么说，怎么做

企业文化肯定不是一个采购管理者可以轻而易举就能改变的，所以大家对此有一些理解与思考就好。不过，企业文化不是听起来都很"高大上"吗，怎么还会对采购管理产生风险？

Culture eats strategy for breakfast（文化可以把战略当早餐吃掉）。有人说这是彼得·德鲁克说的，但笔者不记得在大师的书里看到过，不过这句话真的很有意思。

真实的企业文化

每家企业都有自己的一套企业文化。**有表见**（写下来/宣示出来）的，呈现在企业官网/贴在墙壁上/印在胸卡上的，包括使命、远景、价值观等（沙因说，这是人为装饰）；**有"隐藏的""未说的和不可说的"**，通常是企业在行为方式中体现出来的价值观，通常来自最高管理层或企业主的意志或潜意识（沙因说，这是价值观念与深层假设）。

而隐藏的企业文化才是企业真正的文化。企业领导者往往将注意力集中在那些自觉持有且共同认可的价值观上，如可持续性、多样性和包容性，却常忽略了个人潜意识里的价值观（如是包容异见还是倾向和谐）是如何影响他们制订计划、做出决策，以及实现目标的。

企业文化对供应管理的挑战

在前面的众多案例中，探究起来好像原因各种各样，多问两三层"为什么"，问题就追溯到决策层，再往上看就是企业文化了（主要是隐藏的文化）。

X 公司的愿景是"成为一家百年企业"，可是其 CEO 心里想的是"做高市值，套现出局"，于是所有人都在拼命摄取供应链上的每一分利润，以提高企业的利润率，从而抬升公司股价，几年过后，整个供应链岌岌可危。

Y 公司将"诚信"作为企业的价值观，可是其 CEO 欺瞒员工、肆意破坏采购合同，一直通过忽悠和画饼推进采购谈判，允许财务部肆意拖延付款，几年下来，很多供应商选择退出合作。

上述两个例子说明了为何隐藏的企业文化才是真正的企业文化，或者说一家企业的行为方式才是真正的企业文化。

我们在探讨下面这个案例的时候出现了不同的声音。有人说，这种行径看起来是在摧毁企业文化。也有人说，这些行为被该公司接受并且认可，说明这就是其企业文化的一部分。你怎么看？

案例：人事外包的故事

某家公司的某部门通过人事外包公司聘用了一些外包人员。为此，该公司需要每个月支付一定的服务费。

该部门主管就让外包员工从外包公司辞职并注册一家私人企业，然后该部门与这家私人企业签订服务合同。该部门主管的说法是，这样可以免去外包公司的费用，甚至可以将一部分费用分给员工，双赢。

这件事情得到了该公司管理层的认可，也产生了巨大的影响，其他部门的外包人员纷纷要求效仿该部门的做法，理由是"该部门可以这么做，为什么我们不能？这样做在给员工创收的同时也给公司节约了成本"。这给一些部门负责人造成了极大的压力：是同流合污，还是坚持原则却要冒着员工不满的风险？

上述案例就是一个典型的"隐形企业文化"在起作用的案例。他们打着"为企业利益""为员工利益"的大旗，做着"金钱高于一切"的事情，置商业规则/道德与企业法律风险于不顾。这是不是企业文化的一部分？

管理层的责任

那些挂在墙上的企业文化是用来引导企业主、管理层，还是用来引导员工的？**企业文化首先由管理者来践行。**管理者如果不能起到表率作用，员工就会认为"企业文化只是用来约束我们的，而不是用来约束领导的"，自然也不可能真正落实企业文化。管理者要用行动来给员工"洗脑"，而不是用口号来给员工"洗脑"。

我们一起来建立企业文化吧

案例：我们很认真地建立企业文化

某天，我们召开了一场管理层会议，讨论我们应该建立什么样的企业文化，主要围绕着我们应该有什么样的愿景、使命和价值观等几个问题展开讨论。

经过半天的讨论，高管们终于讨论出一个大家都认可的企业文化设定。两周之后，企业文化被公布了。然而半年过去了，已经没有人记得当时讨论出的企业文化是什么了。

一家企业连愿景都不清楚，还要员工来想、来建立？企业都不知道自己要干什么，难道要员工来思考企业到底要干什么？

案例：3 任领导的企业文化之路

有一个咨询顾问说过一个真实的故事，他见过一家企业相继 3 任领导者中招，老板要求讨论和建立企业文化，领导们孜孜不倦地探讨和尝试建立企业文化，PPT改了一版又一版，结果把自己改失业了。

采购管理者该怎么办

对此，笔者和大家一样有很多疑问。除了适应企业文化，采购管理者还必须尽量减少不良企业文化对团队的影响，做好保护工作。采购管理者还可以积极打造良好的部门文化，就像你改变不了社区，但是你可以改变你的家庭。还有一条路，那就是采购部门努力成为强者，拥有更多的选择权，寻找更加适合自己的企业文化。

我们能不能改变企业文化？有可能，但是机会微乎其微，不过我们可以适当坚持企业文化中优秀的那一面。

采购人员之所以面对上述如此多的挑战而苦苦支撑，我们总结是因为采购管理面临三大困局且容易掉入三大陷阱，接下来我们就来聊聊这两个话题。

【注意】五问采购管理

我们收集了采购相关人员常提及的几个问题：采购职能重要吗？我们准备好了吗？为什么大家都不开心？为什么会两难？避而不战，还是不战而胜？

采购职能重要吗

"采购不就是花钱吗，不就是买东西吗？""花钱的部门，朝南坐，简单。""只要给我采购决策权，我也会做。"……这些理解的潜台词就是采购很简单、采购不重要。

事实上，每节约 1 元的成本，企业利润就会增加 1 元；而每增加 1 元的销售额，利润大约只增加 0.1～0.3 元。因此，采购很重要。当然，采购的价值不仅是降本和通过简单的降本产生利润。

供应链运营参考（Supply Chain Operations Reference，SCOR）模型把供应链分成 3 段，左侧是供应管理，中间是企业内部计划与制造，右侧是客户关系管理。采购职能负责最前端的供应管理，管理着信息流、资金流及物流，可以说是企业最重要的职能之一。听听企业管理大师们是怎么说的吧！

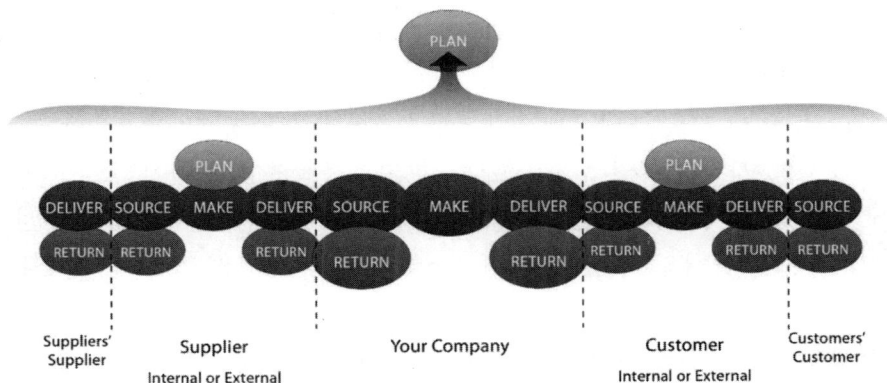

通用电气前 CEO 杰克·韦尔奇说过两句话：①一家公司能够赚钱的就是采购部和销售部，其他部门发生的都是管理费用；②如果一家公司在供应链上没有竞争优势，那干脆不要竞争了！

采购供应链专家刘宝红说，企业的总成本大约有 50%，甚至 60%～80% 的支出都是支付给供应商的，采购从表面上看是一个花钱的职能（部门），实则其担负着寻找、管理供应商的重任，还要确保这过半的供应链活动保质保量地完成。

我们认为要分两个层面看。其一，重要不重要取决于决策者的认知，就像每个人对美的定义都不一样。其二，如果老板把决策都做了，而采购部只负责下订单，那么采购确实一点都不重要。

我们准备好了吗

在过去十几年的工作和观察中我们感受到，在很多企业，采购与供应链团队的存在感不强，薪酬待遇在整个企业中也不算高，通常都活在有色眼镜之下，这种情况在中小型企业中尤为明显。

采购与供应链团队的强大程度，在某种程度上体现了这家企业的治理水平，更是体现了老板与管理层的领导力，以及管理愿景的能力。更直白地说，管理不好采购，就不是一个高明的领导。（这是笔者筹备中的第三本书的主题：总经理如何管理好采购。）

面对日益复杂的采购与供应链管理，以及竞争日趋白热化的市场，我们真的做好面对未来需求的准备了吗？未来的企业需要什么样的采购与供应链团队？采购与供应链如何为企业带来更多的发展动能与潜力？我们是不是仍在以简单买卖为逻辑开展工作？

《麦肯锡采购指南》一书为采购人员提供了一个面对未来的解决方案："采购要维持稳定供应、最佳成本、更少波动、更快且有改进的创新，以及正面的公司品牌形象，其角色将比以往更加重要。我们的目的是把卡拉·杰克的观点进一步带入 21 世纪，并阐述演变历程中的下一个阶段，即'供应管理必须转变成供应的企业家精神'。"

管理者与领导者准备好了吗？采购专业人士准备好了吗？企业准备好了吗？你可能会说"早就准备好了"。那我们来看看下一个问题。

为什么大家都不开心

采购人员大多觉得工作难做；而对企业老板和总经理们来说，如何管理采购也是一件令人头疼的事情。这仿佛是一个永远无法调和的矛盾，来看看大家是怎么说的。

案例：采购专业人士说

笔者的一位老友在领英上发表的文章引起了巨大的共鸣：……价格高了，就说你贪污。价格低了，就说质量不好……为供应商申请付款的时候，财务部用疑惑的目光看着你，问你为什么替供应商说话……老板都想用买废铁的价格买黄金……

某采购经理说："老板难搞，老板对他自己找的供应商都会产生各种质疑。价格高了担心有猫腻，价格低了又担心质量不好。工资给得那么低，跟一个前台差不多。丈母娘送了我一块手表，老板马上贼兮兮地问'这个手表不错哦，新买的'？"

某采购总监说："老板亲自出面谈判，供应商降了一些价，他就觉得自己是一位采购高手了。可是供应商早学聪明了，已经预留了老板出面谈判的空间，之后的报价只高不低。我花了很多时间制定的采购战略，分分秒秒就被老板改了。"

案例：老板们说

某外企副总经理说："采购专业性我很认同，可是总觉得很难管！好的人都很'拽'，差的人要么听话却没主见，要么想法太多。"

某私企老板说："采购不就是买东西，让他花钱有什么难的？就是询价、比价、压价，再签一份采购合同，这有什么技术含量？"

某外企总经理说："一个部门一年要发几百万元的工资，还会产生差旅、运营等各种费用，真的很花钱啊！要说专业性，老板成天算成本、算价格，难道专业性不如采购员？一个个说得头头是道，可是我也没有发现他们给公司创造了多少价值啊，怎么看就是买料、追料那点事，能说得清到底有多少价值吗？"

另一位私企老板说："即使让我的侄子做采购我也不放心，但是至少肥水不流外人田。"

从上面这些人的感受和说法可以看出，大家都不开心。读者面对的情况可能没有这么严重，但我们经过多年的观察和体会，发现90%的企业存在类似的问题，大约只有10%的企业是比较良性的，而无一例外这些企业都非常优秀。为什么？先有优秀的企业，还是先有良性的采购协同？这可能同"先有鸡还是先有蛋"一样难以说明白。

从业者与管理者（领导者）带着这样的想法和压力，注定无法形成有效的管理及合力，更不用说面对未来了。我们认为鲜有准备好的企业，尤其是中小型企业。

为什么会两难

不管是采购人员还是销售人员，都是老板要提防的对象，也是老板最难把控的人。因为无能的人干不好，能力强的人驾驭不了。——睿智而又直接的邻居石小姐

采购/供应链人员与管理者间形成了恶性循环。在本书中，我们会看到很多真实的案例，读完这些案例，或许读者会感受到一丝丝凉意——原来我们经常犯这样的错误啊！

把管理当成操控工具。很多人把管理用来操控事务、操控人员，以目标为中心而罔顾人的主动性对于目标的意义。

沉迷于方法论。技术、能力、流程、系统、监管等可以让员工具备"能干"的潜能，但关键是要让他们"想干"。

忽略了人是企业最大的资源，是唯一可扩大的"资源"。在我们可以得到的一切资源中，人是唯一能够增长和发展的资源，也是唯一在制造增值的资源。

忽略了管理的最终目的。管理的目的是通过外部取得企业绩效，也就是管理的最终结果在此得以呈现，这也是员工的价值体现，而不是管理者的权力和价值或领导者/管理者的收益有多大。（灵感来自彼得·德鲁克的管理者哲学。）

最重要的是，我们常常落入人性困境，毕竟绝大部分挑战都是源于人性的复杂、对权力与利益的迷恋、对权力与利益的争夺、人与人之间信任的难以建立……

避而不战，还是不战而胜

采购与供应链是"兵家必争之地"，采购人员要面对各种挑战甚至"战争"（挑战既可能来自内部，也可能来自外部），以及各种不确定与未来的挑战。

"避而不战"可能是很多采购人员会采取的战略，即采取妥协甚至躲避的方式以尽量减少各种争端；或者选择"战而胜"，即积极应对各种挑战，随时准备好面对或发起一场场战争。笔者的一位采购总监朋友甚至常借用这样一句话："与人斗

其乐无穷！"

我们也可以选择认真思考产生这些挑战的原因，只有找到原因才能找到应对的方法，这样组织才有可能做好准备去面对目前和未来的挑战，**追寻更高层次的不战而胜。**

首先，管理者只有以人为中心，将个体的复杂性充分融入组织决策系统之中，思考如何建立商业与人的更和谐的关系，才能建立起真正的领导力，才能真正做到以"对企业的贡献"为管理的基础和目的，建立强大的团队，携手面对未来的挑战，**突破自我。**

其次，就像稻盛和夫的经营哲学的出发点为"作为人，何谓正确""作为人，就应该这样去生活"，不管处于什么层级、什么阶段，管理者都应该认真思考这两个问题，以这两点为潜意识的基础来思考企业管理问题。想明白了才有可能**突围困境。**

最后，有些人动不动就谈战略，真的有必要吗？笔者认为没有战略的团队就像木偶一样只能在操控下按照要求动作，管理者必须设置有效的战略门槛，才能实现组织的**战略突起。**

突破自我，突围困境，战略突起，这或许就是采购的不战而胜之道。

有绝对的正确吗？对于书中的很多案例，笔者表达看法相当直接甚至武断，还有些想当然的判断，但是必须强调，一个组织/一家企业目前正在做什么、怎么做都是合理的，都是基于其当下的能力做出的必然选择。另外，在不同的情境下，不同的人站在不同的角度、不同的高度，理解问题也会大相径庭。**万能的解决方案是不存在的。**

进阶思考：从不战而胜到超越胜负

避而不战？战而胜？不战而胜？超越胜负？管理者应该怎么选？有朋友说，你应该说说员工腐败怎么办，被质疑怎么办，夹在供应商与内部要求之间怎么办，老板不信任怎么办，成本目标被无底线往下压怎么办……**采购人的无数个"怎么办"。**

普通员工身处简单的世界，明白简单的道理，却没有施展的权力；高级经理人身处复杂的世界，却常常遗忘最简单的道理。我们常常不屑于用最简单、最直接的方法，却沉迷于复杂的系统、流程、管理，仿佛不用这些复杂的东西，我们就会"错过一个亿"。我们希望这些可以佐证我们的决策是对的，却往往把我们的信念和直觉扔到一旁……道理很简单，却常常被我们遗忘。

与其说探讨采购困局，不如说探讨企业管理困局、探讨管理者的为人之道。对于管理者来说，我们需要谨慎思考个体与组织的关系，思考如何创建一个更加良好的工作环境来支持团队，以便他们创造更多的贡献。**这就是超越胜负。**

- 采购人员：跳出技术的盒子，成为一个更加优秀的采购人员。
- 经理人：跳出狭隘的工作职责定义，做好采购管理。
- 企业和领导者：超越自我，管好采购。
- 供需双方：如何更好地合作，取得双赢。

意识决定思维，思维决定能力，能力决定行为，行为决定结果。要改变能力必须改变思维与意识，透过现象看本质，探索更深层次的诱因。这样思维高度才能提升，从而影响能力的提升，再推动行为的改变。

【注意】冲浪法：四步直面挑战

怎么办？试试冲浪（Surf）法，四步直面挑战。生活与工作可能很复杂，也可能很简单，有时停下来喝杯茶，或许我们就会感受到生活的真谛。

第一步，Stop! 停下来，停止尝试把事情做完美。你可能已经焦头烂额，努力将工作做到完美，让其他人满意，结果证明只是在不停地救火。问题不会自动消失，我们必须挤出一部分精力和资源在系统层面解决问题。强迫自己停下来，即使他人觉得你是逃避也没有关系。

第二步，Upstair! 上层楼，换个高度看事情。仅从问题本身出发很难寻找到解决方案，只有站在更高的角度和用更广的维度去思考问题，才能更快找到出路。例如，思考如果我是未来的 CPO（首席流程官）、CEO，则应具备什么样的价值观和信念？应该怎么解决这些问题？这将决定思考的高度和深度，以及行动方向。

第三步，Root! 看清楚，探究问题的本质。诺贝尔经济学奖获得者西蒙说过，随着信息的发展，未来有价值的不再是信息而是注意力。我们需要提高注意力，专注地思考职能的本质：为什么采购工作难做？为什么采购难管？采购管理到底是在管什么？采购管理的核心是什么？

　　第四步，Fix It！搞定它。采购组织面临的各种困局和挑战就是 "熵"，即组织需要付出更多的努力来应对各种没有价值的挑战。在我们弄清楚第三步的几个问题后，采购管理者就可以有针对性地寻找办法进行 "反熵增"。

　　下一章，我们就来重新思考一下采购管理这件事。

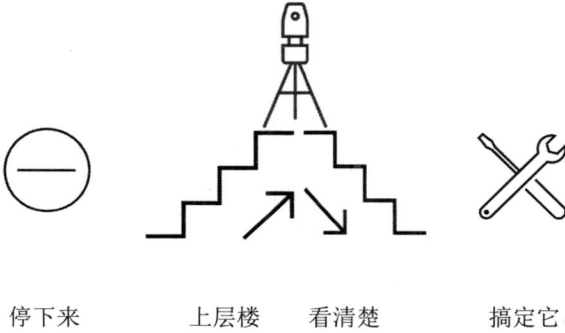

停下来　　　　上层楼　　看清楚　　　　搞定它

第三章
重新思考采购管理

抱怨或批评，只会让自己充满负面的情绪，只会内损而毫无建设性，唯有化批判为改进的动力，整个世界才会越来越好。这就是"与其诅咒黑暗，不如燃起蜡烛"的真义。——李欣频

一、采购管理的三大困局：偏差与噪声+博弈+内卷

在上一章我们分享了一些案例来呈现采购面临的各种挑战，那究竟是哪些因素造成这些问题？我们找到了采购管理的三大困局：偏差与噪声、博弈、内卷。先看看后果，很多人在这三重压力下选择了"躺平"。

案例：员工为什么"躺平"

前一段时间，总经理的口头禅就是"为什么大家都'躺平'了"。很多人笑而不语，也有人回答："没有啊，大家都很努力啊。"也有人窃喜不语，没有解释，没有反对。大家都希望尽快结束这个话题。笔者回答："不会啊。"因为笔者也不好直接回答，因为笔者怕他再问下一个"为什么""谁造成的"。

这些回答或不答本身就是一种"躺平"，大家无法判断老板是真的在问还是在"点"某些人、老板是真的想听还是随口说说，所

以"不知道""没有啊"是最佳答案。总不能说公司存在偏差与噪声、博弈及内卷吧？这就是典型的"未说的和不可说的"。

偏差与噪声

被普遍认为是决策领域权威的诺贝尔心理学奖获得者丹尼尔·卡尼曼曾说："组织就是决策工厂。"

演奏水平高的交响乐团可以演奏出行云流水般的华美乐章，而演奏水平低的交响乐团演奏出来的乐曲杂乱无章、不一致、不和谐。每个乐手对乐曲的理解差异、对指挥的指令的理解不同、技艺差异、表现欲望与乐团绩效的取舍，以及乐手在演奏当天受周围事物影响而呈现出或高或低的表现，甚至场地与演奏设施的维护是否到位等，构成了偏差与噪声。（来自丹尼尔·卡尼曼的著作《噪声》，有兴趣的读者可以通读这本书。）

在企业系统里存在各种偏差与噪声，这时刻影响着企业主和管理者的思维及行动方式，进而影响决策的正确性与有效性，也就是"决策卫生"。

采购管理本质上是判断与决策的过程。在这个过程中，很多人认为，只要保证各个基层单位及员工对于管理层制定的原则和准则保持高度一致的认知，就可以做出正确的判断及决策。然而往往事与愿违，因为我们常常过于理想化，在认定人是理性的动物的同时高估了自己的决策正确性和影响力。

理性（系统、逻辑、管理知识等）+感性（感受、喜好、欲望、外界事物的影响等）构成了决策基础，这两方面存在的偏差与噪声形成了判断和决策的错误源。如果我们能够管理好这种偏差与噪声，就能保证"决策卫生"。

我们观察到，优秀的团队成员的认知是在一个层次上的（偏差小），有着接近的价值观（至少在工作层面），能够快速对分歧形成一致意见（噪声小），可以进行有效协同，即使在某些情况下的看法不同，也依然可以向既定的方向共同努力。**优秀的团队总是偏差可控、噪声少。**（关于认知偏差的内容，详见第七章。）

博弈

采购管理面临的挑战本质上就是多因素推动下的复合博弈，如采购决策权的博弈、采购管理与管理采购的博弈等。这就是采购之博弈困局。这种博弈有的来自职能内部，有的来自平行职能，有的来自不同层级；既有政治性的，也有利益性的；既有主动的，也有被动的。这些博弈既增加了职能运作的难度，也增强了偏差与噪声对组织和决策的影响。

内卷

任正非说："在工程领域的精益求精不叫内卷，而在不需要精益求精的地方要求精益求精，则是内卷。"雷军曾说："永远不要试图用战术上的勤奋来掩饰战略上的懒惰。"本书中有很多案例都有内卷的影子，如"有必要成立一个'盖章部'""财务/法务与采购的矛盾"及后面的监管案例等。采购人员需要腾出更多的时间来应对这些无价值或无增值的活动，应对日益复杂的管理体系与决策体系。

有人将**内卷归纳为 7 种表现**：无意义的精益求精；将简单的事情毫无理由地复杂化；低水平的模仿和复制，既是懒惰，也是为了免责；被动低效率地应付工作；与预期目标严重偏离的努力工作；在一个无关紧要的问题上无休止地挖掘；限制创造力的内耗式竞争。不难看出，以上具体表现大多是制度性的内卷问题。

内卷的深层次原因。李平与丁威旭在《破解企业内卷难题，关键在于这一点》一文中提到：内卷是缺乏活力的表现……产生内卷最大的原因是企业机制存在重大弊端，导致组织活力严重不足，**表现为缺乏各个方面的创新**（包括技术创新、产品创新、商业模式创新、组织规则创新等），尤其是缺乏突破式创新。**企业无法克服惰性**，陷入无休止的内耗之中，导致所有利益相关者共同受损，没有赢家。这是企业走向失败，甚至死亡的重要前兆。**缺乏对外开放**也是企业内卷的关键因素，只有开放式的学习与创新才能有效破解企业内卷。内卷总体上是管理者无能的表现。在家是条龙，出门是条虫，大体如此罢了。

采购为何屡遭内卷？内卷的首要目标就是企业的核心部门和核心利益，采购部管理着超过 50%的企业增值活动，因此采购职能相对于其他职能更容易掉入"内卷"的旋涡。想想看，去卷保洁阿姨有什么价值？而采购人员长得那么帅/那么漂亮，那么"拽"，还那么有钱，不卷你们卷谁呢？面对内卷，采购人员通常有几种选择：①接受并加入内卷；②沉默，只关注自己的工作，即拒绝内卷且"躺平"；③完全"躺平"，领导们让怎么做就怎么做。

作为供应链管理的前锋，不管是发动、加入内卷还是"躺平"，对组织来说都是一场灾难。**"加入内卷"会加剧内卷，但"躺平"也不"反内卷"。**在本书中，笔者从自身的经验和体会出发，通过一个个真实的案例，分享如何带领团队进行"反内卷"，可能不成功，却有成长，至少在寻找一条逃离内卷环境的道路。

总结：偏差与噪声是天然存在又由人为挑起的，叠加了博弈困局，加上内卷的内耗陷阱，从而引起大量的非全面性甚至错误的决策，这就是采购两难的三道紧箍咒。

偏差与噪声 ＋ 博弈 ＋ 内卷 ＝ 采购管理的三大困局

这些困局对于采购组织来说就是一场又一场的战争，这些客观存在的状况需要有人来理解它们、解决它们，这其中的关键在于对人的理解。人与人存在思维偏差，有人喜欢制造噪声，有人只会制造噪声，博弈发生在人与人之间，发起内卷和处于内卷之中的也是人，因此绝大部分挑战都源于人性的复杂。对于管理者和领导者而言，必须以人为中心来提升管理能力。

Tips
> 进化与成长是反内卷的最佳手段。
>
> 你可以内卷（Involution），也可以进化（Evolution）。

终极困境：成为令人讨厌的客户

> 企业一旦成为令人讨厌的供应商，就离倒闭不远了。—— Tony

供应链的核心环节是供应管理，如果供应管理做得不好，那么后面的环节都会"抓瞎"。根据我们多年的观察，一家公司在崩盘之前，通常其供应基础会先出现崩盘的迹象，并出现一个现象级的方向标，即"成为一个令人讨厌的客户"。B公司就是非常典型的案例。当采购人员在极力维持供应商关系时，B公司内部却总有人不遗余力地进行破坏。

终极困境的表现

供应商说：活难做，钱难赚，人难搞。采购人员也说：活难做，钱难赚，人难搞。

对供应商来说，采购组织的订单很难完成、报废率很高、利润很低、付款周期很长等，人又难搞，多部门随性介入管理，SQE（供应商质量工程师）只负责最终检验，出了问题都是供应商的错……

对于采购人员来说，采购工作难做，工资低要求高，内部协作差，总是充当"消防员"，经常当"背锅侠"……

我们为何变得令人讨厌

这不是个例，不少企业都存在类似的问题，而企业与供应商的关系差到这种程度，很少是采购职能本身导致的，通常是整个企业出现了系统性风险，即企业出现了"三混"：**决策逻辑混乱、权责混乱，以及群体性混沌。**

采购管理者最怕出现这种情况，因为这通常意味着企业管理混乱，糟糕决策百出，多数员工主动或被动进入混沌状态。这时的采购管理者通常很难改变现状，只能极力维持，最高决策层如果不能看到问题的本质，并及时解决问题，则风险会不停地叠加，多米诺效应迟早会发生。

案例：某国内汽车整车厂的故事

在某高端采购微信群里，有一群采购精英和一群企业主，大家经常在群里发布一些需求和产能介绍。

有一天，有位老板问："整车厂 Q 的采购部找到我，想要给我下订单，做一批紧急零部件，大家觉得这个订单能接吗？"群里的小伙伴们纷纷说"Q 厂的订单你也敢接啊""只要你能搞定货款就行了""自求多福吧"。最后这位老板还是接了这个订单，既然有风险那就报价高一些。

过了两个月，这位老板都快哭出来了，后悔没有听大家的劝，货款要不回来了。Q 厂那边找各种理由，既不退货也不给钱，其采购部连电话都不接了。

一个国内一流的整车厂，信用与口碑竟然如此之差，也是匪夷所思。这种企业中短期可能活着，长期一定会出现重大问题，其供应链问题已经初露端倪。

案例：某外企的几家供应商老板如是说

S：那天我很恼火，很想揍你们的 SQE。

H：你们的人到底懂不懂？要是还这样，你们的订单就不要下给我们了。

A：你们是我见过的最奇葩的客户了，要不这单就不做了吧。

B：要不是你们公司的名称值几个钱，行业里有谁愿意接你们的订单？

D：你们真厉害，去哪里找到这么多"超级优秀的人"？

C：你们就不能找一个有基本常识的总经理吗？

E：价格不高要求高，订单不多事情多。

Tips 成为优秀的客户，成为可爱的客户。

二、跳出博弈逻辑，成为优秀的采购管理者

笔者发现采购两难是多种博弈与力量的存在导致的，于是总结出了采购博弈模型与两个六力模型。

采购博弈模型。采购管理面临的挑战本质上就是多因素推动下的复合博弈。前文提及的采购两难、采购管理的三大困局及采购面临的各种日常挑战，本质上就是下图中左侧多个博弈因素与右侧多个博弈主体在一定情境下，因多种价值观与多种利益纠结在一起形成的复杂局面，而采购职能需要在这种复杂局面中建立博弈的平衡。

采购博弈模型

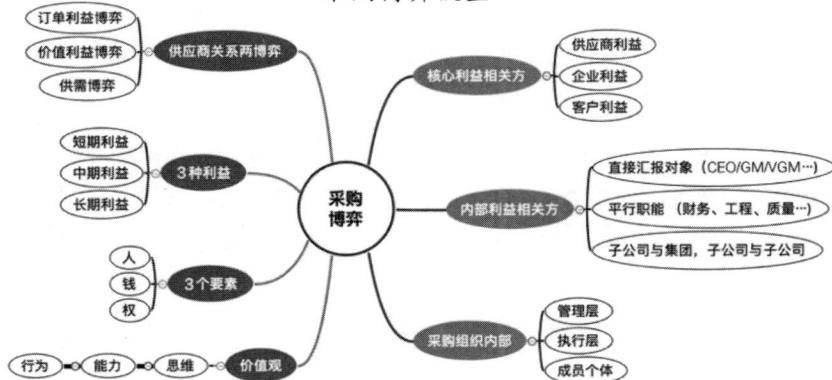

在采购工作与管理中，存在两个六力模型，一个是采购决策六力模型，另一个是影响采购的六力模型，这两个模型决定了采购工作的有效性与难易程度。

采购决策六力模型。在采购决策过程中，除了外部供应商的力量大小，内部也存在着多种影响采购决策的力量。这些力量又分为可见的和不可见的，可见的是明确表达的意见、看法或建议；不可见的是没有明确说出来的想法，或者不好说出来的想法。这些力量来源于 3 个职能：采购职能、非采购职能，以及最高决策者。通常这 3 种力量是不均衡的，力量的大小取决于各方的意愿、能力及权力，重大决策通常会在 6 种力量有形或无形的撕扯中达到一个平衡。

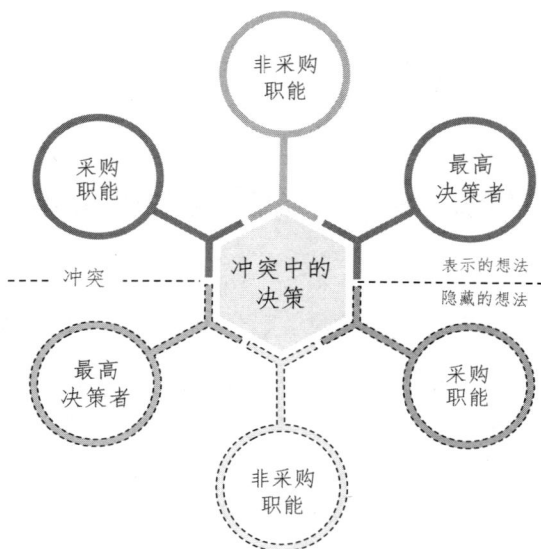

影响采购的六力模型。这个六力模型之所以存在，是因为"钱、权、利"在"认知偏差、价值观及办公室政治"的影响下发挥作用，而决定这些力量发挥与影响的是企业文化及价值观，以及领导者的思维和能力。

采购博弈模型与两个六力模型解释了采购难做的原因。采购人员需要有超高的职场智慧，高情商、高智商与高财商缺一不可，在准备阶段就要充分考虑和揣摩各路"神仙"的想法，在呈现几种可选方案的时候要拿捏好建议和表白程度……总之，如何让自身与环境达成协调共识才是关键。

采购总监 Anita 说，最佳的采购决策看起来都是由大家一起做出来的，最好的采购管理看起来都是不做决策的，最厉害的采购人员都是让其他人觉得自己是决策人。而 Tony 说，对内要明确一件事：需求不是采购人员的需求，供应商不是采购人员的供应商；对外也要明确一件事：采购人员是来给供应商创造价值的，而不是来盘剥价值的。

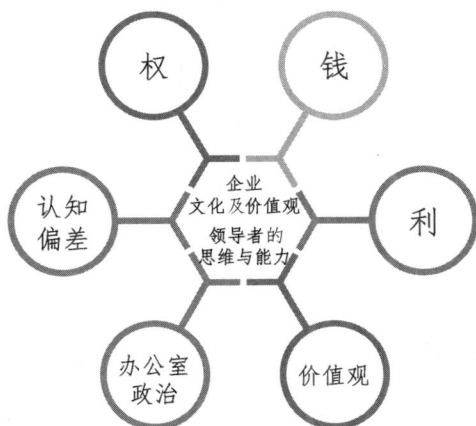

要改变结果就必须改变行为；要改变行为就必须改变能力；能力由思维决定，要改变能力，就要先改变思维。在多种力量的博弈下，我们需要关注两个重点，即人和自己。

不管是两难、三大困局，还是三大陷阱，抑或是采购面临的种种挑战，这些并不是问题本身，而是某些问题的结果，其根源是企业的管理能力出了问题，所以我们应当回到提升能力的方向上来。一个组织的能力包括了组织本身、流程和系统，而组织、流程和系统的设计者及实施者都是人，**因此人是关键**。我们能改变组织的可能性微乎其微，但一定能改变的是我们自己，因此**我们最大的对手是自己**。

如果自认不是政治高手或无意陷入政治争斗，则要跳出博弈逻辑，远离博弈陷阱，以人为中心，围绕着采购与采购管理的本质进行思考，思考如何在两个六力模型中争取更多的主动权，**成为真正强大的采购管理者**。

三、磨刀不误砍柴工，做好心理准备

所有的采购管理者都希望自己事业有成，然而除了前文提及的采购管理的三大困局及两个六力模型制约着采购管理者，还有其他因素时刻影响着采购管理者，采购管理者必须先做好充足的心理准备，再扬帆起航。

心理准备一：跳离采购管理三大陷阱

对于国内企业，我们观察到一个非常有意思的现象，我们发现采购人员与采购管理者经常掉入三大陷阱：战略陷阱、协同陷阱和改变陷阱。这三大陷阱除对企业发展形成障碍外，也对采购人员的职业发展与价值实现形成巨大的障碍：**不可能三角形、蠕动环与能力逻辑。**

战略陷阱：不管是主动地还是被动地，我们常常不遗余力地追逐"又好、又快、又便宜"的不可能三角形，却忘记了追逐供应链的核心竞争力，忘记了什么是企业的核心竞争力。我们在追求不可能三角形的路上越走越远。比如，在询价阶段要求最便宜，在采购阶段要求最快，在收货阶段要求质量最好。

协同陷阱：各职能（部门）都在追逐自己的价值，仿佛协同就是在帮助他人获益，只要在证明自己正确的同时把责任推给其他人就万事大吉了，最后整个组织都处于低效之中，所有人都困在自己编织的"蠕动环"中。比如，成本降不下来，采购部说，70%的成本和质量在设计的时候就已经确定了；财务部说，它负责管控，钱越晚付越好，多几天利息也是钱嘛，蚂蚁腿也是肉；设计部说，它只要画得出来 CAD 就可以了，这家做不出来，换一家不就行了；质量部说，供应商是采购部找的；项目部说，怎么做到是你的事，前面延误是前面的事；销售部说，成本降不下来所以东西卖不出去；法务部说，合同不能有风险，最好把销售风险都转移给供应商；人事部说，订单不确定，要不员工合同先续签 3 个月？

改变陷阱：很多优秀的采购管理者都有改变的冲动，都带着满腔热情要改变企业现状。然而，行为来源于能力，一般情况下，一个组织或一家企业目前正在做什么、怎么做都是合理的，都是基于其当下的能力做出的必然选择。也就是说，一般情况下，一个组织或一家企业所有的行为都有其合理性，我们能改变环境的可能性微乎其微。

要跳出这三大陷阱，需要做好充足的心理准备，因为你的改变可能会影响到所有人，而且必须至少影响到一部分人，改变才能取得成效。

心理准备二：你忽视的可能才是重要的

在采购管理中，我们大多能够关注到四大利益相关者，即组织、团队、供应商及客户，而常常主动或被动地忽视这些利益相关者的长期价值，因为多数利益相关者包括采购人员虽然在口头上追求长期价值但潜意识追求的却是短期价值。**这就是采购管理的"四注视一忽视"。**

"又好、又快、又便宜"的逻辑本质上是追求最短周期内的最大利益。比如，职业经理人基于自身职位安全、发展、利益，会常常主动选择忽视真正的长期价值，采购人员也不例外，甚至更容易"翻车"。

我们关注交期，关注价格，关注质量和服务，关注企业和其他人的感受与需求；我们既关注供应商，也关注客户；我们既关注团队成长与收益，也关注自己的升职加薪。这些都非常好，但是我们常常只关注现在及半年、一年的状况。

唯有长期主义者才是最后的赢家。说实话，笔者也觉得很难做到，但这是笔者在实践和成长的历练过程中努力争取去做到的。在笔者的第二本书——《采购人的价值实现》中也会进一步探讨。

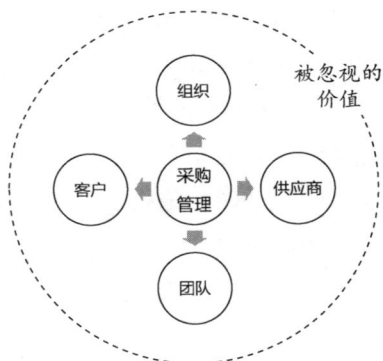

采购管理的"四注视一忽视"

心理准备三：拥抱挑战，改变与环境的关系

笔者也曾数次面对混乱的环境，然而在某一天忽然发现自己竟然有了质的变化。后来笔者看到一句话是这么说的：把你扔进泥潭，你的成长速度要比在一个五星级游泳池来得快多了。恶劣的环境并不都是坏事，如果我们可以主动改变与环境的关系，恶劣的环境就会带来个人蜕变的契机。这就是泥潭成长理论。

在我们感到焦虑、沮丧、生气或不堪重负的同时，它们会给你注入能量、勇气和希望。如果我们勤于思考与分析这些"错误"到底错在哪里、为什么管理者会做出这种选择？有没有更好的选择，就会思考什么是正确的，为什么。我们可能要付出比别人更多的精力才能想明白这些事情，但这恰恰会推动个人的成长。因此，知道什么是错误的更有价值。

心理准备四：跳出"我已经是管理者"的误区

管理者常常忙着开会，忙着出差，忙着完成各种各样的 KPI 指标和报告，深陷事务性的繁忙之中，在各种混战中无法自拔，无暇思考这一切又因何而起，成为"高度近视"的管理者。

管理者开口闭口谈以人为本，实则以自己为本；大谈企业的利益，事实上大多以自身的利益为前提；压缩本已少得可怜的培训费用，却在自己的加薪升职上不遗余力；坐在办公室吹着冷气高谈阔论，写着由企业付钱的 MBA 作业，同事们却在 45°的厂区里汗流浃背……他们成了一群只关注自我价值与利益的管理者。他们所谓的长期价值只是半年或一年的利益，满口高大上的管理理念只是希望别人可以做得更好。他们不停地追逐不可能三角形，在错误的道路上越走越远。

接着，他们开始抱怨员工的忠诚度不够，斥责员工的职业素养不够，各种各样的流程、政策、会议和培训接踵而来，期望借此改变一些事和一些人。然而只要他们能够稍稍俯下身，就会听到员工的声音："这跟我们有什么关系""那群无能的人"……

他们掉入"我已经是管理者"的坑里，洋洋自得。只有他们自己主动爬出来，才能真正有所改变。

心理准备五：做好打持久战的心理建设

这是一个长期的过程。当我们开始思考如何应对各种挑战就意味着我们已经启航了，这会是一个累积了大大小小的问题、不断纠偏和不断前进的过程。如同航行一样，我们即将踏上一段充满未知的旅程，目标可能就在我们看得见的地方，我们却不可能一帆风顺地直接驶向目的地，我们必须先左转，再右转，再左转，尽管出发前预测了风雨并做了充足的准备，然而"不期而遇"的意外总会"如期而至"。成为一个优秀的采购管理者需要经历一个漫长的过程，罗马不是一天建成的，但肯定是一天一天建成的。

所有的改变都是对人的改变。因此这条路注定是崎岖的，是需要勇气和魄力的。正如帕特里克·兰西奥尼所说："要面对人与人的行为，需要一定的修养和胆识，只有一个真正出色的领导者才愿意去做这项工作。"

知易行难。这些摸爬滚打得来的经验教训写下来很简单，但要真正落实到行动上很难，甚至让我们再做一遍也不见得会做得更好。因为我们常常会屈服于压力，也会因为贪图便利或享受权力带来的小刺激而滥用权力（拉斯洛·博克）。但是，很多原则值得我们耐心甚至痛苦地坚持着，终有一天我们会感受到回报带来的愉悦。

成为优秀的采购管理者就能搞得定吗

不能！

我们能改变环境的机会是微乎其微的，如前面所提到的，对于个体来说，更重要的是做好本职工作——做一个优秀的采购管理者。当自己足够强大时，很多烦恼自然就没有了，或者说低级烦恼就不会找上门了，或者说你就会有更多的选择了。

是登山到航海的转变。商业环境在快速变化，变革在加速，利益相关者对采购管理者的期望在变化，这个时代的个人环境也在不断变化。我们面临的挑战不是登山，而是从登山到航海的转变。山一直在那里，航海却有更多的不确定性在等着我们。

可能会更难。当我们成为优秀的采购管理者后，我们要面对更加复杂和难度更大的问题。比如，从供应管理转到整个企业供应链高度上的问题通常会带来更大的挑战。

要耐得住责难。《无畏的组织》这本书中提到，越优秀的团队存在的问题越多。好的团队不是犯的错误更多，只是他们报告了更多（因为他们更有底气）。成长之后要面临新的、更难的挑战，优秀的团队会承担更多的责任，现实中会出现俗话说的"做得越多错得越多"的情况。因此，采购管理者必须经受得住责难，因为"木秀于林"的压力可能会不期而至。

"攘外必先安内"新解。要解决我们面临的种种挑战（"攘外"），就必须尽快让自己成长和强大起来（"安内"）。当然，我们也可以选择保持现状，继续面对目前的挑战，变得更加皮实、更加"耐操"，让自己的心变得更加耐得住，这也是一种"安内"。然而，更多时候职场的成长常常是没得选的路，就像逆水行舟不进则退。这就是采购人员的"攘外必先安内"。

　　接下来在第二部分，我们先一起聊聊采购管理的顶层设计，寻找采购管理的目标和主要内容，再看看如何通过 4 个核心做好采购管理，做一个优秀的采购管理者。

　　带着思考，勇敢向前；换个视角，发现不同；携手伙伴，追求卓越。

第一部分总结：重新思考采购管理

- **采购两难**：采购难做，采购难管。
- **采购难吗**：采购简单如买菜，复杂如毛线球。
- **三大陷阱**：不可能三角形之战略陷阱，蠕动环之协同陷阱，能力逻辑之改变陷阱。
- **八大挑战**：协作、噪声、隐形权力、过度管理、乱撩、操守、丛林法则，以及企业文化挑战。
- **终极困境**：成为令人讨厌的客户。
- **选择题**：避而不战，战而胜，不战而胜，超越胜负。
- **所有问题的根源**：人与能力。
- **唯一解**：与压力、环境和解，跳出博弈逻辑，超越自我，成为优秀的采购管理者。

第二部分　成为优秀的采购管理者

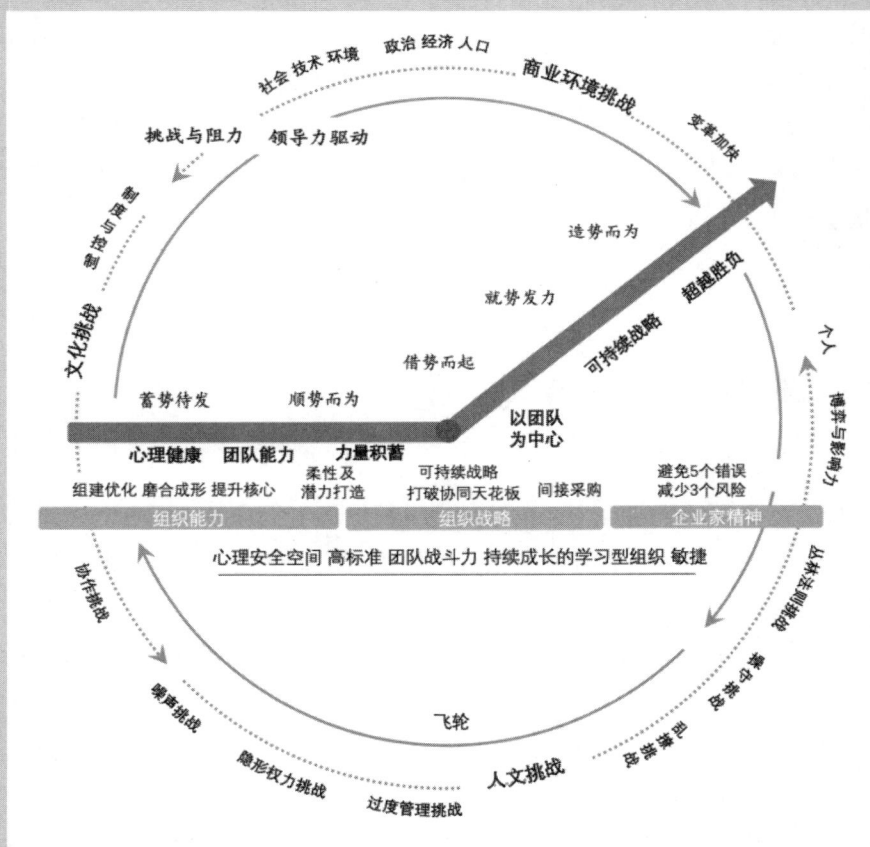

第四章
顶层设计让你不战而胜

我们常常说设计决定质量（Design for quality）或者设计决定成本（Design for cost），而笔者要说的是设计决定业务（Design for business）、设计决定组织（Design for organization）、设计决定价值（Design for value）。

对于采购人员和管理者来说，思考大概决定了80%的价值，只有20%的价值是干出来的。但许多人常常迷恋"干"，而不愿意"想"。

采购人员之所以有那么多"怎么办"，是因为他们没有看清楚自己，没有看清楚老板和同事们，没有看清楚事情的本质，更没有看清楚采购这件事的关键。这些都是顶层设计的问题。

一、管理者的核心责任与价值

管理者最重要的责任是什么？是制定组织战略与提升组织能力，以满足企业未来发展的需要。这也是管理者最核心的价值。但这恰恰是很多采购管理者容易忽略的。

组织能力（Organizational Capacity）是指企业在与竞争对手投入相同资源的情况下，具有以更高的生产效率或质量，将其各种要素投入转化为产品或服务的能力。采购职能的组织能力，就是指在一定的资源投入下，提高企业的供应链竞争力、持续交付成果的能力。

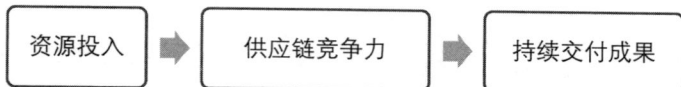

资源投入 ➡ 供应链竞争力 ➡ 持续交付成果

如何提高组织能力？ 杨国安教授在《组织能力的杨三角》中总结了一个公式和一个三角模型：企业成功=战略×组织能力；员工能力（会不会）、员工治理（允许不允许）、员工思维（愿意不愿意）3 个因素构成了组织能力。借鉴杨教授的理念，我们将一个采购组织的价值归纳为采购组织持续的成功 = 持续的成果交付 = 采购组织战略 × 采购组织能力

采购组织能力建设过程就是采购管理者致力于解决"会不会""愿意不愿意""允许不允许"这 3 个问题的过程。

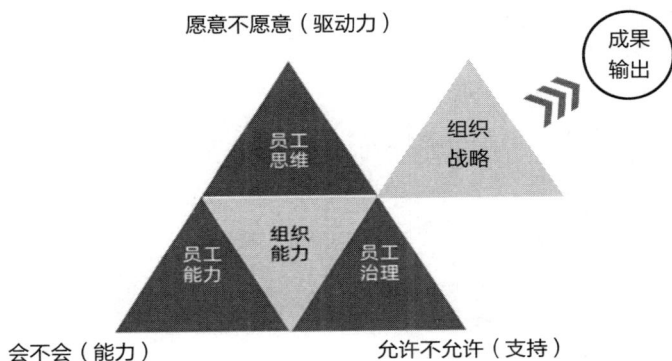

采购管理之战略

战略决定组织，组织决定成败。—— 管理大师钱德勒

采购管理者的战略就是从全局和长远的角度来谋划实现目标的规划，主要包括团队建设战略（人才战略、能力战略、核心竞争力战略、继任者计划等）与采购战略（供应商关系战略、品类采购战略、前瞻性开发战略、长远目标定位战略等）。优秀的采购管理者与普通的采购管理者的区别就在于是否思考、制定与实施采购战略，这也是"真伪管理者"的差别。无战略不管理，无战略不采购。

采购管理之组织能力建设

会不会——员工的能力（Competence）：采购员工需要具备哪些基础能力，哪些专业技能；哪些是招聘的时候就必须具备的，哪些是可以培养的；软技能与硬技能；战略能力与战术执行能力等。一句话总结就是，员工的能力能否支持其业

绩的完成，以及未来的发展需求。

愿不愿意——员工的心态（Mindset）：员工的态度和心态是否积极，有没有使命感与激情，是否具备相同的价值观及团队精神；企业文化能否促进和保持员工的意愿，组织文化是否有利于团队成员保持好的状态。简单来说就是，组织环境能否帮助员工实现自驱。

允许不允许——员工的治理（Governance）：企业文化与企业治理环境是否提供了足够的支撑，如持续提供资源支持、充分授权、良好的信息沟通、创造良好的工作环境、让人才发挥所长等。部门内同样需要具备这些要素，让每个人各司其职、良好协同，从而发挥最大的价值。

上述要素并不是单独存在的，而是存在于一系列步骤组成的过程中——从招人、育人、用人，再到团队建设、团队优化、团队核心竞争力建设，以及核心团队领导力建设等；从创造优良的工作环境到系统能力建设。这些要素相互关联，不能简单地就一个点发力，需要全局思考与规划。这些要素组合的结果就是组织能力。

组织能力最关键的要素是员工，包括管理层与非管理层。管理者需要具备相当的领导力，因此组织能力建设必须紧紧围绕着"人性"与"领导力"这两点进行思考。

接下来，我们围绕组织战略与组织能力这两个关键点，从顶层设计开始，思考采购管理的本质与核心内容，思考采购管理者应该将精力放在哪些地方，探讨如何提高组织能力与制定组织战略以保证持续的成果交付，从而促使采购组织持续获得成功。

二、顶层设计是关键

无法脱颖而出的采购管理者

采购难做，采购难管。偏差与噪声、博弈、内卷形成了采购管理的三大困局。面对采购管理的八大挑战，我们常常掉入采购管理三大陷阱，这是很多采购管理者无法脱颖而出的一个主要原因，也是大部分采购管理者十分困扰的问题。而出现这些问题的根本原因就是没有做好顶层设计。

我们常常被日常事务纠缠住从而无暇做顶层设计和实施，又因为没能抽出时间思考与运作顶层设计，所以日常事务变得更加混乱，形成了恶性循环。没有顶层设计的组织就像盲人摸象，只有完成了形而上的顶层设计才会驱动优秀的组织运营，采购管理者才能脱颖而出。

采购管理的顶层设计到底是什么？采购管理的顶层设计就是以企业的长远发展为基础，寻找采购职能的系统性解决方案的过程，即按照"以终为始"的原则，基于对人性的假设，以及对目标市场、竞争格局及用户需求的认知，定义采购职能的目标与方向，找到关键要素和主要矛盾，预见潜在的问题和风险，做好资源配置规划与战略规划。（本节参考高建华的《赢在顶层设计》。）

采购管理的顶层设计基础

首先，要考虑采购组织的"终极目标"是什么，定义清楚什么样的组织才是一个成功的组织，为大家设定一个明确的组织目标，即努力的方向，更重要的是明确回答"获得成功"的原因，告诉大家如何获得成功。

其次，要考虑团队每个人的未来是什么。一个部门的员工如果看不清未来，就无法形成有凝聚力的团队，即便大家在一起工作，也是"同床异梦"，仅仅是为了养家糊口而已。这种部门一定是低效的。

再次，顶层思考：采购管理的本质是什么？主要内容是什么？面临哪些困局与挑战？什么是采购管理的核心？有哪些风险？

最后，进行前瞻性预判。采购管理者在做顶层设计时，首先要做的就是预判未来5年（10年）员工个体和采购组织可能会面临的外部环境及各种挑战，不能只关注眼前的压力。要让大家明白将会面临什么样的机会与挑战，如何做才能把握住机遇，掌握主动权和主导权，唯有这样才能始终领先对手（以及内部其他组织）一步。

基于上述4点去思考组织的文化、核心战略、组织架构、人员规划等方面，这就是采购组织的顶层设计。只有在这个基础上制定的业务层面的战略才能起作用，如支出管理、品类管理、采购战略等。

采购管理的顶层设计 5 个因素

《供应链变革：构建可持续的卓越能力与绩效》提出：在供应链变革评审的时候，建议做一个简短而有理性的检查。费时不多，但非常有效。**笔者觉得这个检查框架非常适合作为一个部门的顶层设计基础框架，以及诊断一个组织的标准。**

一个组织如果缺乏清晰明了、人人都能充分理解的愿景，就会导致混乱，即**缺乏愿景=混乱**。如果组织在运作过程中缺乏技巧，就会导致焦虑，即**缺乏技巧=焦虑**。当个人、团队和整个组织缺乏激励时，就会逐渐带来改变，即**缺乏激励=渐变**。当组织缺乏运作和员工缺乏成长资源时，会导致员工受挫，即**缺乏资源=受挫**。在行动计划缺失、不完善或完成不了时，会导致错误的开始，即**缺乏行动计划=错误的开始**。

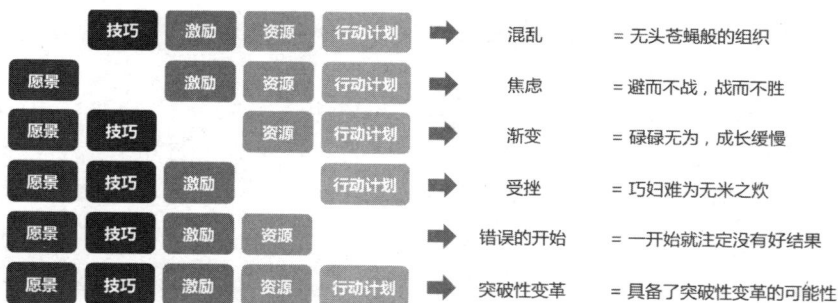

	技巧	激励	资源	行动计划	➡ 混乱	= 无头苍蝇般的组织
愿景		激励	资源	行动计划	➡ 焦虑	= 避而不战，战而不胜
愿景	技巧		资源	行动计划	➡ 渐变	= 碌碌无为，成长缓慢
愿景	技巧	激励		行动计划	➡ 受挫	= 巧妇难为无米之炊
愿景	技巧	激励	资源		➡ 错误的开始	= 一开始就注定没有好结果
愿景	技巧	激励	资源	行动计划	➡ 突破性变革	= 具备了突破性变革的可能性

案例：顶层设计之部门指引

在一次访问一家企业时，采购部的人分享了他们的顶层设计。

"这是部门集体讨论制定的指引性文件，大家在日常工作中应据此监督管理层。"

- 综合方针：以更好的团队为客户提供更好的产品和更好的服务。
- 功能：以最佳的总成本和可靠、持续的供应链支持及实现我们公司的业务，支持日常外部资源需求，实现目标产品和项目的本地化，在集团全球供应链中扮演源头角色。
- 团队：发展并维持一支专业且有竞争力的团队。
- 战略：高灵活性、高能力和低成本的最佳平衡；短期需求与长期可持续供应管理之间的最佳平衡；持续改进和发展学习型组织。
- 供应管理的 3 个核心：可持续、高绩效团队，可持续供应管理战略，跨职能协作。

当时在会议室看到这些介绍时大家都不以为意，觉得也就 PPT 做得不错，最多就是理念很好。

后续的部门访谈让我们十分震惊，一家小型企业的采购部竟然展现了很多巨无霸公司都没有的"霸气"：每一个人都有明确的学习和成长计划，并且有监督机制；工作期间，同事之间的协作非常融洽、非常开心；随便找一个人问供应链的流程，他都能对答如流；问起对主管的感受，员工的回答竟然是"负责让我们开心的，如请我们吃饭、喝奶茶，帮我们去吵架的人"。

这一节我们讨论了组织顶层设计，接下来我们讨论采购管理的目标与主要内容。

题外话：很多人嘲笑领导只会做 PPT，其实这是一种误解，PPT 恰恰反映了一个人的顶层思维能力。一份好的 PPT 的关键在于逻辑与架构，而这恰恰依赖于制作 PPT 的人的顶层设计思维。通常 PPT 做得好的人的顶层设计思维一定不会太差，而 PPT 做得差的人的顶层思维一定不会很好。（PPT 好并不是说做得花里胡哨或很漂亮。）

三、采购管理的目标与主要内容

作为采购管理者，我们真的知道我们工作的最终目标是什么吗？事实上，大部分管理者的大部分时间都在完成 KPI/OKR 一类的绩效考核要求。

采购管理的目标

在很多人看来，采购管理的目标就是"又好、又快、又便宜"地买到产品，事实上远远没有人们想象的那么简单。彼得·德鲁克在《卓有成效的管理者》中提及：所谓有效性，就是使能力和知识资源能够产生更多、更好成果的一种手段。一般机构对成效的要求往往表现在以下 3 个方面：直接成果；树立新的价值观及对这些价值观的重新确认；培养与开发明天所需要的人才。如果缺少这 3 个方面中的任何一个方面，机构就会衰败甚至垮台。

采购管理的"贡献与成效"包括以下 3 个方面，这也是采购管理的目标。

- **直接成果**：显然就是优秀的成本管理、优秀的供应基础、稳定及可持续供应链，可扩展到价值管理和增值管理。

- **价值观**：通过供应管理，实现供应商—企业—客户的三赢，遵守法律法规，建立并践行供应管理的社会责任等。
- **人才储备**：聘用有潜力的人员并进行培养，开发适合企业未来发展的人才，包括可能覆盖不同层级的继任者计划。

更直白地说，采购管理的目标就是，企业可以长期获得好的成本及从市场获得利润，供应商可以长期在合作中获利，员工可以与企业一起成长，同时社会可以因为公司负责任的采购行为获得更多的价值。

因此，采购管理的本质就是做好 3 件事以满足现状和未来的需求：①打造一个强大且可持续的采购团队，创建并执行优秀的采购流程；②管理好采购工作，保障企业供应、实现成本目标和创造价值；③保证企业有人才可用，人才有发展空间。

采购管理的主要内容

采购管理的内容经常被日常的采购事务所充斥，如品类采购、订单管理、P2P等。其实这些都不是采购管理的主要内容，充其量就是采购主管/采购工程师甚至采购员的职责而已。

作为采购管理者，最重要的工作内容是管理好两种关系：①外部，采购方与供应商的关系；②内部，员工与企业的关系。这两种关系犹如两对夫妻，管理好这两种关系对于一个组织来说至关重要。**因此采购管理的主要内容就是：管好两对夫妻。**

采购方与供应商的"夫妻相"

我们通常认为"夫妻相"的产生有两种原因。一是两个人在一起生活得久了，彼此模仿表情、动作，以至于两人越来越像。二是大多数人都珍爱自己，看到跟自己相像的人格外顺眼，以自己为范本选择了另一半。

采购方与供应商在水平上是高度匹配的，即采购方与供应商有"夫妻相"。采购方与供应商的关系和夫妻关系很相似，在谈恋爱阶段（预审和验证阶段），双方进行试探与磨合（打样测试，中小批量供应阶段）；完成磨合的就可以进入结婚程序了（认证供应商），磨合不了的，就分手了（终止合作）。合作的时间长了，双方的合作就越来越默契，也就有了"夫妻相"。合作出了问题，无法继续下去了，双方自然会进入"离婚"的阶段。

所以说，通常采购方和供应商在水平上是高度匹配的，谁也别嫌弃谁。

在这种合作双方的婚姻关系中，这对夫妻之间不仅有采购方与供应商的买卖关系，也掺杂着双方各职能部门，就像婚姻中的公公婆婆、七大姑、八大姨等。

我们常常看到采购方（包括其他职能的相关人员）自恃甲方的身份做出对供应商趾高气扬、肆意延迟付款、转嫁成本等破坏彼此关系的行为，压根就认识不到供应商关系的重要性等，一不小心就成了终极困境中那个三难公司。对于采购管理人员来说，如何管理好这种夫妻关系是至关重要的，不仅是采购人员，也包括其内部各职能部门在与供应商合作过程中的态度和方法方式。**维护供需这对夫妻关系不仅是采购职能的责任。**

作为采购管理者，非常有必要深刻了解通常谁会置与供应商的关系于不顾。从心理学的角度看，这几种人容易出现这些问题：**在生活中处于绝对强势地位的人**，在家里被父母或伴侣宠坏了，只顾及单方面的感受和利益；**在生活中处于劣势的人**，不自觉地利用甲方优势，心理学上称之为"情感弥补"行为；**喜欢争权夺利的人**，为了利益，将内部战场延伸到供应商管理上，从而忽略了企业利益；**不自信的人、失败的人**，总是想通过权力彰显影响力。

员工与企业的"夫妻相"

采购管理的另一对夫妻就是员工与企业，这同采购方与供应商的关系如出一辙。我们观察了很多职场人士，对这种现象做了一些分析，找到了一些规律：员工在企业超过 3 年，"夫妻相"已经基本形成，企业积极的东西不见得学到了，但消极的东西基本上都学到了；一旦员工在企业工作的时间超过 5 年，其与企业的"夫妻相"就几乎完全有了，积极和消极的东西基本上照单全收，这种影响力超乎想象。因此，不要"迷信"有超级强大的内心的人可以不受工作环境的影响这种说法。

笔者在对很多企业进行分析时，一般不怎么去关注企业老板和管理层制定的那些远景、目标、战略等。笔者会先看一看这家企业的员工组成结构，再看一看员工的做事方式和状态，听一听他们的想法，这样基本上就能判断出这家企业的未来有没有希望了。

案例：看老员工，判断企业

笔者分析过一家企业，员工有如下特点：

- 老员工基本待着不走，忠诚度极高，但牢骚多。
- 10 年换了 7 任总经理，老员工波澜不惊，仿佛和他们没什么关系，已然"佛系"。
- 企业几度搬迁，越搬越远，每天 4～5 小时的通勤让新人走了一茬又一茬，老员工却基本不走。
- 老员工的思维仍停留在 10 年前，更多想的是在这里待到退休。
- 新员工在 3 年内的存活率大约为 30%，新员工的能力普遍高出老员工一大截。

在这种状态下，虽然每一波新员工都带来了一股改革春风，但春风吹了几天就走了，"改革了个寂寞"。老员工继续当道，企业 2 年一个轮回，10 年基本不变。

回到采购管理上，**采购管理者必须确保部门发展战略与人员战略相匹配，提前做好人才布局，关注员工与企业的"夫妻相"对采购组织的影响**。通常战略更新意味着一定程度的变革，采购组织中的员工及利益相关者很可能是战略实施的障碍，对于他们的价值观和行为习惯能不能跟上这种变革，采购管理者需要进行认真思考和提前布局。

大家也可以按照这个思路，看看自己，看看身边的同事，看看领导，基本也就知道这家企业是不是与自己的发展需求相匹配了。

Tips　采购管理简单，管好两对夫妻：
采购方与供应商、员工与企业，都不是省油的灯。

四、顶层设计总结：采购管理者管什么

案例：采购部是怎么做到的—1

总经理最近百思不得其解，经常问员工："采购部是怎么做到的？"

为什么采购总监好像没怎么干活，可他的团队里的人却可以死命干活？别人

问采购总监一件事情，他总是找一个下属来回答。常规项目用 7 个月能完成就不错了，他们为什么用四五个月就做完了呢？怎么觉得采购部完成工作像用淘宝购物一样简单？

为什么采购部的员工都不来找我抱怨，也不来找我提要求？为什么其他部门的离职率居高不下，而采购部的人员那么稳定……

采购管理者到底要管什么？顶层设计应该具体考虑哪些问题，订单管理、采购战略、合同谈判、供应商选择、组织架构、采购战略、资源调配？

笔者认为采购管理者应在理解企业文化、现状及发展目标的基础上，首先充分思考与理解采购管理，建立采购组织发展目标，识别问题和风险，做好资源与战略规划，然后推进组织文化建设、业务核心定位、供应管理战略制定，以及组织架构和人员规划等部门级战略制定，最后推进实施和动态调整战略。

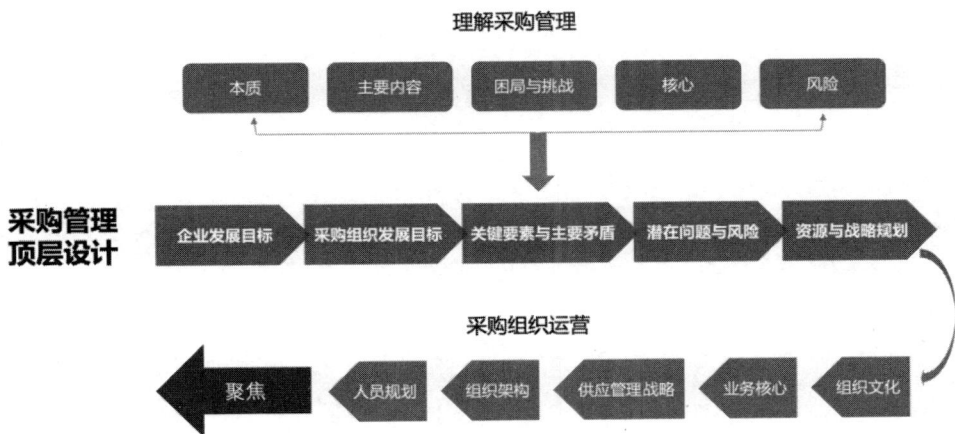

接地气的核心关注点

结合前文提及的各种挑战、目标、顶层设计等，笔者总结了采购管理者应该重点关注的几个方面，并称之为采购管理 1-2-3-4-5。

- **1 个本质：** 建立和带领一个团队，完成目标绩效，为企业未来储备人才。
- **两（2）对夫妻：** 采购方与供应商的"夫妻相"，员工与企业的"夫妻相"。
- **三大困局与 3 件事：** 偏差与噪声，博弈，内卷；人，钱，权。
- **4 个核心：** 高绩效的采购组织，可持续供应管理战略，高度协同，间接采购。

● **五（5）大风险**：领导力、过度管理、企业文化、监管，以及继任者风险。

整本书都会围绕着这 5 点在不同方位的影响展开讨论，而 4 个核心是最值得采购管理者关注的，也是其能否成为一个优秀的管理者的关键。另外，这 4 个核心也构成了这本书的核心框架。

高绩效的采购组织：打造高绩效的采购组织关注的是采购组织的能力建设。

可持续供应管理战略：供应管理战略的可持续是企业可持续发展的重要组成部分，高绩效的采购组织必须是可持续的。

高度协同：这里关注的重点是企业的内部协同，缺乏跨职能协同通常是采购管理的一个重大障碍，也是采购与供应链发挥对企业价值的重大障碍。

间接采购：这是常被忽略的一个高风险领域，在这里，要么把自己困住了，要么选择逃避或放弃，这也是最高管理者常掉坑的地方。

案例："什么都不干"的采购总监—1

有一位采购总监，对于没有价值的会议尽量不参加，对争权夺利的事情也拒绝参与。他用了 3 年时间专心打造团队，在这 3 年团队看似业绩平平，但他对自己的评价是"完成了工作，符合公司的预期"。在这 3 年他只做了两件事：团队培养与供应基础培养。

在全球新冠疫情下供应链与经济出现重大风险的情况下，公司突然接到数个大项目，所有人都忧心忡忡。人手不足，供应基础不够强大，如何如期完成这几个为企业保命的项目呢？只有这位采购总监每天照旧睡午觉，和下属聊天聊得很开心。他之所以可以泰然处之，是因为他知道他们这个团队已经是这个领域最强的团队了，而且储备的供应基础已经具备多线作战的能力了。

在项目收尾阶段，人们惊喜地发现，原来看起来不可能如期完成的项目基本没有延误，而且这些项目的利润完全超出原先的计划，节约的成本相当于创造了 2 年的净利润。如果成本不变，想要多创造一些利润，那么企业的销售总额至少要翻一番，这在当前市场环境下完全没有可能。

这位采购总监说："基于企业的发展潜力，采购部的团队布局是按照目前业务规模的 10 倍需求来规划基础架构的，供应基础是按照目前业务规模放大 3~5 倍来搭建的。建立这样的弹性机制是为了确保采购部可以根据实际业务发展情况进行快速调整；而我自己在这家公司的布局是按照我的劳动合同——3 年来规划的。

因此，我必须在快赢与企业长期利益及价值之间做出很好的平衡。"（当然，这位采购总监在前 3 年都没有加薪升职。）

即使在这 3 年里遇到了无数短视的挑战行为，这位采购总监仍专注于"打造高绩效团队，建立可持续供应基础"这两大核心。但也正是因为这位采购总监沉淀 3 年进行团队布局，才有了厚积薄发的一刻。在最初团队不够强大时，无势可用，就蓄势待发；在出现转机时，就顺势而为，扩张和建设团队；当团队发展起来了，大项目来了，就借势而为，就势发力，就势取胜；当团队成熟了，就造势而为。

五、采购管理飞轮模型与双三环理论

前文谈到了采购面临的八大挑战、三大困局，以及影响采购的两个六力模型，这些往上一层追溯，就得到了企业层级的三要素，即企业文化、企业战略和顶层设计，也讨论了采购管理的本质、目标和主要内容。

但这些单点信息对我们做好采购管理的价值是不够的，我们还需要一个简单而直接的模型将这些要素连接起来，于是笔者借鉴了吉姆·柯林斯的三环模型与飞轮模型来搭建用于采购管理的模型。

卓越企业三环理论

笔者总结了卓越企业三环理论，即成就卓越企业的三要素：企业文化、企业战略与顶层设计。企业文化与顶层设计契合推动了组织就绪，顶层设计与企业战略契合推动了行动就绪，企业战略与企业文化的契合推动了方向就绪；组织就绪、行动就绪和方向就绪构成了卓越企业的核心价值。

因此，卓越企业是企业文化、企业战略和顶层设计高度整合的结果。

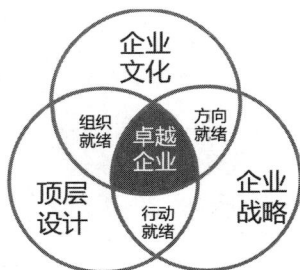

卓越供应链三环理论

通过对卓越供应链的观察，笔者发现了**卓越供应链的三大要素：高绩效团队、可持续战略及内部协同**。如果高绩效团队与内部协同契合，则需要进一步优化可持续战略，从而推动供应链到达更高的水平；如果内部协同与可持续战略契合，则需要进一步优化团队，从而确保能力与战略的一致性；如果高绩效团队和可持续战略契合，那么内部支持系统就是优化的重点，以确保高效协同的发生，而不是各行其是。当这三者之间互相契合时，卓越供应链的基础就建立起来了。

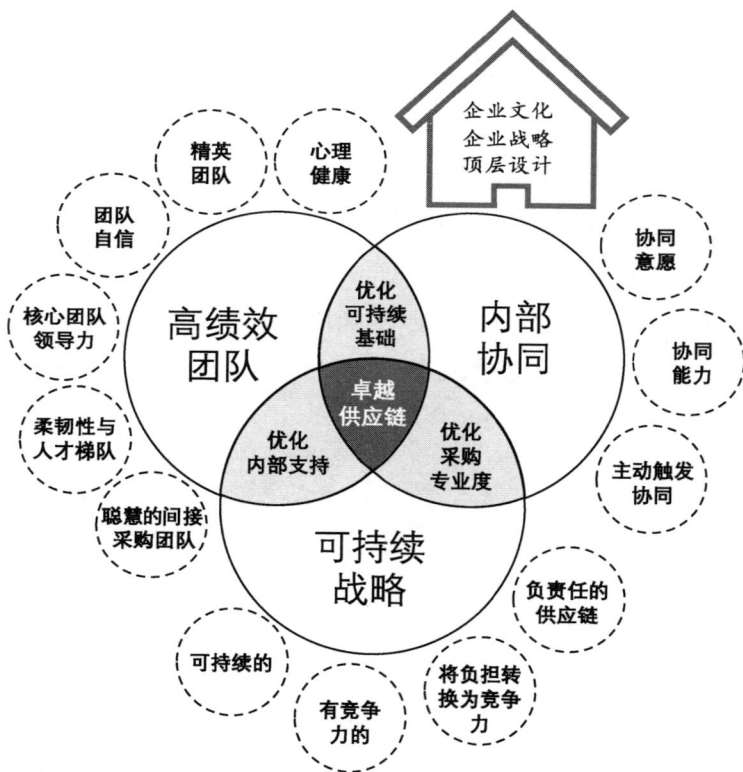

通过对卓越供应链这 3 个核心进行分析，我们找到了优化三大核心的 13 个要素，如下所述。

- 高绩效团队六要素：心理健康、精英团队、团队自信、核心团队领导力、柔韧性和人才梯队，以及聪慧的间接采购团队。

- 可持续战略四要素：可持续的、有竞争力的、将负担转换为竞争力，以及负责任的供应链。
- 内部协同三要素：协同意愿、协同能力和主动触发协同。

供应链作为组织的一部分，受到企业整体战略、文化和顶层设计的指导及影响，只有卓越企业才能成就卓越供应链，卓越企业是卓越供应链的顶层建筑；反过来，卓越供应链又支撑着企业走向卓越，是卓越企业的基石。两者互相成就，相辅相成。

卓越采购飞轮模型

成就卓越采购或卓越供应链是一个长期而又艰难的过程，商业环境、内部环境、个体环境及加速的变革时刻产生着影响，我们需要坚持不懈地驱动各种要素整合才能对抗反作用力，才能让这一切发生。笔者总结出一个采购管理模型，本书接下来将围绕这个模型展开介绍。

外圈（虚线）表示挑战与阻力，包括商业环境型挑战、人文型挑战和企业文化型挑战三大类因素。在多数时候这些力量形成逆向作用力，深刻影响着采购与供应链管理，只有极少数优秀的企业会让某些因素形成正向作用力。

中间是组织推动力。①以心理健康与团队能力作为力量积蓄，以团队为中心点，推进可持续战略，突破各种阻碍因素，实现采购职能的跨越，超越胜负，实现供应管理在企业中的价值。②进入更加开阔的3个阶段，即采购组织的核心：优秀的组织能力、优秀的组织战略及采购人员的企业家精神，每个阶段都包括几个关键的理念。③一个优秀的采购组织必须具备的5个核心特征：心理安全空间、高标准、团队战斗力、学习型组织和敏捷组织。④框架上方是成就卓越采购组织5个必经之路：蓄势待发、顺势而为、借势而起、就势发力和造势而为。

内圈（实线）表示领导力驱动下的飞轮。囊括了采购组织走向卓越过程的整体特征。要打造一个高效的采购与供应链管理体系是一个艰难的过程，就像为了推动一个沉重的轮子，我们必须使很大的力气来克服轮的自重和摩擦力，一点一点地动，一圈一圈地推，每转一圈都很费力，都在积蓄势能，达到某一临界点后，飞轮的重力和冲力会成为推动力的一部分。这时我们只需要轻轻推动，它就会保持高速转动，如果我们稍微多施加一点力，它就会转得更快。

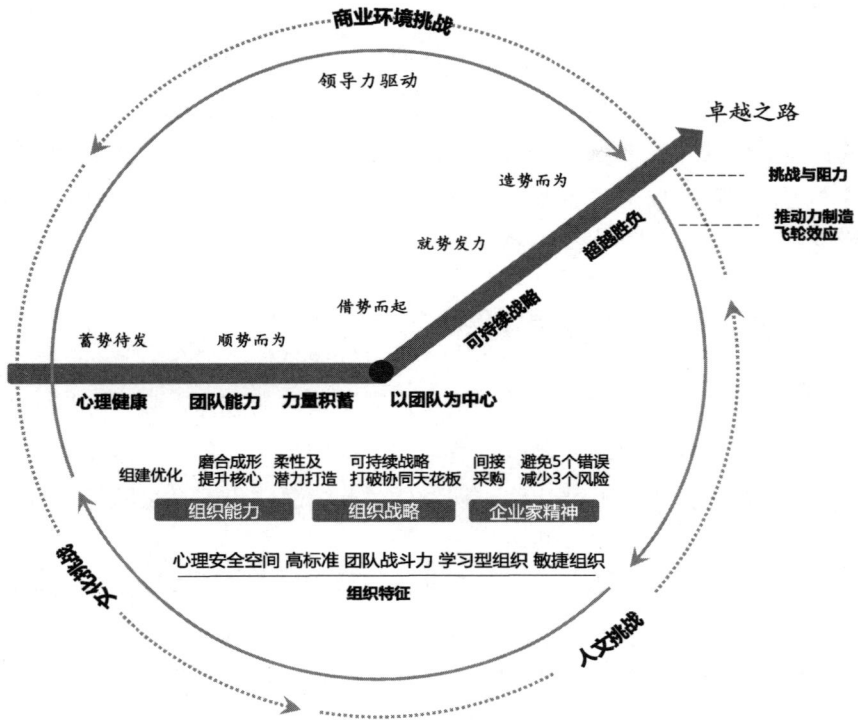

附件 1：专家的团建体会

下一章将探讨采购管理四大核心中的第一核心：**高绩效的采购组织**。它是驱动健康采购与获得利润优势的关键，只有优秀的采购组织才能放眼长远的利益与价值，致力于制定和执行可持续供应管理战略；高情商的团队才能打破职能间协同的天花板；持续提升的采购团队才能持续创造采购职能价值……

笔者曾拜访了 3 位采购与供应链高管 Zhang、Lee 和 Thomas，让我们来听听 3 位大佬的经验，预热一下。

案例：Zhang 说要打造一个性感的团队

Zhang 拿起笔先在白板上写了一个词 LACE（蕾丝），看我们一脸诧异，他接着写了一个公式。Zhang 说，他在建设采购职能时主要关注这几个核心竞争力：

LACE = Leadership + Advantage + Competency + Empower

- **Leadership**：采购领导力。这是指采购组织在整个组织中的领导力和影响力，而非单纯指采购总监在组织中的领导力和影响力。**这是采购团队建设的目标。**
- **Advantage of competitive**：采购竞争优势。有效地选择和管理供应商，规避采购风险，提高采购效率，确保公司在 T（技术）、Q（质量）、R（响应）、D（交货）、C（成本）、E（环境）、S（社会责任）各方面获得竞争优势。**这是广泛的采购职能价值。**
- **Competency**：核心能力。这是指团队成员具备较强的采购专业能力，团队整体业务能力及实施能力领先于其他职能。**这是基础要求。**
- **Empower**：赋能业务。这是指采购对企业未来的影响力，能积极主动地赋能企业发展战略目标。**这是可持续性的。**

【解读】Zhang 打造采购团队的目标包含了多个层面：采购团队的个体要具备优秀的专业能力，团队具备很强的领导力，可以持续为组织创造竞争优势，可以赋能企业的战略发展目标。如果能达到这些目标，那么这个团队自然是一个性感的团队。

案例：Thomas 眼中的优秀采购组织

Thomas 套用了电视剧里的台词："你们要把身上的勇猛如虎变成狡猾如狐，外加凶狠如狼；分，则独战千里；合，则天下无敌。最终你们将带着荣耀和军功章回家。"这话听起来有点空洞，笔者便追问如何实现数字化或可衡量？

Thomas 的回答让笔者出乎意料："团队要有能承受现有采购任务 10 倍以上的能力，这就是标准。"（这个目标意味着团队至少能满足企业未来 10 年的发展需求。）

【解读】真是精髓总结。**由虎到狐**，说的是采购人员的"锋芒"要打磨得更加圆润，关注关系与领导力，这无论是对于外部供应商关系还是内部关系都相当重要。**凶狠如狼**，说的是采购人员要快与狠，面对复杂局面必须做到敏捷、有力。**分与合**，既强调了个体单独作战的能力，又强调了协同。**荣耀和军功章**，定义了工作对于个体的价值和目标。**能承受 10 倍以上的采购任务**，包含了多个层面的要求：团队要准备好面对业务持续增长的能力与资源，供应商基础要有足够的广度和深度，最后是团队对企业的期许。

案例：Lee 说，钝刀磨快剑，专业加协同

"钝"：管理者要适当地钝一点。

"磨"：核心团队成员一定要经历过一定的磨砺。

"快"：速度快，效率高，快是取得领先优势最容易的方式。

"专"：专业度高，技高一筹。

"协"：部门内部要高度协同，同事之间互助，互补短板。

【解读】Lee 的做法很有意思，**"钝"**强调管理者的领导力与智慧，要适当收起锋芒；**"磨"**是对成员的经历的要求，需要经过一定的磨砺；**"快"**是对团队效率的要求，强调团队的敏捷特性；**"专"**即具备专业性基础；**"协"**是促使团队成员之间建立健康的关系，强调团队的力量。组合起来就是"钝石磨快剑，专业加协同"。

本章总结：本章主要思考采购管理到底管什么、本质是什么、核心是什么，围绕着采购管理的有效性、贡献及现实难题，思考采购管理的顶层设计。下面将围绕着采购管理的四大核心展开探讨，**从采购管理第一核心开始：建立高绩效的采购组织**。

麦肯锡在全球采购卓越（Global Purchasing Excellence，GPE）项目中研究出了采购组织傲立群雄的 4 个关键维度。

（1）**能力与文化**：采购职业人员在工作场合的思考、计划与行动方式，以及个体沟通与团队沟通的方式。

（2）**品类管理与执行**：公司为创造价值所遵循的采购战略与流程。

（3）**结构与系统**：公司通过正式或非正式的结构来管理采购部门的资源，以及采购部门与公司的其他部门进行互动。

（4）**整合与一致性**：采购战略应与总的业务战略保持一致性并提供支持。

最佳采购组织在这 4 个维度都表现得十分卓越。"能力与文化"这个维度最特别，它是驱动健康采购与获得利润优势的关键，相比其他维度，它与一个公司采购部门的健康度有 1.5～2.2 倍的强相关性。与此同时，"能力与文化"与其他 3 个维度有着重要的双向关系：采购部门需要合适的人才去实现它的目标，但达到每个维度也需要找到优化使用人才的方法。对于"品类管理与执行"，如果由优秀的人才来做则将更加有效；对于"结构与系统"，可以通过创造优势并展示成果来迎合优秀的人才；对于"整合与一致性"，用卓越人才比平庸人才更易实现。

第五章
建设高绩效的采购组织

管理者的本职工作是建立伟大的团队，按时完成那些让人觉得不可思议的工作，只有这一项工作是管理者应该做的。

——Patty McCord，奈飞前首席人才官，帕蒂·麦考德咨询公司创始人

奈飞的"自由与责任"是将权力还给员工，让他们能在自由的环境中充分施展自己的能力，履行自己的职责。

——《奈飞文化手册》

不是每一群人都叫组织

- **组织**：一群人，有愿景，有行动纲领，为了同一个目标，成员之间可以自行进行协同工作，就像一个国家/一个政党一样。
- **团队**：围绕着一个或多个企业目标一起努力的一群人，就像一个足球队。
- **团伙**：围绕着一个管理者，按照指令行事的一群人，就像一群地痞流氓。
- **一群陌生人**：自行其是，各自从自身的利益出发，基于自己的认知做事，就像我们在超市里看到的在买东西的一堆人一样。

不是每一个管事的都叫领导者

掌权者/掌印者，就像新冠疫情期间的保安，可以决定你能否出入小区甚至你的家门；**有职位者**有一张任命书及对应的权力；**管理者**认真履行他们的 KPI；**领导者**，关注的是人与公司的价值同步实现；**终极是无为而治的智者**，大家都喜欢与之相处，

没有压力却能各司其职，完美地达到绩效目标，与之交往的人都受益匪浅。

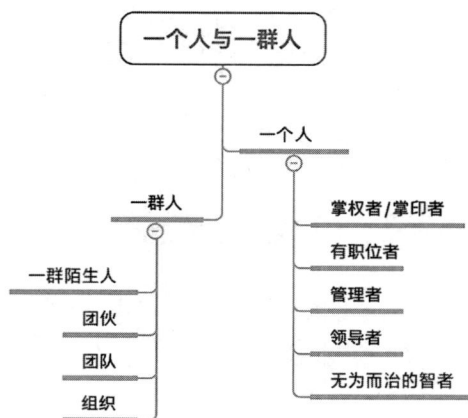

一、建设高绩效团队——火箭理论

帕特里克·兰西奥尼说，凡是成功的组织均有两大品质：一是聪明，二是健康。一个组织的聪明之处表现如下：开发富有远见的战略、营销计划、特色产品和财务模式，能够在自身领域形成领先于竞争对手的优势。而健康之处表现如下：能够消除办公室政治及内部的管理混乱，从而使组织士气高昂、保持较低的优秀员工流失率和较高的生产效率。

帕特里克·兰西奥尼在书里说，不知何故，"聪明"几乎占据了大部分领导者的所有时间、精力和注意力，而往往被忽视的是"健康"。这个问题对于采购管理者或管理采购的领导来说，更加难以做好或者说平衡好。

这个问题也困扰了笔者很多年，几年前笔者就开始思考：一个管理者的价值到底是什么，以及应该如何实践（这是笔者第二本书的主要内容）？直到两年前，笔者开始能够很清晰地说出来自己的目标和价值是打造一个高绩效的采购组织，其他的价值自然就来了。

笔者认为领导者做不好的原因主要有 4 点：①"聪明"更容易做到，而"健康"比较难；②领导者的思维还停留在"我做什么能产生直接价值，这是我能力的表现"的高度；③不会（没学过啊），不想（还是自己说了算比较好），不敢（健康=放手，我还是自己管比较安全）；④前者快，后者太慢了（可参考第九章中的"追求有毒的快赢"部分）。

什么样的采购组织才能高绩效、成功

我们观察了超过 50 个采购团队，发现大约只有30%的团队堪称优秀，它们有着优秀的生产力和创新能力，这些能力的背后有 5 个共同特征，这 5 个共同特征由强大的领导力推动。

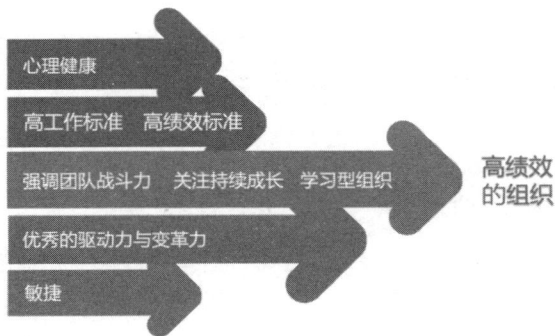

构建了心理安全空间，使成员敢于建言、不怕试错，气氛融洽；团队成员之间构建了极高的信任度，他们可以把后背留给队友。由于采购的特殊性，采购组织很容易变成一个强权管理和竞争过度的组织，因此这一点对于采购组织尤为重要。

工作标准及绩效目标很高，领导者善于通过激励与赋能使团队成员达到目标，最终目标完成度也很高。比如，非常好的成本管理、优秀的供应商关系管理等。

强调团队战斗力，关注持续成长的学习型组织。成员之间认知偏差小，个体具备优秀的能力，有明确的个人发展目标和路线图，强调团队的能力而非个人的能力，喜欢通过团队协作创造更好的绩效。优秀的采购组织一定是一个学习型组织，能够将思想/趋势和潮流与自身的知识结合起来，能够审视新的思想，从中选取最重要的、最有价值的部分，并将这些思想整合到其管理的其日常运作中。

组织具备优秀的驱动力与变革力。驱动力包括驱动他人及自我驱动的能力，组织成员敢于驱动组织成长，也一直驱动自我成长；变革力包括对环境变革的能力及自我变革的能力，他们敢于改变组织，更敢于自我变革。

敏捷的团队。激烈的全球竞争需要采购组织变得更快、更灵活，优秀的团队一定是敏捷的团队。

建设高绩效团队的火箭理论

笔者总结了建设高绩效的采购组织的一些关键点，感觉建设高绩效的采购组织的过程很像火箭发射，所以我们称之为**火箭理论**。健康的心理基础就像火箭发射**平台**，个体能力、团队能力、核心领导力、价值基础及继任者等就像火箭的各级推动**燃料**。火箭**发射塔架**承担着箭体防护、燃料加注、测试检查、能源保障、智能监控等重要作用。在建设团队的过程中，管理者的作用就像发射架一样，承担着团队保护、动力支持、资源配置，以及监控与支撑等作用，团队就像**卫星**一样，采购管理者的责任是将卫星送到指定轨道，最终放手让团队自行运作。升空后，没有人会关注发射架，一个采购管理者也要能做到这一点，在团队建设到一定程度以后，就要保持"不知有之"的心态和行为。

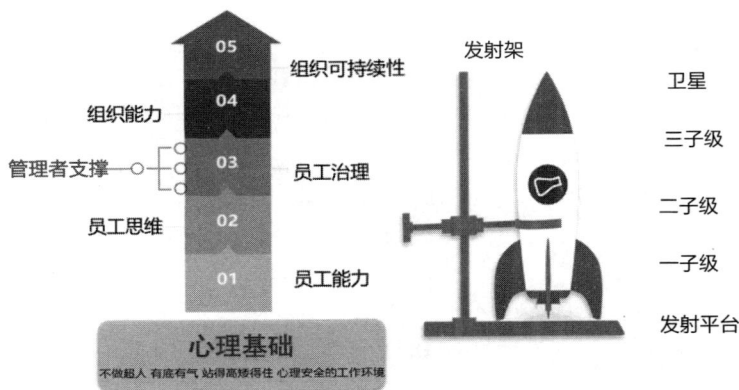

理查德·哈克曼的"60-30-10 法则"指出：团队有效性差异 60%归因于团队的设计，30%归因于团队的启动方式，10%归因于团队启动后的领导与辅导。团队设计不仅是指挑选最好的人，还必须考虑工作的性质、阐明目标，并计划提供支持。团队的效率，在很大程度上取决于团队的组织方式和启动方式。

接下来，我们围绕着高绩效的采购组织的特征，探讨如何建立良好的团队心理基础，围绕着员工能力、员工思维、员工治理、组织能力与组织可持续性这 5 个纬度，打造一个高绩效的采购组织。

二、打造高绩效的采购组织的 4 个心理基础

对于采购组织来说，精气神相当重要。我们经常看到一些采购团队谨小慎微甚至唯唯诺诺、唯命是从，这种团队通常战斗力偏弱，依靠上层的指令运作，只关注企业的短期目标。这种团队缺乏健康的心理基础。

一个高绩效的采购组织首先必须是一个健康的团队，而健康的团队必须具有良好的心理基础。笔者认为，采购管理者首先要致力于打造 4 个心理基础：**后撤，**即采购不做超人；**站稳，**即有底有气；**放下，**即打造心理安全的工作环境；**拿起，**即培养眼高脚低的素养。

（一）后撤：采购绝不做超人

下面这些行为是不是看起来很熟悉？

- 财务部给多少承兑汇票都可以，压着供应商收。
- 无论工程部给出多不完整的图纸，都逼迫供应商报价。
- 如果是紧急需求就逼供应商 24 小时三班倒给赶出来，还不给加急费。

- 只要出了问题，就认为一定是供应商的错，所有的黑锅必须由供应商背。
- 销售订单价格上不去，就逼供应商亏本接单。

采购常出"超人"，通常表现得无所不能，彰显超能力。笔者担任采购职能的初期，尤其是新晋采购管理职位时，也总是显得无所不能，即货交不出来我上、质量有问题我来、成本降不下来我来、财务付款有问题我去和供应商沟通。最后笔者得到一个深刻教训：采购人员绝不能做超人。

采购真的无所不能吗

采购人员对两件事一定理解得颇为深刻，一是离职后就会马上体验到人走茶凉的味道；二是，很多采购人员之前的业绩相当好，但跳槽后很快就变得业绩平平。

供应商配合不是因为采购人员的能力强，更多的是因为订单及企业平台的价值。一旦要求供应商无条件支持企业内部的无理要求，则将大幅消耗订单价值，也就消耗了采购人员与企业在供应商眼中的价值。**因此采购人员要明白，没有无所不能的"您"，也没有无所不能的企业和订单。**

无所不能就是在给自己挖坑。采购人员全力以赴支持企业业务，无条件满足内部客户的不合理要求，就会给别人一种"采购部无所不能"的错觉，之后一系列的后果就会接踵而来。

从心理层面上说，采购部本就是敏感部门，即使采购部能搞定这么多事情，也没有人会因此心怀感激，内部人员只会觉得"嗯，采购部的权力太大了"（某财务人员说），"哇，供应商得赚我们多少利润才会这么配合"（某法务人员说）。这与同事们的智商和情商无关，这是人性。好心只会把自己坑了。

从业务层面上说，对于供应商来说，这是生意，需要有合理的利润空间，当我们过度消耗供应商的资源时，这些额外成本将来就会体现到未来的报价上，最终还是会体现在采购的业绩上和企业利润上。天下没有免费的午餐，便宜不要随便占。笔者常说，不要随意占别人便宜，不要欠债（即使对总经理，笔者也是这么说的）。

案例：采购人员赶紧把承兑汇票用了

受市场行情变化的影响，不收客户承兑汇票的规矩逐渐被打破，M公司收到客户给的承兑汇票也越来越多。从财务部的角度看，最好承兑汇票尽快转成应付，于是每个月都逼着采购人员使用承兑汇票支付货款。（这时企业账户上还躺着近10亿元的富余资金。）

虽然当初的采购合同规定了现金支付，但采购人员一般也会配合财务人员的要求，每个月与供应商协调使用一部分承兑汇票。到了年底，供应商在新一年合同谈判的时候就会提及："贵司支付的承兑汇票，承兑期为6个月，这部分资金的成本谁来承担？""利润已经很薄了，能不能后续订单把这部分成本考虑进去？"

在这个案例中，采购人员就充当了无所不能的超人。采购人员没有问一下大量承兑对供应商影响大不大、如果不使用这些承兑汇票公司的现金流会不会受到影响，只是简单、粗暴地满足财务部的业绩需要，从而导致供应商的资金成本激增。

拒绝无所不能，拒绝作恶

从组织层面上说，采购部的无所不能恰恰助长了企业组织的无能。没有好的计划没关系，没有好的销售没关系，没有好的财务没关系，没有好的生产管理没关系，设计错误百出也没关系，因为最后无所不能的采购部会给大家"擦屁股"，这也是采购人员经常充当消防员和守门员角色的原因。

从总体利益上说，采购人员这样做最终将损害公司的利益。因为采购人员的无所不能削弱了采购人员对供应商的影响力，最终将削弱供应链的整体价值。因此，笔者常说，不乱支持就是不作恶。

管理者必须先做到。作为采购管理者，要认识到这一点并且坚持做到，给下属打个样，最终这将影响到采购组织的整体价值。如果管理者显得无所不能，团队就会跟着做超人，会为了达到管理者的要求而被逼得变得无所不能。

采购人员既不能做饭桶，也不能做超人。做采购就必须学会说"不"。当所有的人眼光狭隘时，采购人员一定要有长远的眼光，采购人员的价值观和行为代表的是公司。**采购人员站在供应链的最前端，眼界理应最高，这也是采购的价值之一。**

Tips

采购人员不能成超人，我们是普通人。

可以支援，不乱支持，不乱支持就是不作恶。

管理者要先做到。

（二）站稳：培养有底气的组织

组织对采购人员的综合能力要求非常高，所以专家们通常会支招，如提高采购专业技能、提升沟通、学会讲故事等。都对，但都不是最重要的。笔者认为，**最重要的就两个字："底气"**。

案例：我的一位采购朋友 C 说

在我之前工作过的公司，虽然我在能力、成就、财富与地位等方面没有什么优势可言，但是我并没有认为有什么不妥，因为公司在法律层面、道德层面、流程层面、合规层面和公司价值观等方面都可以保障我可以正常地工作和生活。

现在我加入了一家新公司，在这里，谁的级别高谁就可以羞辱别人，谁被老板偏爱谁就可以为所欲为，谁态度强硬谁就可以不顾公司的流程。

而我作为一个底层员工，找人事办理一个居住证积分，人事居然说："你怎么这么蠢！""这么简单又填错了""等我有空了再说""我忙死了，不是你有时间我就有时间的"。

我被随意地在部门间调来调去，把我从设计部调到采购部没几个月，又把我调到服务部，没有人问我的看法，没有人在意我的想法和利益，他们只关心自己的权力和利益……我要还房贷，还要攒积分落户，在短期内很难找到更好的工作！这几个月，我委屈地哭了好几次。是我太不争气了，还是世道太艰难了？

直到一个同事安慰我的时候说了一句话让我恍然大悟："你应该花时间思考一下你的底气了，为什么他们可以对你为所欲为？凭什么可以？你有没有底气对他们也说'不'？"

在上面这个案例中，这位朋友一直被人以"职位安全"作为筹码，遭受着不公平的待遇，只能委曲求全，然而一年之后，他还是被解除了合同，失业了，他应该是没有听进去同事的建议。事实上他是一位非常优秀的员工。

有底才有气

有些采购人员见到领导就唯唯诺诺，被其他部门的人指责就连声道歉，不管领导下达多么不合理的指标都答应，这就是典型的没有底气，因为没有"底"所以没有"气"。

这个"底"到底是什么？我们如果没有结实的底盘，一推就倒，那么有什么资本与别人谈而论道？这个"底"就是底线和安全线！

第一底气，廉洁自律。俗话说无欲则刚，当我们做不到这一条时，底气从何而来？采购管理者在自律的前提下，可以通过优化流程、合理分工、强调规则等方式促成团队做到这一点，以此提升团队的自律底气。

第二底气，超群的能力。采购人员要多才多艺，当我们精通采购专业知识并且具备高超的能力，又恰巧懂一些财务知识、懂一些法务知识、懂一些技术、懂一些质量管理知识时，我们就能在各部门之间游刃有余。采购管理者可以为团队设立明确的学习目标，调配资源来支持团队的学习，打造学习型组织，将提高团队的能力作为打造高绩效团队的第一步。

第三底气，降低欲望与做好经济储备。适当控制自己的欲望，特别是和家庭经济状况不匹配的欲望，减少被欲望的逼迫；要积极储备至少半年的开支费用和一部分应急资金，保证我们在任何时候失业都不会对我们的家庭和生活造成冲击。采购管理者应该积极传递这种观念，并在团队成员和他们的家庭碰到困难时力所能及地给予帮助。

案例：换轮胎的故事

Joan 的二手车有些年头了，轮胎老化严重，出现了很多龟裂，但他舍不得花几千元换轮胎，就这么开着。他还开着这辆车跑高速去供应商现场出差，采购部负责人说了很多次让 Joan 尽快换轮胎。

有一次，一个供应商老总看不下去了，提出他可以安排司机帮忙将 Joan 的车开去把几个轮胎换了。采购部负责人偶然听到这件事情，马上通过微信转账给 Joan，让他尽快在当地更换轮胎，这笔费用由他承担。他说，这就是底气，要让下属有底气。

第四底气，给自己多准备几个选择。如果不能"以收租为生"，那就要拥有换工作的能力。经常更新简历，问问自己最近成长了吗。走不走是你的事，能不能走也是你的事。采购管理者可以经常关注下属的职业发展，多沟通，多给建议，积极为下属的职业发展出谋划策。

第五底气，朋友多了路好走。做采购不能短视，不能只看眼前的利益，认识那么多供应商、那么多好企业的总经理，要把他们都培养成在我们困难时可以支持我们的朋友，甚至可以在我们创业时给予很多支持。采购管理者的引导至关重要。

做好这些底气储备，我们就拥有了一个无比强大的底盘，就可以自信地看事情、看人，自信地行动，自信地演说自己的理念……这时问题就会回到我们的雇主和领导那里去，他们就无法拿职位安全来威胁我们，只能回到本质问题，那就是去思考我们对组织的价值和被取代的难易程度。

案例：神奇的罗经理

罗经理很开心地跑进 Thomas 的办公室，满脸笑意地说："领导，我终于明白你两年前跟我说的'个人价值的体现首先会体现在外部'是什么意思了，又有人邀请我加盟了……"

罗经理的能力不错，喜欢思考，善于学习，这几年飞速成长。

第一阶段，底气不足，喜欢翻个白眼，容易小激动。二胎在路上，MBA 尚未毕业，一辆破车跑偏得厉害，房贷多多，工资不高但压力大，光杆司令一个。罗经理经常与上级领导在表面风平浪静心底却剑拔弩张，时常想着能不能换个高薪的工作。

第二阶段，带团队一起成长。Thomas 手把手带着罗经理与供应商会谈，写PPT，做采购决策建议，示范团队管理，积极探索供应商关系管理。

第三阶段，个人价值提升，底气充足。通过两年的努力，罗经理的采购能力大幅提升，团队日益成长，供应商关系管理也做得非常好，经常带队协助供应商提升管理能力。

罗经理最近收到了两个来自供应商老板的邀约，他们急需像罗经理这样优秀的管理者去协助他们提升整体管理能力。一家开出翻倍的薪水，另一家除高薪外还给出了百万元的股权激励。这就是 Thomas 一直坚持的"专注打造千里马，伯乐自来"的理念。

建立底气是一个需要耐性的过程

要做到这几点是有些难，但是只要我们秉持这些原则去做，我们的底气就会慢慢累积，信心就会越来越足，市场价值也会越来越高。一定要给自己建立起一个良性循环。当然也有例外，如果我们面对的是极端恶劣的企业环境，则有时我们的底气无关紧要，因为这时我们需要的是一个决定：是在泥潭里成长，还是赶紧去寻找自己的五星级游泳池？

案例：不白占供应商的便宜

突如其来的业务增长使厂内空间不够了，急需临时租赁特殊工业厂房，但这种短租的厂房不好找。有人提议某某供应商那里的厂房很多，而且完美符合公司的条件要求。

总经理找到采购经理，让他去问问看能不能临时借用几个月，供应商答应得倒是很爽快，但紧跟着便按照市场价报价发来一个报价单。总经理对采购经理说："我们给他们那么多订单，能不能将厂房租赁费用免了？"

采购总监听到这件事情，赶紧去跟总经理说，我们还是不要白占供应商的便宜，不然以后他们拿这件事情来跟采购人员谈新订单，采购人员就没有底气了啊。但是基于双方的合作，我们可以跟他们谈个折扣，这样可能好些。虽然总的租赁费用有十几万元，但是采购总监还是坚持不白占供应商的便宜。采购总监除自己有底气外，也用企业的底气来拒绝总经理的要求。

Tips 　采购人要有耐心去建立自己的"底气"，
　　　　采购组织有耐心去建立部门的"底气"。

（三）放下：打造心理安全的工作环境

由于采购的特殊性，采购组织很容易变成一个强权管理的组织。我们经常看到采购组织里的一些乱象。比如，开会中只要领导提出了看法，一堆人点头，没人敢提不同的意见；发现同事在工作上出现明显的错误，却碍于情面没有指出来；团队气氛掉到了谷底，在重要会议上大家不愿意发言；不断有人离职，而且很多人并不是因为薪水问题离开的；整个团队都很疲惫，没有成就感。**沉默文化与恐惧文化盛行**。

而优秀的采购组织会**打造心理安全的工作环境**，成员敢于建言，不怕试错，气氛融洽；团队构建了极高的信任度，他们可以把后背留给队友。心理安全是高绩效团队的基石，我们要提高团队成员的安全感，让大家可以承认自己的软弱与错误，成为紧密的合作伙伴，勇于担责，鼓励创造力，这样效率也会更高，可以创造出更多的价值。要做到这一点，**采购管理者必须放下面子，放下权力，放下控制欲，放下利益，积极打造心理安全的工作环境**。

这个话题很大，篇幅所限很难在此说清楚，读者可以通过书中的案例细节体会采购管理者是如何一步一步打造心理安全的工作环境的。有兴趣的读者可以阅读《无畏的组织》、《重新定义团队：谷歌如何工作》、《重塑组织》（插画精简版）、《自由与责任》这 4 本书。

《无畏的组织》给出了可以用来判断一个环境是不是心理安全的环境的几个检查点，比如，犯了错会不会受到指责；成员能不能提出问题，尤其是棘手的问题；会不会因为别人与众不同而排斥别人；敢在这个团队里冒险吗；向其他成员求助困难吗；有没有人会故意破坏其他人的努力；与这个团队的成员一起工作，是否能让成员的才能和专业得到重视和发挥作用。

作者给出了管理者构建心理安全场所的 3 个工具。①创造条件：构建工作框架，强调使命，建立共同的期望和意义。②邀请参与：展现谦逊，如示弱；保持好奇，积极询问；设定提意见的机制和过程，让提意见成为一种习惯；建立欢迎提意见的信心。③有效回应：表达欣赏，先对员工的付出表示感谢，再给出具体的工作反馈；允许有价值的失败，清除对失败的偏见；处罚明显的违规行为；建立持续学习的方向。

在"采购部是怎么做到的"系列案例中，我们可以看到采购领导者在团队建设和日常工作中的所思所想，而下面这个案例呈现的是另一种情况。

案例：采购总监被怼得不要不要的

设计工程师法兰克林看到了一幅不可思议的画面：临近下班，采购总监背着包踱出办公室往电梯口走，突然停下来转身跟下属们说："收拾收拾可以下班了，走之前想起个事，聊几句？"

总监接着说："今年的降本目标大家觉得怎么样？"Joan 说："领导，目标定得太高了，这活怎么干啊？"

袁经理用半开玩笑的语气接上了话："领导，你这个目标是怎么算出来的？分享一下？"罗总最"坏"了，直接来一句："领导果然是领导，想得就是比我们周到，他设的这个目标肯定是可以达到的。"

李小姐更是坏笑着说："预算是用来超的，指标是用来达不成的，让你们轻而易举做到了那还能叫目标吗？领导还是领导吗？"

采购总监都要笑趴下了，说："大家就不能给点面子吗？下班了不能给个好心情吗？这是总经理设的目标，必须能做到啊！……我觉得你们说得有道理，那你们思考分析一下，下周给我一版你们的建议，要写明合理的目标是什么、为什么、怎么做到。谢谢各位，我得去喝杯啤酒冷静冷静……"

Joan还是不肯罢休："领导说的都是对的！"旁边的设计工程师法兰克林看得目瞪口呆，对采购总监说："这帮人把你怼得不要不要的！"采购总监头也不回地回应："他们是老板，我是助理，助理就是用来怼的，哈哈哈……"

（四）拿起：培养眼高脚低的素养

采购是一种综合能力要求相当高的工作，因此很多采购人员练就了一身好本领。同时，他们有机会接触各种社会成功精英，甚至乘机混迹于"成功圈"，这是多数职场人梦寐以求的事情。采购工作轻而易举地给了人们机会，这也造就了一批谈战略总是娓娓道来的人才，可是真正落地的没有几个。

采购人员与采购管理者要做到，**战略既要有高度又不为高度所累，即忌眼高手低。**

笔者也曾经与惠普的CEO多次同桌，与富士康的郭台铭畅谈，自以为学到的战略高度足足的，然而最终发现这是一把双刃剑。

首先，采购人员要把这些眼界和理论最终转化为个人的能力还有很长的路要走。这也是很多采购人员开口闭口谈企业战略，最终发现不仅在企业内部无法落地，在供应商那里也仅仅得到表面的奉承的原因。

其次，任何成功的经验都要基于一定的土壤。每家企业都有着独特的历史和文化，企业的行为都是基于目前的能力与现状，因此没有完美的战略，只有合适的战略。正所谓淮南橘，淮北枳。

对于采购人员或采购管理者来说，既要站得高又要"矮"（稳）得住。比如，把自己"高大上"的理念与企业的实际情况结合起来，在采购组织战略的基础上建立具备可实施性的计划。

如何做到"眼高脚低"

有一句英文叫"Keep your eyes on the stars, and your feet on the ground"，翻译

过来就是要眼高脚低的意思。"眼高"就是要能够跳离表象，看到事情的本质，看到未来的趋势，抓住下一波发展趋势；"脚低"就是把锃亮的皮鞋脱掉，光着脚踩在市场的泥土里，感知土地的温度，感知市场每一寸、每一度的变化。

眼高，即战略要有高度，从更高的维度去看待眼前的工作和理解未来的布局，也就是我们经常说的"心有多大，舞台就有多大"。不要每天关注一些鸡毛蒜皮的小事，而应关注企业与部门的核心事务，在战略实施上做到心、口、手一致。

脚低是积累"站得高"的基础，即战术要"矮"得住，放得下身段。知识与能力积累得越多，底气就积累得越多，就会越来越自信与坦然。采购管理者对员工既要做到放得下身段，不怕员工比自己高明，做到留得住、用得好、管得恰到好处；又要认真感知企业的现状、聆听团队的感受，据此做好现阶段的工作。

案例：Thomas 打造眼高脚低的团队

Thomas 对团队的要求：站起来，讲得了品类战略，听得懂企业战略，说得出供应管理战略；低下头，能看图纸，能算成本，能和供应商打成一片，能协助供应商提升管理能力，能和供应商交朋友。

为了打造眼高脚低的团队，Thomas 在与团队的正式工作沟通上秉承一个原则，即低、中、高密度结合，并确保沟通是双向的。

企业级信息高密度沟通。采购管理者既要让团队第一时间获得企业产品、订单、战略、人事等层面变化的第一手信息，也要让团队成员从高层管理者的视角看待自己目前正在做的事情与企业的关联、自己与各层级及跨职能面临的问题之间的关联，及时采取有效的行动来应对各种变化。Thomas 鼓励团队成员对这些信息进行讨论，提出不同的看法和建议。

供应链战略中密度沟通。企业通常会在年初（或者年底）组织一场供应链战略会议，以确定全年的基调，并在每个季度进行一次快速回顾（可能是半个小时的口头沟通），平时则主要是站立式地针对出现的问题进行快速分析并尽快解决。这种沟通通常以品类采购经理为主导，Thomas 则会提供一些意见。

运营级低密度沟通。在日常采购与供应链运作事务上，Thomas 的做法是将决策和执行交给各位采购经理，只有在必须介入或被寻求支援时参与一些必要的讨论和决策。这样可以确保企业战略、供应管理战略、运营层面的一致性。

三、五步建设高绩效的采购组织

前面说到"建设高绩效团队——火箭理论",通过做好员工能力、员工思维与员工治理,培养优秀的采购组织能力,继而优化采购组织的可持续性。

我们总结出建设高绩效的采购组织的九小步:选择合适的人,个个是专家,高薪与超配,该花的钱不能省,扫平认知鸿沟,建立团队自信,建立核心团队及领导力,培养具有驱动力与变革力的团队能力,建立优异的继任者计划、打造人才梯队。这九小步与金庸笔下的独孤九剑颇为契合,就暂称之为"高绩效的采购组织——独孤九剑"。

我们又将这九小步归纳为五大步:组建优化、磨合成形、提升核心、柔性建设及潜力打造,涵盖了个体能力、团队能力、价值基础,以及领导力与继任者等范畴。

乍一看,这好像适用于每个职能团队搭建。没错,从管理学上来说大体上通用,但是采购组织建设仍存在很多不一样的地方,如下。

- 采购管理者更容易忽略团队的重要性。然而,采购管理常常不是因为不会重视团队,而是不愿意重视团队。
- 采购组织中常常精英荟萃,带领精英团队的难度更高。
- 采购组织中"步履蹒跚的大象"、老油条众多,既不好带也不好管。(第二本书详谈)。
- 采购组织建设的外力影响较多,缺乏独立性,毕竟人人想管。

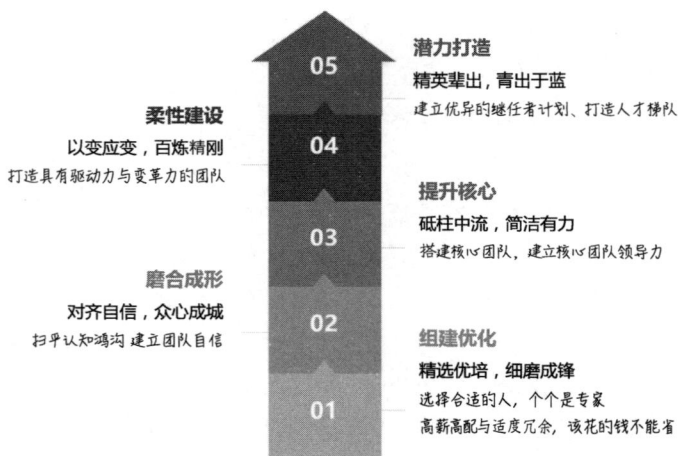

05 潜力打造
精英辈出,青出于蓝
建立优异的继任者计划、打造人才梯队

04 柔性建设
以变应变,百炼精刚
打造具有驱动力与变革力的团队

03 提升核心
砥柱中流,简洁有力
搭建核心团队,建立核心团队领导力

02 磨合成形
对齐自信,众心成城
扫平认知鸿沟,建立团队自信

01 组建优化
精选优培,细磨成锋
选择合适的人,个个是专家
高薪高配与适度冗余,该花的钱不能省

（一）组建优化：精选优培，细磨成锋

独孤九剑的第一个境界：利剑无意，仗剑之利。

你能为员工做的最好的事情，就是只招聘那些高绩效的员工来和他们一起工作。

——帕蒂·麦考德

笔者经常说：做老板、做管理者简单，只要会一件事情就行，那就是让员工很开心地把工作做好。 乍一听是那么回事，又好像没有那么简单。这句话拆解开来可以这样理解：①要有适合的员工；②员工要能很开心地工作；③员工要能把工作做好。因此，建设高绩效的采购组织的第一步就是要选择合适的人。

建设高绩效的采购组织第一阶段的目标是组建**"人人都是采购好手"** 的采购团队。通过选择合适的人，将团队成员个个都培养成专家，辅以高薪和超配的团队投资，以及合理的费用保障，使采购团队中的每个成员都成为一把利剑，让人人都像 **"007"** 一样强大。

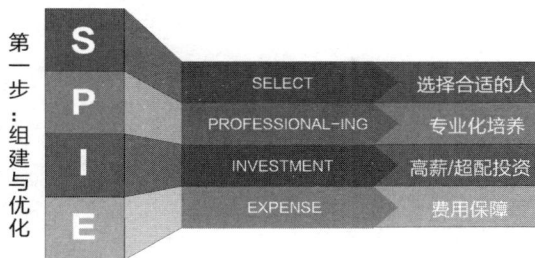

第一步：组建与优化	S	SELECT	选择合适的人
	P	PROFESSIONAL-ING	专业化培养
	I	INVESTMENT	高薪/超配投资
	E	EXPENSE	费用保障

第一剑　选择合适的人

对于采购团队的组建，选人是关键。桥水基金的瑞·达利欧说："比做什么事更重要的是找对做事的人。"下面，笔者分享一下招聘采购人员的几个原则。

尽早做好团队规划

采购管理者应当认真思考采购组织的发展目标与企业的发展需求，尽早制定完整的团队规划，有理有据地去争取更多的资源和授权，这样才能掌控采购组织的发展主动权。整体上，**先以企业战略来反推采购部战略，再据此来制定人才战略**；先根据人才战略制定人才管理策略，再制定岗位职责和发展目标，然后以此来制定人员的选择标准。

在制定人员的选择标准时，采购管理者要根据团队规划与人才战略，结合企业的薪酬待遇、所处地域、吸引力等因素，针对不同的采购岗位，设置不同的能力标准。比如，采购人员与寻源人员，其所具备的能力差异很大，采购人员被要求心细、有耐心、有责任心；而寻源人员需要具备优秀的沟通协调能力，有一定的战略眼光，且业务敏锐度要高等。

Tom的用人四宫格

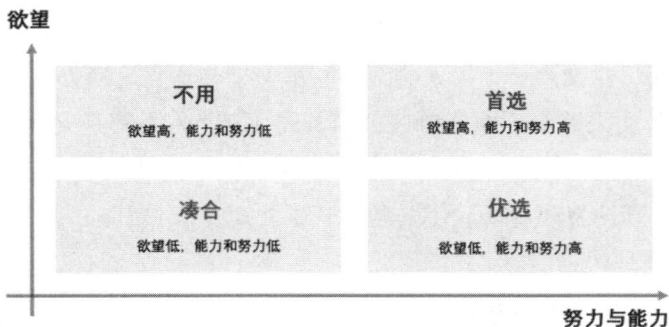

欲望

不用 欲望高，能力和努力低	**首选** 欲望高，能力和努力高
凑合 欲望低，能力和努力低	**优选** 欲望低，能力和努力高

努力与能力

采购候选人的五大基础资质

大家可能很难想象，一群自称采购管理专家的人（4位高级采购经理和1位采购总监）围绕着采购绩效与挑战讨论了一整天，结果出乎意料，他们讨论出的采购管理者的五大基础资质竟无一与专业知识相关，而是关乎一个人的基础素养。

一般认知能力。一般认知能力主要包括语言能力（表达）、计算能力（数字）、感知速度（反应）、抽象思维能力（空间）及推理能力（逻辑），也称一般智力。我们常认为企业招聘的采购人员大多有大学及以上学历，应该就具备一般认知能力。事实上，有大学及以上学历只能证明他们的考试能力合格，而很多人在一般认知能力中的一项或多项存在弱点。

常识。常识是大多数人都能理解和无须争辩的知识，是一种人们认知、理解、判断事物的能力。正如众多采购管理挑战案例所呈现的，令人最痛苦的挑战恰恰是缺乏常识导致的沟通和协同障碍。

领导力。采购人员不见得人人都适合做领导者，然而采购工作大多需要由一个跨职能的团队来执行，因此在这个团队中领导力就显得尤为重要。

谦逊与接受模棱两可/适度妥协。在"打造高绩效的采购组织的4个心理基础"部分提到采购人员拥有得天独厚的学习高度优势，然而采购人员经常处于模棱两可的决策环境中，因此对其而言保持谦逊与接受模棱两可/适度妥协非常重要。

好奇心与学习能力。有好奇心的人具备了良好的学习欲望，再加上优秀的学习能力，在大多数情况下都能寻找到问题的解决方法，而且更易有创新性。

这五大基础资质并不是说就比知识和专业技能重要，因为前者更多带有天赋或是从小培养起来的，而后者是可以通过工作和学习获得的。至于如何在筛选简历和面试中考察这几点，在下一本书中笔者会再认真总结。

候选人的几个基础要点

候选人员的过往工作经历很重要。通常拥有管理完善的企业经验的人对采购流程和管控的了解程度会更深，而拥有管理中小型企业经验的人更强调业务的灵活性。对于在职场一直受挫的人一定要谨慎录取，一定要多想想这个候选人之前受挫的原因是什么；对于在职场比较顺利的人，要多考察和观察其成功的关键要素是什么、原因是什么。**过往工作经历通常是企业考察员工五大基础资质的一个快捷方式。**

候选人的价值观很重要，这也是最难通过面试考察出来的，笔者一般在面试时会问几个简单的问题，根据他们的答复做初步的判断。比如，内部客户的不合理要求应怎么处理？碰到决策干涉时怎么处理？

像"你怎么看职业操守""你怎么看采购腐败"这类问题就不要问了，因为没有什么实际意义。比如，当笔者遇到这类问题时，通常会回答："如果公司员工操守问题很大，那说明公司的管理能力存在欠缺"。

过往工作经历是一个很重要的价值观衡量方式，因为一个人在某一家企业待的时间越长，他的价值观就越接近这家企业的价值观，当然，这不是绝对的。这也是笔者一直喜欢招聘从大企业出来的人的原因之一。总体来说，大企业的价值观比较"正"，或者说大企业的员工训练有素。

对于采购管理职位的人选一定要谨慎，管理者的价值观和行为方式会影响整个部门，同时他会成为企业中最了解成本结构的人，以及对成本最有影响力的人之一，对整个组织的盈利能力起决定性作用。

案例：人事经理说采购部的招聘都是跳过流程的

人事经理私下里抱怨说，采购部的招聘都是跳过流程的。

这句话传到采购总监的耳朵里时，采购总监 Thomas 狂笑不止。Thomas 说："他终于意识到了，其实我们并没有跳过所有的流程，只是在前期潜在人选寻找和最后决策上没有过多麻烦他罢了，谈薪水、入职等事情还是要由他处理的。"

采购总监在招聘前期和选择决策上没有让人力资源部过多参与，其中一个原因是过去人力资源部推荐的候选人在速度、质量、数量等方面不能满足采购部快速扩张的需求。且人力资源部门过多地参与决策，会导致人力资源部干预各用人部门选人与用人的问题。

为什么不允许人力资源部干预呢？就像高建华在《笑着离开惠普》中说的，员工表现得好坏，跟人力资源部没有利害关系，人力资源部也并不清楚各用人部门到底需要什么样的人。它要是干预的话，必然是外行指导内行，损害招聘过程的公正性。人事部门不是权力部门！

事实上，采购总监 Thomas 在人员选择/聘用/管理/升迁上并没有将决策权控制在自己的手中，因为这对于一个部门负责人来说显然是不现实的，企业也不会赋予他这么高的权限。Thomas 只是建立了一套完整的团队管理理念与规划，并且将这些规划都写下来，成为指导部门发展的一个基础战略。

正是这样超前/超越企业习惯的做法，使得人力资源部甚至总经理都没有办法提出更好的建议与方案，也为采购总监 Thomas 赢得了足够的决策权。一个好的采购组织管理者，绝不仅是一个拥有高超采购能力的人。

第二剑　个个都是专家，都顶用

个人能力的存在是有团队价值存在的基础。"个个都顶用"是指每个人都要拿得出手，每个人放出去都可以独当一面。

能力要求

宫迅伟老师总结了采购人员的**四大核心能力**。一是供应商管理：为什么选择这家供应商？二是成本分析：为什么是这个价格？三是合同管理与合规管理：如何控制合同风险与合规风险？四是谈判技巧：如何进行一场双赢的谈判？除此之外，采购人员还需要具备以下 **6 项通用能力**：学习能力、冲突管理能力、变革管理能力、创新能力、管理决策能力。

其中最重要的是学习能力。学习能力和学习意愿是企业在选择及考察团队成员时最重要的参考因素，这是打造一个学习型组织的基础。信息与知识碎片化是这个社会的趋势，**因此能否系统性学习、善于思考、不定期地进行自我总结，以及将知识和经验结构化，是决定我们能否形成自己的核心竞争力的底层逻辑的关键。**

美国供应管理协会提出的供应管理人员 16 项核心能力如下：业务敏锐度和领导力，品类管理，社会责任与道德，成本与价格管理，财务分析，法律与合同，物流与材料管理，谈判，项目管理，质量管理，风险管理，销售与运营计划，寻源，供应商关系管理，供应链战略，系统能力和技术。如果我们针对其中一项或两项能力深入学习、善于思考、练到极致，成为这个领域的专家，那么这就会成为我们的核心竞争力。而采购人员要能够一专多能，对于上面这些能力，每一项都需要学习和了解。总的来讲，采购人员需要培养的是综合素质。

建立基于角色的能力矩阵

在实际招聘和人员能力开发中，我们可以基于企业的实际需求来建立"基于角色的资格"，将人的能力与职位的能力要求建立一个连接矩阵。

三步建矩阵表。第一步，定义能力的类别，分为专业知识、方法论资质、社会性资质、领导力资质与个人特质资质 5 个大类别。第二步，定义采购职能的角色，如采购总监、品类经理、成本控制工程师、采购工程师、采购员等角色。第三步，对于每个角色的能力要求定级。

矩阵的价值。这个能力矩阵并不复杂，也很容易做，却很少人做。事前，我们需要思考部门的组织结构与运作模式；事中，这个能力矩阵促使我们思考每个角色的定位及最核心的能力要求；事后，这个能力矩阵可以对人事与采购人员在招聘与人员开发中起到指引作用。采购人员也可以利用这个矩阵表做自我诊断与目标设定。

下图是笔者在之前的一家公司与总部及咨询公司一起推进"Role Based Qualification"项目时建立的人员能力矩阵。

角色/职位描述		采购员	品类采购经理	全球品类采购经理	全球品类采购总监	区域采购总监	间接采购总监	成本控制	设计寻源工程师	采购成本与价值工程工程师	采购副总裁	供应链执行副总裁
专业知识	E1 公司与产品知识	1	2	2	3	2	2	2	2	2	2	2
	E2 市场与行业知识	1	2	3	3	2	2	2	2	3	2	2
	E3 材料和技术KNOW-HOW	1	2	2	2	2	2	0	3	3	2	1
	E4 了解价值分析和成本结构	1	2	2	2	2	2	0	3	3	2	2
	E5 供应商审核和开发	1	2	2	2	2	2	0	2	2	1	1
	E6 采购与法律法规	2	2	2	2	2	2	0	2	2	1	3
	E7 商业知识	2	2	2	3	3	3	3	2	3	3	3
	E8 内部寻源和采购流程	1	2	2	3	3	3	2	3	2	3	3
	E9 语言能力	1	1	2	2	2	2	1	2	2	2	2
	E10 物流技能	1	2	2	2	2	1	1	1	1	1	2
	E11 SAP 技能	2	2	2	2	2	2	1	1	1	1	1
	E12 办公软件技能	1	2	2	2	2	2	2	1	1	1	1
	E13 IT采购工具	0	2	2	2	2	2	2	3	2	1	0
	E14 生态和社会标准	1	2	2	2	2	2	2	2	2	2	2
方法论资质	M1 适应能力	0	1	2	2	2	2	1	2	1	3	3
	M2 演示能力	1	2	2	2	2	2	2	1	2	3	3
	M3 谈判方法（包括说服力）	1	2	2	3	3	3	2	0	2	0	2
	M4 项目管理	1	2	2	2	2	2	2	2	2	2	2
	M5 保证最佳供应的方法	1	2	2	3	3	3	2	2	2	1	1
	M6 管理品类组和供应商的方法	0	3	3	3	3	3	2	1	1	1	1
	M7 信息管理	1	1	2	2	2	2	2	2	2	2	2
	M8 持续改善知识/KVP	1	1	2	2	2	2	2	2	2	2	2
社会性资质	S1 沟通技巧	1	2	2	2	2	2	3	2	2	3	3
	S2 跨文化能力	1	2	2	2	3	3	2	2	0	2	3
	S3 合作与整合的能力	1	2	2	2	3	3	2	2	3	3	3
	S4 冲突管理	1	2	2	2	3	3	2	2	2	3	3
领导力资质	L1 员工激励	1	2	2	3	3	3	2	2	2	3	3
	L2 支持和发展员工	1	1	1	2	2	2	1	1	1	3	3
	L3 制定愿景和战略	0	1	1	2	2	2	1	1	1	3	3
	L4 结构化和有组织的工作方式	1	2	2	3	3	3	2	2	1	3	3
	L5 企业家思维与行动	1	1	1	2	2	2	2	1	1	3	3
个人资质	P1 说服力	2	2	2	2	2	2	2	2	2	2	2
	P2 执行与参与意愿	2	2	2	2	2	2	2	2	2	2	2
	P3 灵活性	2	2	2	2	2	2	2	2	2	2	2
	P4 弹性/抗压性	2	2	2	2	2	2	2	2	2	2	2

选择在先，培养在后

选择优于培养。我们把能力分为看得见的"显性能力"与看不见的"隐性能力"，前者包括知识、经验、技能等，后者包括行为风格、思维底层能力、共情能力、抗压力，以及主观聚焦的兴趣与自驱力等。这些隐性能力几乎没有短期培养成功的可能性，招聘者需要在面试阶段能够对候选人的隐性能力做出判断，因此人员的选择优先于人员的培养。永远不要相信可以把招聘来的一群乌合之众培养成明日明星员工，正如"十三点领导"的第一个原则所说的："付能付得起的最高的薪资，用最好的人"。

那为什么仍需要培养人员？优秀的潜质并不能直接转化为好的结果，而是他们不需要接受过多的培训，若能培训和引导将他们实践过的方法论提炼成知识体系、方法论体系、工具体系、数据体系及学习体系，他们就一定能创造出优异的成绩。**这也是全员学习与进步的方法之一，**通过对优秀人才的个体能力进行增强、萃取、复制，促使个体能力转化成为组织能力。通过一个案例，我们来看看 T 总是如何通过提升成员的个体能力来提升团队能力的。

案例：T 总提升团队能力

年初，多个项目并行，外部供应产能非常紧张，成本快速上涨，供应商交付延迟情况严重，每每被挑战，采购部总是难以招架。采购部的成员多数是比较爱面子的，也怕被人说做得不好，尤其在意万能的项目经理和总经理的质询。

面对内部巨大的背黑锅压力，T 总意识到部门成员的专业度不够高（总是停留在战术层面），且对采购的理解参差不齐（存在认知偏差）、团队自信力不够（或者自我感觉太好），在这种情况下他们与其他部门对阵，结果很容易是"乱拳打死老师傅"。

全员提高采购专业度和认知统一是首要任务！T 总选择了 ISM 的 CPSM 课程，要求至少 80%的成员完成考试认证。问题卡在了极低的部门培训预算，全年只有24 000 元，而 T 总的团队有 13 个人，仅教材费、考试费就要 10 000 元/人，如果参加培训则要超过 20 000 元/人。按照 ISM China Tony Wai 的说法："连考试费都不够。"

最后 T 总制定了一个方案：全部自学考试，除了公司培训预算，各部门经理予以每个下属一定的支持。这样，基本上每个员工只要支付 4000 元就可以完成整个课程，对员工来说用这点支出就可以完成 ISM CPSM 认证，为职业铺路，何乐而不为呢？

截至当年 8 月，在整个采购部中，6 个人完成了 ISM CPSM 认证，2 个人预计在 10 月可以完成 ISM CPSM 认证，2 个人预计在 12 月月中可以完成 ISM CPSM 认证。如果最终能够达成计划的目标，那么采购部门这 13 个人中将有 10 个人完成 ISM CPSM 认证。

这真的对工作有帮助吗？当然有。来参加一次他们的午餐会，你就会发现他们现在在讨论工作问题时相当专业，品类管理、成本分析、价值分析、谈判策略、BATNA 一堆术语可以让你听晕过去，但至少大家都讲同一种工作语言了，认知鸿沟也会被快速填平。

在内部沟通上，对于原来一直靠感觉指手画脚的人，只要他说"我觉得"，采购人员就会说"不要说'我觉得'，而应说'我这里有数据分析'……"采购人员开始用非常专业的分析来支撑采购决策，专业与不懂的差距开始体现出来了。

最后，采购部充分推进战略采购，定期举行跨部门采购战略采购会议，各部门之间对供应商选择等争议也减少了许多。采购部员工的信心足了，随口讲一个数据都是行业标杆数据；分析出来的数据的准确性高了，也表达方式统一了。他们开始真正相信他们是公司最牛的采购专家。

Tips 做采购不能"无所不能",在能力上要做"神童"。
系统学习,思考,总结,知识与经验的结构化!

第三剑　高薪高配与适度冗余

采购部的成本很大一部分来自薪资支出,这通常是老板比较关注的,因此我们在这一节分享笔者对薪资设定和总体部门人员配置的看法。**正如前文提及的,付能付得起的最高薪资,用最好的人。**

高薪高配原则

高薪高配,高薪指的是薪水可以适当高于市场行情,高配指的是人员能力与潜力可以适当高于目前企业的需求。

便宜没好货,好货不便宜。多年前,在尝试提高采购部的整体薪酬时,集团采购总裁 Dr. Guido Stanek 的支持让笔者印象深刻:"让一个工资为 5000 元/月的采购人员,负责一年采购额为 3000 万元的采购项目,寄希望于他能做好,这显然是痴人说梦。"

市场行情做标杆。很多企业老板、人事部门在制定岗位薪酬时也会参考市场行情,但参考的大部分是自己臆测或打听来的行情,连一份专业的薪资报告都舍不得买。笔者一直坚持一个理念——贵有贵的道理,招人就是要招贵的。当然,作为管理者,要确保贵等同于价值高,并努力让这种高价值得以实现。

一定程度的高薪养人。首先,高薪可以激发人的主观能动性,如前文提及的,高薪也意味着对人才的认可和信任,直白地说,老板认可员工,给员工比市场行情更高的薪水,员工的主动性和稳定性一定会更好,从而更好地创造价值,老板也不用担心竞争对手随意将人挖走了。

高薪养廉?笔者不认为高薪养廉是 100%可以做到的,但在一定程度上是可以实现的。人是理性的动物,更高的薪水意味着员工会自觉地在某种程度上去平衡腐败的代价。而我们常常焦虑的职业操守问题,其本质是企业的管理能力问题。

高配对应的是企业的目标牵引——长期主义。人员配备要为未来配置资源,与未来的目标匹配。人才队伍锻造至少需要 3~5 年的时间,因此人才队伍建设需要坚持长期主义,不能靠投机主义。笔者曾见过一位总经理,一个季度的业绩不好，他就开始减员，结果下一个季度的业绩好了，他马上开始要求加人。这就是投机主义，做的都是吃力不讨好的投机行为。

人才适度冗余

人才需要适度"冗余"，我们需要换一种思维计算"人才成本账"。

当笔者给企业主们提出"为未来配置人才，人才适度冗余"的建议时，很多人都认同，但在实际操作时，他们又自觉或不自觉地会算计用人成本和人均效率。招人一定会增加成本，而他们做不到用投资的概念来理解人才"冗余"。事实上，**适度的人才冗余不但不会"亏本"，还可以视为一种高回报的投资。**

首先，有利于用机制激活人。人才适度冗余有助于企业建造人才池和竞争机制，从而推动良性竞争，有利于激发大家的活力，有利于奋斗者文化落地。例如，美的有"3 个月检讨，6 个月下台"机制，华为有"能上能下，能左能右"机制，要营造这种紧张感的关键就在于有丰富的人才储备。**人才既是选出来的，也是竞争出来的。**

其次，避免目标落实不下去的风险。如果公司的人才不够用，只能将就着用、求着用，就会造成用于做员工思想工作的隐形成本变高，同时考核制度很难落实。原因很简单，本来"一个萝卜几个坑"，如果人才要忙于应付任务、考核、处罚，则可能会把人才压垮、挤走。

很多老板具有敏锐的商业直觉，对产业演变极具洞察力，但事业版图却偏居一隅，始终无法扩大市场份额。究其主要原因是其人才一直处于"紧绷"状态。好比作战，仗越打越大，可用之人却越来越少，不能打大规模的战争，始终处于小股部队机动作战状态，这样在市场上肯定斩获不多。由于人才制约，一些企业很遗憾地错过发展窗口期，一旦机会窗变小了，竞争转向依靠核心能力和组织力量时，企业要发展就更难了。

注：关于人才冗余，部分摘选自《华夏基石管理评论》第 57 期，作者｜陈明 华夏基石集团副总裁、华夏基石产业服务集团创始合伙人

第四剑　该花的钱不能省

采购团队的支出通常包括以下几项：①取得和维持人力资产原有潜力而发生的工资性支出；②为了增加人力资产原有潜力而发生的支出，如员工培训等开发

性支出，归属于人力资产投资；③运营成本，如差旅成本、通信成本、其他办公成本分摊及其他运营成本分摊；④招待费用等，**采购部门是一个"昂贵"的部门**。

这里重点谈以下几种笔者认为非常重要却经常被大家忽视的具体费用，笔者认为这些费用一定要给足。

专业性培训费用。比如，美国 ISM 的 CPSM 认证、英国的 CIPS 认证，这些培训都能够帮助采购人员梳理知识体系和及时掌握最新的理论。

专业性论坛费用。比如，西子供应链、PSS 等机构定期会举办一些论坛活动，ISM 等机构也会定期举行一些线上线下的会议，采购人员应该多参加这类活动，以增长见识和了解先进企业的管理经验。

展会费用。参加各种专业性、应用型展会，是采购人员了解最新技术和潜在供应来源的途径，也有助于采购人员更加了解竞争对手、了解市场、了解客户。

资讯费用。比如，企查查等公共数据库的费用，这对采购人员筛查供应商非常有帮助。

招待费用。很多企业将销售人员与客户共进午餐视为建立关系，而将采购人员与供应商的相同行为视为利益冲突的表现。解决方法其实很简单，给预算即可。对于这类费用，老板一定不要抠门，有来有往才是正道，采购人员有预算请客吃饭了，就会减少"吃人嘴短"的情况。

综上，笔者的建议是培训、会议、展会、资讯等费用要给足，招待费用要给足，让采购人员做得有尊严，从而为企业创造更多的价值。

总体上，采购部门是一个"昂贵"的部门，需要投资，再配以合适的流程，就能为企业创造很高的价值。著名的咨询机构 Hackett Group 曾经在计算机、制造业、通信、化工、分销商等行业做过调查，在"供应链管理支出与企业收入比"指标上，一流的公司为 6%～7%，而平均为 10%～13%。

这里我们分享一个采购"弱女子"——Joan 的故事。

案例：Joan 的蜕变

Joan 是一个有点傻呵呵的"弱女子"，说她傻呵呵并不意味着她真的傻，只是说她每天笑得很开心，有点没心没肺，好像对工作永远不怎么上心，订单下出去了随便跟跟，交不了货或质量有问题好像也没有关系，总是能找到借口，反正采购经理/采购总监最后都会出面，先把她和供应商"修理"一顿，然后一起找解决方案，每次都能化险为夷。

领导也无奈，你说她做得不好，但她尽职尽责地下了订单，对于自己负责的区域看起来也算尽心尽力，可是总是差一口气，每次都要出点状况。她的直接主管试了各种办法，状况好像也没有得到很大的改善。Thomas 给主管支了个招儿，即采用《笑着离开惠普》中所描述的"拍卖会"式的任务布置方式。

主管于是组织了一场部门会议。

首先，主管详细描述了这个部门在整个项目采购中的影响、对公司的价值和贡献，以及不好的重大影响，以强调这项工作的重要性。

其次，主管分析了公司目前的供应管理存在的一些状况，这些状况所对应的团队存在的能力和意愿问题；做好这件事情可以让人从中学到什么，能补充什么经验、什么知识、什么技能，个人的市场价值会有什么变化。

紧接着，主管把一堆供应商重新分组，每个组有三四家供应商，难易程度各不同。他说："各位，自己选吧？不管你选哪个，你都要做到：第一，你负责的区域要尽全力保证供应，包括成本/质量/交期；第二，如果做不到内部客户满意、自己成长、供应商满意这 3 件事，那么你现在不需要选，以后负责在办公室下订单、更新OC 这类工作；第三，你们可以提出做好这件事需要的资源和支持，我会尽力协调。"

可能是做熟不做生，Joan 第一个选了，并选了以其现在负责的领域为主的那一组，提出了一些培训和支持要求。结果可能超出了公司所有人的意料，我们举几个例子。

2020 年春节一过，Joan 左手拉着儿子，右手拉着行李箱，出现在外地供应商的门口，把供应商老板吓一跳。Joan 就一句话：货不交完、不交好，我不回去。

当供应商的生产订单排不开时，Joan 亲自到生产线，一道一道工序跟，直到最后检验/包装/出货，即使在冬天零下十几摄氏度/夏天四十几摄氏度的天气，她仍然坚守在一线。

2022 年，上海因为新冠疫情封城，在出城政策松动后，她是第一个请缨出战的人。那时她刚刚结束两个月足不出户的状况，又要面临 14 天的隔离，说实话，这不是一般人可以做到的。

而且，Joan 这样一个曾经沉溺于小红书、抖音的人，竟然在 2021 年放下手机，用 4 个月完成了 CPSM 3 门课的学习和考试，一次性取得 CPSM 认证。

或许这就是 Thomas 所说的：你们要把身上的勇猛如虎变成狡猾如狐，外加凶狠如狼；分，则独战千里；合，则天下无敌。

总结。选择合适的人，积极培养和提高个体的核心能力，高薪加上超配，敢于投资，将采购团队中的每个成员都打造成一把利剑。这时，管理者基本可以从日常事务中脱离出来了，达成建设高绩效的采购组织的第一个境界（或者目标）：精选优培，细磨成锋。

（二）磨合成形：对齐自信，众志成城

独孤九剑的第二个境界：软剑无常，仗剑之巧。

在第一阶段，采购人员的个体能力得到强化，**第二阶段目标就是打造一个具备团队自信的团队**，通过扫平认知鸿沟来建立团队自信，使团队进入全新的状态，做到"一种声音，一种语言，一个目标"。

第五剑　扫平认知鸿沟

在关于协同的章节里提到，团队如果存在认知鸿沟，就会出现巨大的偏差，从而使得团队协同低效甚至反向协同。采购管理者作为一个组织的管理者，必须想办法扫平团队存在的认知鸿沟，这是一个组织能够有效且高效的基础条件。

团队的认知鸿沟对于所有的领导者来说都是一个重要的风险点，团队之间的合作极限"最大公因数"会在相同认知范围内发挥作用，一旦抹平认知鸿沟，就会形成"一种声音，一种语言，一个目标"的"最小公倍数"，自然事半功倍。扫平认知鸿沟通常有如下两个方面的工作要做。

（1）知识体系与可培养能力层面，做法如案例"T总提升部门能力"中的学习培训，或者管理者手把手带着团队提升等方法，通常不难。

（2）难以快速培养的能力，如情商、认知层次、基础价值观等，这时就涉及人员调整与组织架构重组了。下面以一个真实的案例来呈现一个采购管理者是如何扫平团队认知鸿沟的。

案例：5步扫平鸿沟

A于3年前空降某公司，担任采购部负责人。A一开始很痛苦，痛苦的根源就是认知鸿沟。在8个下属中，真正略懂战略采购的只有两三个经理级的，且在实际工作中大多局限于战术层面；多数下属虽然做了很多年采购工作，但是对采购知识一知半解，工作局限于订单管理，采购战略更是无从谈起。举个例子，在进行进口

与本地采购成本对比时，采购人员竟然忽略了落地成本。看着满目疮痍的采购部，A真的感觉有点绝望，他推行的很多战略性的工作也局限于亲自推进的项目。

很多人"不知道我不知道"或者"知道我不知道"，但很少有人认真去讨论如何更专业地做事，战略性思维基本没有，一旦要求高一点，就会碰到阻力："下订单都来不及，哪里还有空搞那么复杂的东西？""追料都来不及，领导也不先帮忙解决一下？""累个半死，这么点工资，还要怎么样，学习嘛，有空再说。"……

团队存在着极大的认知鸿沟，这种鸿沟包含了两个层面。第一层鸿沟：团队在采购专业知识上的差异和理解差异；第二层鸿沟：价值观与行为方式的鸿沟。为了解决这些问题，A优先处理第二层鸿沟，进行了5个阶段的工作。

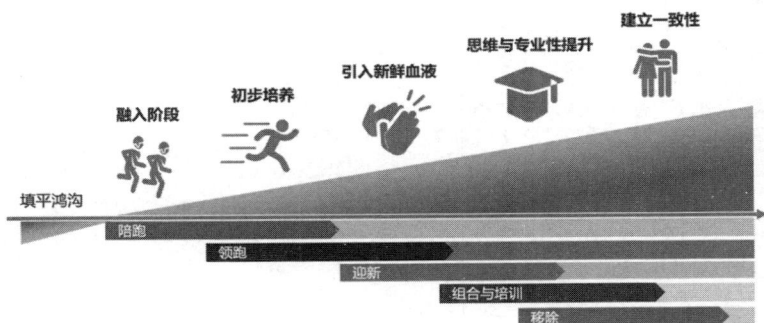

第一阶段，陪跑（Company），即"我陪着你"。A跟着下属一起应付手头工作，包括追料、议价、合同谈判、供应商访问等。通过这个阶段的工作，A对公司的产品和运作模式渐渐熟悉了起来，对员工也有了基本的认知。

第二阶段，领跑（Lead），即"我带着你"。在一些核心采购项目和重要本地化项目推进上，A逐步放手让下属操盘，教他们怎么谈判、怎么写报告、怎么做报告，帮他们出主意。在这个阶段，团队中的一部分人开始快速成长、浮出水面，整个团队的采购逻辑和策略有了很大的提升。

第三阶段，迎新（Rearrange），即"欢迎新人"。在第二个阶段完成后，团队成员之间开始在表现和能力上呈现出差异性，对于那些跟不上节奏的核心团队成员，A寻找了替代人员。同时，A用尽所有的办法"拼命申请名额"，努力做到"高薪高配与适度冗余"，快速招聘优秀的新人。在这个阶段，简历筛查和面试关注的重点主要如下：一是采购专业性；二是认知层次，这主要通过人员的言谈和前公司的风格等方面进行考察。

第四阶段，组合与培训（**Combine & Coach**），即"你行你上"。在同步完成人员新增与更替之后，团队的认知层次再次明显提升，采购专业性也体现出来了。因此，在这个阶段，首先团队进行了重新组合，部门进行了分层拆解，提拔一部分人，重新建立了 4 个团队，组员也根据经理的特点进行了重新分配；然后有计划地开展系统性培训，包括在职培训、外部培训、考试认证、案例手把手教育等。

第五阶段，移除（**Eliminate**），即"你不行你自己看到了"。在这个阶段，对于无法很好地在第四阶段融入团队并且成长起来的人进行移除。

关键点：

（1）**如何争取更多的名额？** 做好部门的人力资源现状与新增名额潜在价值分析，或者说目前的工作量与新增人手可以为企业创造多少价值的分析，以此争取管理层的认可。

采购部任务列表（更新于 XXXXXXXX）

项目名称		吴		李1		王		袁		雷		罗		李2	
	项目	项目	时间	项目	时间	项目	时间	项目	时间	项目	时间	项目	时间	项目	时间
进行中的项目	项目1~5跟踪									X	5%				
	项目1~5现场需求					X	5%								
	项目6项目采购	X	10%	品类5	30%	X	5%	X	5%	X	5%	X	10%		
	项目6订单跟踪									X	10%				
	项目7采购	X	10%			品类2	5%								
	项目7订单跟踪					X	5%								
即将到来的项目	项目8新项目	品类1	50%			品类2	40%	品类5	40%	品类4	30%	品类3	40%		
	项目9新项目														
新产品开发	本地化新项目-1	X	5%												
	本地化新项目-2					X									
	本地化新项目-3成本优化					X									
	本地化新项目-3					X									
	零部件本地化-1					X									
目标成本项目	目标成本项目-1											X	10%		
	现有产品本地化-1											X	10%		
	现有产品本地化-2					X	10%								
	现有产品本地化-3					X	10%								
	核心零部件本地化-1							X	5%						
全球资源开发	子系统本地化							X	30%						
	才贵全球采购资源开发							X	10%						
日常工作	新ERP系统上线	X	10%	主管	60%	X	10%	X	5%	主管	30%	X	5%	X	10%
日常工作	品类战略开发	X	5%			X	5%		5%	X	5%	X	20%		
其他	物流运输	X	5%							支持	10%				
间接采购	生产运营需求													X	30%
	公司运营需求														10%
	行政需求														20%
	信息技术需求														5%
	厂务需求														10%
	服务需求														
	战略开发														5%
	流程优化														5%
	总工作量	95%		90%		95%		100%		95%		95%		95%	

（2）**如何移除不合适的人？** 以优化组织效率和能力为目的而不是移除，笔者不主张采取强硬措施，可以为"不合适的人"设置一段时间的过渡期，让他们有时间寻找新工作或在内部寻找到更适合的岗位。

Tips

作为管理人员，抹平认知鸿沟是第一要务。
三个一：一种声音，一种语言，一个目标。

第六剑 建立团队自信

通过练习独孤九剑前 5 招，我们已经建立了一个个体能力超群、高配且有冗余、扫平了认知鸿沟的团队，**这时的团队成员已经有了相当的自信，接下来就需要开始建立团队自信。**

采购人的 FOPO

笔者反复引用一个朋友在领英上写的那段话："采购经理是一个'苦逼'的职业。价格高了，说你贪污。价格低了，说质量不好。技术部要一个报价，给你把资料一甩，要求你在两天内给出报价……"

这段话呈现了一个采购经理害怕别人的观点的困境，即 FOPO（Fear of Other People's Opinions）。害怕别人的观点，这是许多人与生俱来的特征。你觉得自己无足轻重并感到害怕和紧张，是因为担心自己得不到社会认同。

很多采购人员存在脸皮子薄、责任心过度，或者自我尊严需求过高的情况，从而把自己逼到很艰难的角落。笔者也经常犯这种毛病，总是怕别人说自己做得不好、做得不对，对自己的业务水平不够自信，曾经特别羡慕可以"没心没肺"的兄弟姐妹们。

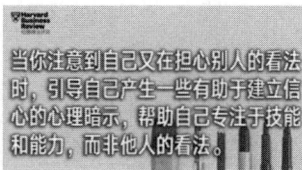

FOPO 对采购人员的消极影响比实际看起来的还要大。比如，理性下降、效率低下；屈从于别人的看法；越来越不关注自身独特的地方、才能、信仰和价值观；影响自己潜力的发挥；害怕招致批评，只顾着求稳，不再寻求突破；担心被嘲笑、被拒绝；当受到他人的质疑时，便不再坚持自己的观点；如果你

无法控制结果，就不会举手发言；如果你认为自己资格还不够，就不会为争取晋升而努力。（来自《哈佛商业评论》）

管理者带队，打破个体 FOPO

在中国做采购，总是会被人建议"要低调"！采购人员也经常表现得唯唯诺诺、没有底气，同事们也经常带着潜台词跟你说话，这是大家觉得采购难做的重要原因之一。这种状况对采购团队和采购管理非常不利。采购人员应该如何跳出这个 FOPO 怪圈呢？

首先，帮助团队建立底气。采购管理者应协助团队成员建立底气。比如，采购管理者可以通过优化流程、合理分工、强调规则等方式提升团队的自律底气，通过打造学习型组织、调配资源支持团队的学习来提升团队的能力底气；采购管理者应该积极传递"控制欲望与经济储备"观念，并在团队成员和他们的家庭碰到困难时力所能及地给予帮助；等等。

其次，关注并提升团队的能力。比如，在前文提到的案例"T 总提升团队能力"中，积极通过培训、集体学习、专业认证快速提升团队的能力，成员就可以变得更加专业、更加自信。如果我们能够做到对每个零件的成本结构如数家珍、对市场行情了如指掌，则可以轻松且专业地应对他人对价格高低的质疑，甚至其他人都不敢提出质疑。

案例：考了 CPSM 的采购总监说

采购总监 Anita 分享了一个故事。

有一次管理层在会议室讨论做产品备库的计划时，一群人讨论得热火朝天，压根没有问采购部意见的意思。

采购总监也不管不顾，继续码字，只留着半只耳朵听。看大家讨论完了，他冷冷地说了一句："那我补充一条，库存年度持有成本 30% 左右是不是也要加到可行性分析中？"

整个场子一下子就安静了下来，因为整个讨论的基调是"只要我们备了库存，迟早我们都能卖得掉，没有什么风险"。有人就提出来，30% 的库存年度持有成本，怎么可能？

采购总监接着说："这是业界公认的库存年度持有成本，包括了资金成本、库存损耗成本、市场分析等。也就是说，如果持有 1000 万元的库存，一年光成本就要 300 万元。如果对这个比例有疑义，那么可以问问财务经理，她很懂这个。"(实话实说，其实采购总监也记不住具体的数字，但他是这个团队里最了解成本的人，所以他说啥都是对的。)

Anita 说，现在很多日常运营层面的会议他都不参加了，这样他就可以更多关注上层战略层面的事情及向上兼容的事情了，也有更多的时间和精力来整理采购专业知识、培训和写书了。

最后，协助团队成员建立并践行自己的人生信条与职业目标。如果采购人员有着强烈的人生信条，那么对方是无法或不敢在言语上进行无端揣测与攻击的，因为他强大的人生信条会在日常行为中自然呈现出来。另外，清晰、可行的职业目标也是每个采购人员工作时的重要指引，可以有效引导团队的思维和行为方式，对 "我是谁""我们是谁" 形成一个更强烈、更深刻的认识，让大家可以真实、开放地表达自我。有目标和有意义的前行会让团队的发展更加坚定、有力。

接下来分享采购与财务交锋的 3 个故事。

案例：采购与财务交锋

第一个故事。采购经理这么回复财务经理："这个价格非常合理，成本结构非常清晰，与我们要求的质量和工艺水平非常匹配，如果你觉得有疑义，你也可以做个成本评估对比一下。"看看财务经理的表情，估计他连跳楼的心都有了，因为他根本不懂。

第二个故事。财务经理要求延长供应商账期，采购经理也不反对。采购经理只淡淡地说了一句："可以，您写一份正式的通知邮件，采购部会马上通知供应商，供应商也会重新核价的，这个增加的成本算你们财务部哦。"财务经理顿时傻了。

第三个故事。采购经理被财务经理 "骚扰" 得不行了，烦透了，有一天终于憋不住了，冲着财务负责人说："别成天当警察了，好好查查你自己部门的采购违规行为，查完了你就知道什么是采购了"。财务经理夹着尾巴走了，很长一段时间都不敢来了。

上面这 3 个故事呈现了一位采购经理在自我成长到一定程度后，成功克服了 FOPO，从容应对内部挑战的经历。

建立团队自信

只有一个高度协作的团队才能真正做到高绩效，而高度协作的前提就是团队自信，即**先相信自己可以创造优异的结果，然后相信同事、相信主管、相信团队也可以创造优异的结果。**

这种相信来源于：人心凝聚，团队成员之间形成相互协作、积极向上的团队精神；团队中个体拥有着专业的过硬的技能，每个人在做好工作的同时能够充分发挥个人的优势；团队成员之间相互学习、相互鼓励、相互帮助、相互尊重，彼此之间做到感恩、包容、珍惜、分享。

与第七章关于协同的讨论一样，建立团队自信也是顶层设计的一部分，且逻辑基本一致。比如，**构建心理安全空间**，促成成员敢于建言、不怕试错，促进气氛融洽；团队存在着极高的信任，他们可以把后背留给队友。又如，**强调团队战斗力。**强调团队的能力而非个人的能力，促成以团队协作创造更好的绩效、团队的成功才是成功、大家目标一致，组织价值与个人价值的高度关联等理念在组织内生根。这些贯穿于这本书始终，就不再开讨论。下面分享两个例子。

案例：有我们在，放心

罗经理最近有点焦虑。他的一个很能干的采购工程师提出了辞职，未来几个月正是项目交付密集期，供应商现场急需经验丰富的工程师长期驻点、跟踪订单进展，以及协同质量/技术部门。即使很快招聘到新人，其熟悉流程和产品也至少需要 3 个月。

Thomas 看罗经理焦虑地在桌子旁边踱来踱去、一筹莫展的样子，笑着从办公室走出来。Thomas 说："袁经理、李经理来一下，聊几句。罗总有点小焦虑啊，Bond 走了，现在项目交付密集期马上到了，怎么办？"

袁经理笑着说："你看老肖行不行，要是可以的话，借你用一个月没有问题，他的工作我可以分担一部分，其他人可以分担一部分，应该问题不大。"

李经理接着说："双哥是机械工程设计出身，来了几年了，对产品也熟悉，你带几天应该就可以上手了，他又是单身，所以出差也不是问题，可以支援你。"

罗经理一听顿时喜上眉梢地说："这两个人当然完全可以，只是他们的工作量也不少，借走了，你们部门其他人的工作量就上来了。"罗经理还顺便开了个玩笑："你们不担心人来我这里就不肯回你们部门了吗？"补刀王袁经理立马接上："有我们在，你放心，至于你挖角的想法，我们可以试试互挖看看，哈哈哈……"

Thomas 看没他什么事了，说："那没事了哦，我走了！你们继续聊，记得搞完请客。"

✐ Tips　为团队创造一个未来的方向，引导大家关注并持续提升自己的技术与能力。

案例：你回来！我去

Joan 已经连续到供应商 E 公司出差一个月了，按照目前的进度，可能还需要一个月，但她家里出了一些事情。Joan 问她的主管袁经理怎么办，这个问题也把袁经理难住了，现在人都派出去了，实在没有更多的人手可用。

袁经理在部门群里开玩笑地说，Joan 顶不住了。双哥打了一行字："你回来，我去。下个月交给我，星期天出发，你发一份交货清单和问题列表给我就可以了。"Joan 感激地回复："哇，感谢双哥，太好了，你帮我顶两周就好，我等到星期天，你来了我们当面交接一下。"

Thomas 发了一句："哈哈哈，你们把我要说的全说了，我睡觉去了。"

总结：一个人人是好手的采购团队，通过践行"扫除认知鸿沟，建立团队自信"，进入全新的状态，做到一种声音、一种语言、一个目标，采购管理者就已经可以站在了组织的高处一览众山小，思考更高层面的团队战略了，达成建设高绩效的采购组织的第二个境界（或者目标）：对齐自信，众志成城。

（三）提升核心：砥柱中流，简洁有力

独孤九剑的第三个境界：重剑无锋，仗剑之重；大智若愚，大巧不工。

这时，我们应着手打造**一个具有领导力的核心团队**，使得核心团队成为组织的重器。

我们经常看到两种团队：一种是除了主管到处冲锋陷阵，下属一个比一个"脓包"，仿佛这个团队只有主管一个人；另一种是团队中的能人不少，却业绩平平，员工之间的协作一塌糊涂。

这两种团队通常会出现 3 种情况。第一种情况：压根就没有核心团队，只有领导者一个人在工作，其他人只是在陪跑而已；第二种情况：每个个体的能力都很强，但是领导者没有建立起来核心团队；第三种情况或者仅仅是名义上有了核心团队（即组织架构上存在），却不具备领导力。打造核心团队实际上要做的就是两件事：**其一，选择合适的人与结构来搭建核心团队；其二，建立核心团队成员领导力。**

搭建核心团队

是什么导致一个团队没有核心团队领导力？是不同的团队搭建风格。**笔者把团队搭建风格分为 5 种类型：听话型、执行型、政治型、价值型和混合型。**这与领导力理论里面的激励理论有一定的契合度，即领导者分为权力导向型领导者、成就导向型领导者，归属导向型领导者。

听话型，即搭建团队的基础是要人人听话。**执行型**，即领导会把战略规划做好，团队只要执行即可。**政治型**，即考虑怎么搭团队才能在政治上处于有利地位，可以把控全局。**价值型**，即考虑团队的组合如何才能实现价值最大化。**增值型，**即考虑多因素，可能是"执行型+政治型+价值型"的混合。

既无真本事又没有自信的领导，通常会倾向于采用"听话型+执行型+政治型"的团队搭建风格，来保证在政治博弈中领先，同时政见可以被无条件地执行。充满自信的阳光型领导者通常会采用价值型团队搭建风格。同时，这与一个领导者所处的阶段有关系，新晋管理者经常会采用听话型或执行型团队搭建风格，这是他们初步确立领导地位的基础或捷径。

前 3 种类型和后两种类型最大的区别在于是否构建了核心团队的领导力。只有核心团队具备领导力，一个组织才能真正强大起来，而不依赖于管理者个人的手腕/手段或专业知识来维持组织的有效运行。

在采购领域，许多管理者都采用了执行型和政治型团队搭建风格，真正跨越到价值型和增值型团队搭建风格的少之又少。**要建立一个高绩效的采购组织，一定要确保核心团队的领导力。**

案例：Thomas 的搭建核心团队四法则

在价值工程中有一个 **ECRS 法则，即移除（Eliminate）、组合（Combine）、更换（Rearrange）和简化（Simplified）**，笔者在搭建团队时也践行这个法则。

- **移除**：价值观差异巨大、内部不能协作的人，必须移除。
- **组合**：根据管理者与执行者的性格与能力进行组合，搭建高绩效的小团队。
- **更换**：保持一定的团队调整空间，适度做一些微调。
- **简化**：简化机制，过繁的机制会降低协同效应，成员之间不能有利益争斗。

建立核心团队成员领导力

"领导力"听起来相当的高深，颇有"玄学"的意味。（关于领导力的更多内容可参考第三部分中的"5 个错误打造'无谓的组织'"。）书中前后有很多案例都体现了领导力，大家慢慢体会。建立核心团队成员领导力更是无比"玄学"，就和有人的车子加了瓶燃油宝就觉得好像换了新车般顺畅差不多吧，笔者就谈谈自己常用的几个简单的方法。

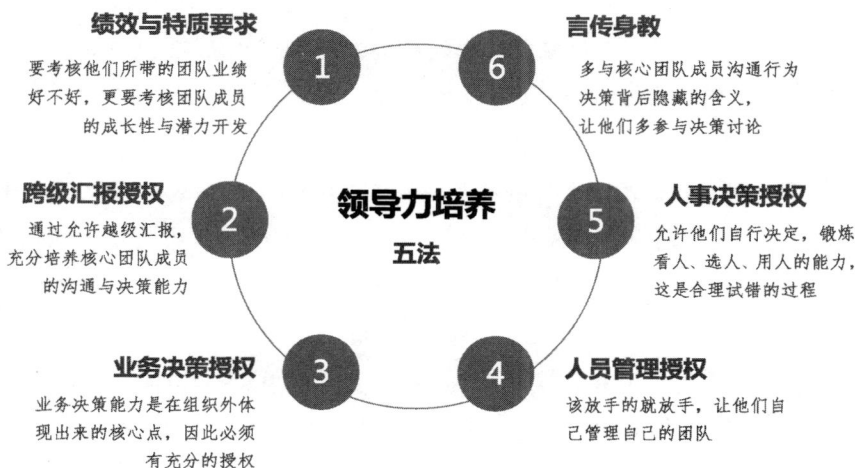

绩效与特质要求
要考核他们所带的团队业绩好不好，更要考核团队成员的成长性与潜力开发

言传身教
多与核心团队成员沟通行为决策背后隐藏的含义，让他们多参与决策讨论

跨级汇报授权
通过允许越级汇报，充分培养核心团队成员的沟通与决策能力

领导力培养
五法

人事决策授权
允许他们自行决定，锻炼看人、选人、用人的能力，这是合理试错的过程

业务决策授权
业务决策能力是在组织外体现出来的核心点，因此必须有充分的授权

人员管理授权
该放手的就放手，让他们自己管理自己的团队

1 2 3 4 5 6

言传身教。管理者在做出决策的同时，在允许的范围内，多与核心团队成员沟通行为背后隐藏的含义，我们不能寄希望于核心团队成员都"天生丽质"，言传身教必不可少。

人事决策上充分授权。中国人大多有"伯乐"情节：谁把我招聘进来，谁就是我的伯乐，我就跟着谁。因此，管理者必须将人事决策权充分下放给核心管理团队，允许他们自行决定，锻炼他们看人、选人、用人的能力，这也是一个合理试错的过程。

人员管理充分授权。这听起来有点不可思议，事实上很多管理者乐于绕过员工的直属主管进行工作和人事管理层面的跨级管理；另一种情况是管理者接受跨级下属的"贴近"（外企常用 Approach 这个词，笔者暂时没有找到合适的中文表达，就暂且理解为"贴近"吧），这种做法实际上在某种程度上削弱了管理团队的人事管理权。

案例：采购总监 Zhang 的人事与管理授权

故事一，3 位经理的 3 种用人风格。采购总监 Zhang 手下有 3 位直接汇报经理，Zhang 总是在招聘时对候选人给出比较有决定性的判断：这个人行不行、有哪些优势和劣势等。

两年下来，招聘来的人员的风格都符合 Zhang 的喜好，而 3 位经理用起来却不那么顺手。这 3 位经理的风格迥然：C 经理喜欢自己做战略思考，需要执行力极高的下属配合；L 经理喜欢"领导的感觉"；K 经理更像一位宽厚的家长。

在接下来的两年里，3 位经理招聘的新员工并不总是让 Zhang 满意，甚至有时相当不满意，但是 Zhang 还是强烈控制住自己要参与或提供建议的想法。结果是，3 位经理所带领的团队的业绩均持续提升。

故事二，找你主管谈，有问题再来找我。在初期建立团队时，所有成员都是直接向 Zhang 进行汇报的，在提拔和招聘数位经理后，很多人还是习惯性找 Zhang 谈事情，Zhang 也乐于做一些决定。过了一段时间，Zhang 发现几位经理好像对业务的帮助远远低于预期，经过一番反省，Zhang 意识到自己管理越界了。

于是在接下来的几个月，只要有人越级汇报，Zhang 就会说："你找你的主管谈一下吧，看看他怎么想，如果他给答案让你不满意、有问题，那时你再来找我"。状况很快有所好转，几位经理的领导力得到快速提升，业绩也明显得到提升。

业务决策充分授权。在采购领域，这点其实很难做到，原因大多在书里其他地方都提到了，这里不重复了。没有充分的业务授权，核心团队就成为一个执行团队，就不可能锻炼出领导力。例如，**会议授权**。对于非战略性会议，应尽量安排核心团队成员去参加，并且授权他们在会议中代表管理者做出决策或承诺。这个方法可以非常直接、有效地锻炼核心团队成员的现场反应能力、快速决策能力，以及全盘思维能力。

适当允许下属跨级汇报。很多管理者深谙层级汇报机制，凡是重要的事情都要求下属先汇报给自己，然后按照自己的方式去往上一级汇报。笔者的经验是在教会核心团队成员汇报的技巧和确保数据逻辑及准确性后，大可以放手让他们直接汇报，这样可以充分培养核心团队成员的沟通与决策能力。

传达绩效与特质要求。明确告诉核心团队成员你考察的重点不仅是他们所带的团队业绩好不好，还有他们带团队带得好不好，即员工是不是开心地工作、员工有没有持续保持学习和保持成长的状态、离职率高不高、战略与执行分工是否合理，以及能不能充分授权、部门应对未来挑战的潜力等。这是促使核心团队成员提高领导力的一个重要方法。

案例：Tom 的核心管理团队领导力评估法

Tom 倾向于用 3 个方面的指标来评估领导力，他不喜欢用很复杂的调查表或那些专家设计的非常复杂的领导力模型，于是他建立了自己的领导力评估模型。

	结果	员工满意度	分工	潜力	合计
占比	25%	25%	25%	25%	100%
满分	5	5	5	5	5.0
A主管	5	2	2	3	3.0
B主管	4	5	3	3	3.8
C主管	3	4	3	5	3.8

表中第一个 25%：看这个部门的业绩如何，如果业绩很好，符合企业的预期，那么这就是一个初步成功的部门。第二个 25%：看员工是不是开心地工作，员工有没有持续保持学习和保持成长的状态，部门离职率高不高。第三个 25%：看员工与管理者的分工，管理者以执行为主得 1～2 分；管理者以战略为主得 3～4 分；

管理者以支持为主，员工兼顾战略与执行，得 5 分。第四个 25%：评估部门的潜力，看部门能不能支持业务 3 倍的增长。

不管是给下属还是给领导打分，Tom 都采用这个模型。

管理团队之间的协同

采购管理专家 Lee 给笔者回复了一封邮件，用来回答笔者咨询他是如何在基本完全放手的情况下确保核心团队可以良好运作的：在一个核心管理团队的成员的个体领导力得到提升后，**管理团队之间的协同是保证核心团队领导力持续有效的关键**。鸟类群集行为有 3 个原则，这 3 个原则也是笔者所在的组织一直坚持的原则，笔者需要确保的是每个成员都遵守它们。

一个大的鸟群中会有数十万只鸟同时高速飞行，当它们碰到捕食者时，整个鸟群会在瞬间改变方向，却不会出现大规模碰撞。这体现了一种不依靠领导的指示和集中决策的协调性，所有鸟类都遵守 3 个原则，使得鸟群保持敏捷性和安全性。

内聚原则（不离群）：靠近同伴的平均位置（长距离吸引效应），个体趋向邻近个体。简单地说就是核心团队浑然一体，相互靠近。

分隔原则（不靠近）：避开拥挤的同伴，避免相互碰撞的趋势。这是短距离排斥效应。简单地说就是保持距离，各司其职。

对准原则（相互追随）：助推同伴（以及自己）以大群的方向前进，个体与相邻个体保持速度一致。简单地说就是目标一致，相互支援。

分隔原则
保持距离 各司其职
02

内聚原则
浑然一体 相互靠近
01

对准原则
目标一致 相互支援
03

协同三原则
来自鸟类的启示
不离群 不靠近 相互追随

行业专家说

案例：Anita 践行的核心团队成员的人才矩阵

Anita 说："我在搭建核心团队的时候会根据全脑模型来选择和提拔下属，特别是在经理层级，会践行《设计思维手册》里提到的一个人才矩阵概念，即一个优秀的管理团队应该具备 5 种人。"

- **智囊者**：其在逻辑、组织、空想、交流 4 个区域均衡，有较强的同理心和敏感度，能够感知团队内外的动态。
- **策划师**：其在逻辑、空想、组织 3 个方面比较强，在交流方面可能偏弱，能够对业务变化、组织变化做出合适的建议。
- **成功人士**：这里定义的成功是指能够把职责履行得很好，不需要强大的空想与交流能力，可以非常有逻辑和有组织地把工作做好，履行好职责。
- **梦想家**：其具备强大的空想能力，善于交流，逻辑和组织能力偏弱。对于这种人，很多管理者不喜欢，但非常重要，这是一个团队的未来之源，有梦想才有未来。虽然梦想家在部门的日常工作中可能无法体现出很高的价值，但用得好可以起到建立"隐形发动机"的作用。
- **创新者**：其拥有强大的空想能力，善于逻辑和交流，不善于组织。

重点：继任者就在这些人中产生，一个领导者一定不能害怕下属超越自己，要和下属一起成长，这样才能一直站在他的肩膀上。

这样一个团队搭建完成以后就是 "我不是一个人在战斗，而是团队在战斗！"

Anita 的这套人才矩阵逻辑如果确实做到了，则应该会看到这样一种情况：人人都是领导者，不同的人在不同的区域做领导者；有人告诉你哪里出问题了，该怎么办；有人可以做业务和组织策划；有人可以将业务执行得非常漂亮；有人可以给出组织的创新方法；还有人告诉大家未来在哪里，应该怎么走。

这些核心团队成员具备了优秀的领导力，成为这个团队真正的领导，而名义上的领导本质上就是做好他们的助理，这就够了。

总结：在第二阶段，采购部具备了强大的个体能力，抹平了认知鸿沟，建立了团队自信，然而团队并没有完全强大起来，因为其管理层尚未成熟。不过，在打造了核心团队及建立起核心团队领导力之后，重器已成。到达这个阶段后，采购管理者处于可以"不知有之"的状态，已经可以依赖于核心团队的力量来完成大部分的战略和战术采购工作了，达成建设高绩效的采购组织的第三个境界（或者目标）：砥柱中流，简洁有力。

（四）柔性建设：以变应变，百炼精钢

独孤九剑的第四个境界：木剑无滞，人剑合一，不役于剑之境。

我们在前 3 个阶段打造了利剑、巧剑和重剑，接下来应打造木剑——团队的驱动力和变革力。

第八剑　打造具有驱动力与变革力的团队

何为驱动力与变革力？这是一种能力，一种意愿，一种驱动和推进变革的力量。一个团队如果没有驱动力与变革力，那它就是一个混退休的团队，能完成日常工作就不错了，还提什么创新和创造价值。一个组织，必须具备优秀的驱动力与变革力，才能称得上可持续的组织。因此，采购管理者必须认真思考如何使组织产生驱动力与变革力。

以个体的未来制造驱动力与变革力

管理者应当以"个体的未来"为驱动力，提高团队的战斗力。为什么这么说呢？在如今的大环境中，有多少企业可以长青？又有多少员工可以在一家企业工作到退休？企业主和经理人缺乏足够的筹码去激励员工，在既无常青又无长情的今天，我们必须依赖"个体的未来"促使员工积极成长和提高团队的战斗力。

职业经理人必须认真思考，什么是员工真正需要的，如何创造条件让员工感受到更加美好的未来。与其强调更加美好的未来可能来自企业的发展，不如强调基于员工的成长带来的更多、更好的企业成长的可能性。

当团队成员能够充分感知到自己的成长及成长带来的新的可能性时，也就具备了驱动自我成长的能力，即**个体具备了驱动变革的意愿、自驱能力。**

采购是一份需要跨职能、多部门通力合作的工作，优秀的采购人员除"协调与请求"外，更多采用的是"驱动"，他们更善于利用企业战略来驱动各个部门通力协作，**这种人就具备驱动他人的能力。**

不自我革命，别人就会来革你的命

不管是面对乌卡时代还是日新月异的市场变化，只有具备强大驱动力和变革力的组织才能一直站在时代的浪潮之上，而大部分平庸的组织只能消极地等待变化的到来，或者疲于奔命。在动态变化的商业和社会环境中，**组织需要有能力面对各种变化与变革**（可以参照第七章）。

优秀的团队领导者既要驱动自我变革，也要驱动成员不停自我变革，不断走出一个又一个自己创造的舒适区，忘记身边的干扰，忘记企业的整体状况对部门的不良影响，全力关注自我与组织的成长和未来。**这就是主动自我变革的能力。只有具备了领先于组织变革的能力才能以不变应万变，甚至引领组织变革。**

第七章中展示了主动协同的案例，其中采购组织主动做出变革，就是自我驱动力与变革力发挥作用的结果。

总结： 强大的团队有了，团队自信有了，核心团队领导力有了，加上强大的驱动力和变革力，达到这层状态的采购部基本上就"人剑合一"了，就不再拘泥于武器和招数了。到了这个阶段，团队就具备了自我裂变的能力和顶级团队的潜力。这时，管理者管理好裂变的进程就是最重要的工作，达成建设高绩效的采购组织的第四个境界（或者目标）：以变应变，百炼精钢。

（五）潜力打造：精英辈出，青出于蓝

独孤九剑的第五个境界：无剑无招，剑气无形。

强大的团队有了，团队自信有了，核心团队领导力有了，加上强大的驱动力和变革力，**这时还需要源源不断的内力，即人才。人才梯队形成，御敌于无形。**

第九剑　继任者计划

为什么需要继任者计划？ 继任者计划是指，企业在发展过程中发现并培养未来的领导者与接班人，用以应对员工辞职、退休、被解雇、生病或死亡等不可避免的变化。

精明的领导者应该有计划地拟订继任者计划，这样才能确保重要岗位都有称职且优秀的人才接替，保持企业的核心竞争力，企业才能可持续发展。与此同时，对于员工来说，继任者计划让他们在企业内部找到向上流动的机会和通道，能极大地提振他们的信心和自主性。

采购管理的继任者计划

没有继任者的团队顶多算半支队伍。笔者认为继任者计划对于供应管理部门来说有下面几点价值。

首先，快速恢复团队的作战能力。采购团队中的骨干如果离职，则团队的整体作战能力可能会快速下滑。继任者计划可以让部门在骨干提出离职后马上提拔继任者，从容完成工作交接和接替，保持部门的竞争力。

其次，防止非专业人士借机转岗。由于采购管理的特殊性，经常出现其他部门员工积极寻求向采购部转岗机会的情况。不是说这些人不够优秀，而是在采购专业性方面他们可能需要很长的时间来提升。笔者的原则是，任何人都有机会转到采购部，但是必须从中层/底层历练上来，能做好其他事的人不一定能做好采购/供应链。

第三，平衡需要，职场忌讳"老子是唯一"的存在。一旦团队里有一个甚至多个不可取代的人，管理就会成为一个令人头疼的问题，"你"可以是最优秀的，但是不可以是"唯一"的；"我"可以给你相应价值的奖励，但不能被要挟。

最后，强大的部门继任者计划是企业的管理人才库。人一旦走上管理岗位，很多事情自然就通了，因为管理的本质都是一样的，一个强大的部门继任者计划意味着这些继任者不仅在部门内多了机会，在部门外及企业外也多了一些潜在的机会，间接为企业和社会培养了大量有潜力的"种子"。

许多人虽然深知继任者计划的重要性，但认真筹谋并将之付诸实践并非易事。根据笔者的访谈与观察，有如下几个原因：**企业不重视**，或者舍不得额外的成本，继任者计划在前期一定需要一定的人员数量冗余及更高的招聘标准；**领导者不愿意**，任何继任者计划的制订者都要面对一个问题："我"的继任者是谁，如果"我"培养了继任者，是否会威胁到"我"？**领导者不能**，培养一个继任者团队是需要很高的领导力作为基础的。

如何做好采购管理的继任者计划

最重要的事：继任者计划从"我"开始！一个好的团队，一个由"我"创建的、足够好的团队，应该好到"我"在的时候"不知有之"，即使"我"离开了，"我"的继任者依然能够带领团队继续前行。因此，除了团队足够强大，还要确保已经培养好了"我"的继任者。所以继任者计划应该从"我"开始。

未雨绸缪，越早越好，不要拖延。我们永远不知道明天可能会发生什么事情。继任者计划不是应对突发危机的管理方式，而是一种持续的、中长期的工作；物色或选定一位有前途的继任者后，还需要花费大量时间将他培养为既定职位的领导者。

有目的地培训，答疑解惑。没有人能一蹴而就成为继任者。在发现可塑人才后，领导者要设计分阶段目标、提供适合的培训机会、培养其优秀的思维，并根据采购管理者需要的硬技能和软技能在日常工作中有目的地对其进行训练。

逐步授权，随时准备好切换，在培养继任者的过程中，领导者可以逐步下放权力，就像前文"建立核心团队成员领导力"部分提到的要进行人事决策授权、人员管理授权、业务决策授权、跨级汇报授权、言传身教等，领导者在权力转移的过程中要逐渐习惯。继任者也可通过一段时间的自我测试，习惯担当大任的感觉，为将来的继任打好基础。

越开放越好，核心团队成员的继任者既可以从选定的潜力选手中选择（也不应忽视其他有前途的员工），也可以从外部选择。领导者前期应该抱着开放的心态，在广撒网的同时保持公平性。

积极反馈，传达战略，领导者应当及时反馈继任者候选人在日常工作中的表现时，适时给予鼓励和表扬，以增强其信心；在其做得不那么好的时候，及时指出，便于其做出调整。同时，定期、清晰地传达组织使命和当前企业的重点战略计划也非常重要，这样可以让候选人跟上组织的发展动态。

更多关于继任者的事（继任者风险），将在本书的第三部分介绍。

案例：不费吹灰之力完成的组织架构重组

Thomas 是空降的采购总监，其领导的直接采购团队中有 4 位采购主管，其中两位都比较"资深"，在公司工作的时间也都比较长，并兼任项目采购经理，采购部相当于倚重这两人的工作。

Thomas 经常开玩笑地对他们说："你们是部门的'不可替代'，命脉所在。"这两位采购主管都对晋升机会虎视眈眈，无奈 Thomas 在空降一年后已经站稳脚跟，取而代之无望。

在客户项目推进的关键时期，两位采购主管先后提出辞职，一时间采购部仿佛要崩塌了，项目有马上要停摆的风险，有人煽风点火，总经理和总部都恐慌不已，纷纷提出加薪/升职的建议，甚至已经在考虑从德国请团队支援一段时间了，内部也有人蠢蠢欲动。Thomas 却不慌不忙地说下周给他们方案。第二周，Thomas 在其智囊团的配合下拿出了一份继任者实施计划，并得到了总部和总经理的支持。

首先，采购组织整体需要重新评估和调整。
- 提供一份第三方薪资调查报告与目前部门的对比，建议全面加薪。
- 鉴于目前的高负荷及团队大调整，建议增加 4 个人以缓解员工的压力。

其次，解决离职采购主管的替代问题。
- 提拔现有的两位采购主管，将其升职为采购经理。经过一年的观察和培养，他们已经完全具备采购经理的能力。
- 招聘一位采购经理。采购总监推荐了两位候选人，并表示已经对他们进行了面试，他们分别可以在 4 周和 1 周内到岗。其中一位还有计划背景，可以解决目前项目计划混乱的状态。公司可以在这两位候选人中选一位。

最后，解决离职造成的痛点。
- 招聘一位技术采购工程师，填补离职采购主管的技术空缺。
- 借此机会，调整运营模式，由原来的项目采购升级到品类采购，提高采购专业度，同时解决由项目经理外行管理内行的问题。

Thomas 在一周内完成了部门重组审批，两位采购主管火速升职，新的采购经理在一周内到位，一个月后技术采购工程师也到位了。Thomas 不仅给部门多争取了 4 个人，还争取到了全面加薪的口头同意。

一系列在外部人员看来平淡无奇的动作轻松化解了"危机"，同时为解决长期以来采购决策混乱的问题做好了准备。

这让很多人感到惊讶，阴谋论者私下里说这肯定是 Thomas 策划好的。实际上之所以 Thomas 有这种谋划，是因为他有制订继任者计划的习惯，并且他每个月都会更新继任者计划 （一如他每个月都会更新自己的简历，以此来督促自己成长）。

内部培养一直在"雨露均沾"地推进着，每个人都有被手把手培训的机会，第二梯队的两位主管已基本准备就绪，且各有特色，可以同时厘清和细化品类管理。在外部，从半年前开始，Thomas 就通过猎头和朋友推荐，见过不下 10 个人，有 3 个人非常符合 Thomas 的要求，其中一个可以在 1 周内离职上岗。

案例：Thomas 的继任者计划

板凳原则

- 两层原则：继任者计划需要覆盖下属的下属。
- 激励直接下属成长，超越自己。
- 既要有深度，又要有宽度，核心岗位至少有 2 名继任者。
- 继任者需要被明确继任的前提是绩效与潜力。
- 给继任者创造组织之外的机会，避免人才浪费。

三层培养目标

- 采购经理要达到平行部门负责人的水平，以超越总监为目标。
- 采购工程师要有战略高度，以接近经理级的水平为目标。
- 采购人员要锻炼寻源思维，以达到采购工程师的水平为目标。

小乔说要笑死了

有一天，一个下属辞职了。小乔问 Thomas："该怎么办？"Thomas 不假思索地说："让小李顶上啊！"

小乔接着连环追命式地问："这么简单吗？**那罗总走了怎么办？**"

Thomas 回答："让 Eric 顶上啊！"小乔问："那 **Eric 走了呢？**"Thomas 回答："让小肖顶上啊！"小乔问："那**李总走了呢？**"Thomas 回答："让小王顶上啊！"……小乔最后问一句："**那我走了呢？**"Thomas 回答："让用户顶上啊，他们不是说采购很简单吗？"

Tips　选人记得荤素搭配，不要让一群人都是你的风格！
没有继任者的团队顶多算半支队伍！

总结：一个强大的、有能力的、有自信的、具备核心团队领导力的，且具备极其强大的驱动力和变革力的团队已经形成，但是如果没有绵绵不断的内力做支撑，则其依然存在随时无力的风险。

有了强大的继任者计划，就有了源源不断的人才梯队，就可以以"绵绵不绝的剑气御敌于无形"。到了这个阶段，管理者就可以聚焦于企业与采购战略层面上了，基本上可以做到无为而治，达成**建设高绩效的采购组织的第五个境界（目标）：精英辈出，青出于蓝。**

【火箭理论总结】

以领导力为推力，通过实施五大步、九小步来提升员工能力、员工思维、员工治理与组织能力，以及组织可持续性，从而建设高绩效的采购组织。

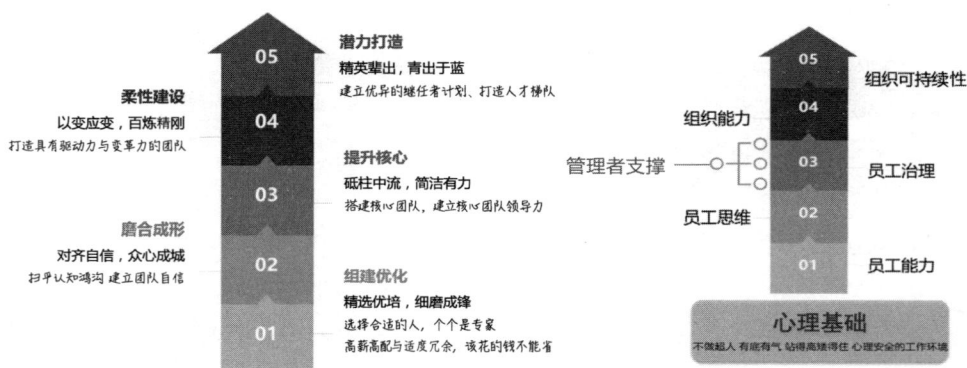

【注意】必须满足未来需要

业务并不是我们今天做什么，而是我们如何为明天做准备。——戴维·尤里奇

采购管理者的核心价值是构建战略与组织能力，但这还不够，这些战略与组织能力在覆盖目前需求的前提下，还要满足未来需要。在前文很多地方也都提及了对未来需求的准备，如潜力打造和柔性建设等。但是笔者觉得还是有必要再强调一下"满足未来需要"的重要性。

一个团队能否面对未来的挑战是其是否具有更高竞争力的表现，这也是采购管理者工作的结果，却常常被忽视，就像我们在"四注视一忽视"提到的忽视长期价值。

案例：Anita 说采购部不需要加人

在前一段时间的年度回顾和展望讨论会议上，大多数部门都提出了人员补充的需求。这些需求分析大多基于目前的业务和人员能力数量。毛估整个公司人数需要新增 20%～30%，这基本上是"不能承受之重"，管理层尝试对各种人员进行腾转挪移，希望可以尽量减少人员增加的比例，如培养多面手以保证忙闲互济、提高效率等，却始终找不出一个均衡有效的解决方案。

只有采购总监 Anita 稳如泰山。有人问："如果明年业绩增长 3 倍，采购部是否需要增加人手？"Anita 淡定地回答："不需要，即使业绩增长 5 倍，采购部也不需要增加人手，他们能够及时做出调整以应对增长，这取决于能力储备而不是人员数量的储备。但这并不意味着采购部目前人手严重过剩，目前大约有 10%的缓冲区，也就是说即使业绩变差了，也没有大幅减员的空间。"

有人问："那目前的供应商布局可以支持吗？"Anita 回答："没有问题，过去3 年的供应商布局就是为了应对业绩跳跃式增长。"

Anita 之前一直被质疑采购部人员太多，面对这种质疑，回应或不回应都不对，因为很多人很难理解"为未来做准备是管理者的重要职责之一"。多数人还停留在要么根据业务即刻增加或减少人员的维度，要么减少人员为公司节约成本，要么人越多越好的思考高度。

我们来回顾一下前文的一些案例，看看这些采购管理者是怎么做的。

在"'什么都不干'的采购总监"中，采购总监说："我的团队布局是按照企业规模的 10 倍来规划的，我的供应基础建设是按照业务规模放大 5 倍来准备的，而我自己在这家公司的布局是按照劳动合同的签订时间——3 年来规划的。因此，我必须在快赢与企业长期利益及价值之间做出很好的平衡。"

在"Thomas 眼中的优秀采购组织"中，Thomas 说："团队要有能承受现有采购任务 10 倍以上的能力，这就是标准。"承受 10 倍的采购任务，包含了多个层面的要求，团队要准备好面对业务持续增长的能力与资源，供应商基础要有足够的广度和深度，最后是团队对企业的期许。

"Tom 的核心管理团队领导力评估法"中提出：评估部门的潜力，就看部门能不能支持业务 3 倍的增长。在后面的"采购总监帮助小供应商融资"和"独特供应链与供应商帮扶计划"案例中，采购管理者的这些举措都是在为满足企业的未来需要做积极的准备。

还有许多案例中都体现了采购管理者在打造团队时非常关注团队的可持续性、柔韧性及继任者计划等，这些都是在为满足企业的未来需要做准备。

什么是未来需要

未来需要包括了多个层次，前面提的大部分都是业务快速增长的需求。除此之外还有很多未来的挑战，如下所述。

未来预测：对企业中长期业绩变化的预测通常会反映在企业规划上，而采购组织也需要对业绩做出自己的预测。作为供应链的核心职能部门，采购部掌握了大量的市场、供应链和企业信息，有能力也必须进行独立思考。

企业业务变化：企业业务模式和方向可能发生根本性的变化。

业务可持续性风险：供应商会发生业务调整，环保合规风险可能会增加，业务政策和市场导向可能会发生重大变化等。

组织可能发生的变化：核心团队成员可能随时离开带来的业务冲击，团队成员的个性特点越来越强烈，最高管理者会随时离开带来的整体战略调整冲击等。

戴维·尤里奇在《赢在组织》一书中对组织业务的四大因素进行了非常精辟的总结，包括商业环境（社会、技术、环境、政治、经济及人口）、变革速度加速（VUCA易变、不确定、复杂、模糊）、利益相关者的期望，以及个人的环境（更激进、个人化、孤立、冷漠、即时满足、小圈子的特点）。

采购管理者需要围绕着这些方面进行布局准备。

准备什么，挑战在哪里

"现在就要满足未来的需要"。采购管理者必须带领团队为采购组织做好准备，而不能等着未来到来之后再采取行动。采购组织**主要在两个方面做好准备，即战略层面和组织能力**（参考第四章中的"管理者的核心责任与价值"）。

在战略层面，采购战略包括供应商关系战略、品类战略等上保持与"采购部自己预测"，以及"企业级预测"的一致性（笔者更相信采购部的预测），保持供应链的整体弹性和冗余等。简单地说，供应基础布局要符合企业的未来需要。

在组织能力上，包括人的数量、质量、能力、人员稳定性与满意度、内部协同能力、组织结构、运作模式等方面都需要考虑未来的需要。

然而要做好这些准备还是要面临很多挑战，如下所述。

- **管理者自相矛盾**。很多最高管理者喜欢"乐观预测、中性规划，悲观管理"，即预测未来的时候非常乐观，传递非常积极的信号；在做规划的时候趋向于"谨慎的"乐观（中性）；在做预算的时候采取悲观的预测，或者表现出"长期看好，中期看平，短期看空"的弱定力，这本质上就是没有信心的"吹牛"表现。

- **企业整体规划能力问题**。这主要体现为不确定性极高的业绩预测。比如，没有基于科学预测法和"拍脑袋"等，这在企业中很常见。

- **规划与实施的滞后性**。很多人（企业主或职业经理人）在规划时都信心满满（或者表现得信心满满），在实施规划时却会慢几拍，希望在真正看到曙光时再决定要投资，但这个时候通常就太迟了。

这些挑战考验的是采购管理者的定力和领导力。

怎么办？往下翻或往回翻都可以。

附件 2：Thomas **说可以让工作更有现实意义**

我们善于利用企业资源来激励员工，如升职、加薪等，然而效果却没有预期的那么理想，因为我们把结果当成了动机。另外，管理者的资源有限，一不小心激励就成了画饼或争宠秀了。更高级的当众赞赏或表彰也有明显的边界效应。

"胡萝卜与大棒"已成为很多管理者的组合拳，我们也逐渐知道了威逼利诱只会带来恐惧与诱惑，而不能带来自主的内在驱动力，终究不可持续。

耶鲁大学教授艾米·瑞斯尼基将工作取向定义为 3 个层次：**一份工作**（从工作中获得报酬，以支持他们的经济需求，无所谓职责仅关乎生计）、**一份事业**（更关注与"成功"或"声望"有关的因素，成长和晋升空间更具吸引力）、**一份使命**（将工作当成使命，改变世界，是自我表达和自我实现）。

我们都希望自己的工作有意义，而现实中很少有企业能够真正让员工感受到自己的工作与企业的使命紧密联系。**管理者面临的一个重大挑战是创造出一个目标——一个能够使员工有抱负，可以在提高员工的幸福感的同时还能提高生产效率的目标。**

让团队的工作更有现实意义

对于采购管理者来说，创造一个使命既不现实也没有意义。采购管理者的能力、权力、资源、眼界都有限，且大多时候他自己也不清楚这份工作的使命何在，就像"企业文化挑战"一样。采购人员可能是世界上对"现实"最有感触的人群之一，使命感满满的宣言加上布道式的"洗脑"，恐怕于采购人员并没有太大的意义。

在笔者与采购专家们讨论这个话题时，有人脱口而出：**别扯没用的！**

没错！说点有用的，让大家的工作更有现实意义，也就是下文所说的"以个体未来制造驱动力与变革力""以个体未来驱动团队战斗力"。这种现实意义包括：**初始意义**（管理者为大家争取更高的薪酬、更好的福利、更好的生活与工作平衡，以及让未来拥有更多可能的成长机会），**进阶意义**（支持伙伴的职业规划，建立工作与个人成长的紧密联系，在烦琐的工作中提升个人的能力与价值，以支持未来的事业发展），**价值意义**（不要说我们的工作真的能改变社会，这种意义太重大且不好把握，更简单明了的意义在于通过工作让身边的同事更有价值、让供应商更有价值、让供应链职能在企业中发挥更高的价值，最终将推动个人价值的提升）。这种现实意义符合实用主义。

个人现实意义与企业现实意义并不矛盾

案例：采购部的薪水翻番计划

Thomas 4 年前作为采购总监加入公司。

当时采购部山头林立，扯皮、争执、本位主义，以及办公室政治、争地盘、打小报告等层出不穷；部门内充斥着沮丧、压力和失望。该公司的业绩不算太糟糕，但是绝对不能说好，成本下不来，交货不及时，质量不稳定。很多人抱怨薪资不高，上升空间有限。

部门之间互相推诿、互相指责，协同要靠最高管理层的强势干预，员工公开在办公室投简历和接打面试电话……严重的部门壁垒存在于整个公司。半年后，Thomas 觉得已做好解决内部问题的准备，便召开了一场正式、"非具体"的部门会议，会议的主题是"我们的未来在哪里"。

第一阶段，不记名调查，结果如下。

- 如果得到了一份薪水与职位相同的 Offer，你会选择离开吗？**29%选择离开。**
- 如果你得到一份升值 Offer，加薪 30%，你会选择离开吗？**57%选择离开。**
- 您理想中的采购部门的关键特征是什么？**专业/强大/团结/开放/协作。**
- 采购部面临的主要问题是什么？管理/流程/协作/待遇/专业性。
- 我和同事怎么做才能让我们成为一个理想的部门？**提高效率/改善沟通/优化分工/提高待遇。**
- 你对主管的期望是什么？明确组织结构/明确分工/开放/民主/增强沟通/分享经验/资源配置/加薪。
- **你对管理层的期望是什么？** A.慢下来，控制节奏，理性务实；B.减少会议，提

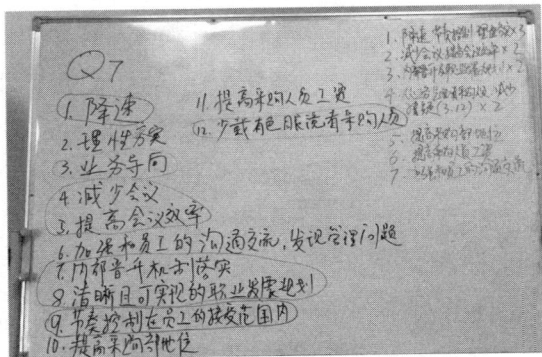

高效率；C.内部晋升和职业发展路径；D.关注采购的能力水平，减少猜忌。

第二阶段，Thomas 做了一段演说："看得出来，大家对现状不是很满意，也对我和管理层提出了很多具体的挑战，我会与管理层沟通，也会在后续工作中针对这些问题做出积极改善。"

Thomas 说："我们先聊聊大家关注的薪酬待遇，公司的制度/薪酬体系在短时间内难以改变；大家目前的薪水也符合市场行情，至少不会达到下限。现向大家提出一个问题，即如果减员或者公司决定关闭中国业务，**您找工作要多长时间？能找到薪水为多少的工作？**"会议室一片寂静，估计大家没有想到 Thomas 会提这么有挑战性的问题。

Thomas 接着说："你的个人目标是什么？你希望在 1 年/2 年/3 年后可以找到一份什么样的新工作？"他喝了口水继续说："我的目标是 3 年后，找到一份总经理的工作，薪水为 100 万元/年！"接着他请每个人都说说。

第二阶段结束的时候，每个人都说出了对未来 3~5 年的职位和薪资期望，大部分人既兴奋又有一些怀疑：虽然目标很美好，但是应该怎么做到呢？

第三阶段，Thomas 做开场白："大家对于前面两个阶段还有什么想说的？"Nicolas 说："问题清楚了，目标也有了，怎么做呢？你给我们培训吗？"其他人也说："老板给我们多加点薪水吧"……

"那我们就从可以改变的地方入手，关注点放在部门内提升以及如何提升个人价值！"Thomas 微笑着问大家，"大家觉得个人价值是什么决定的？抛开行业/职业差异。""学历""工作背景""专业水平""公司的薪水水平""公司盈利能力"……小罗举手示意了一下说："因为我们所在的行业规模不大，所以口碑很重要。"

"太好了！"Thomas 站起来说，并在白板上写下一行字：**个人价值与公司价值**。

第四阶段，Thomas 说："那我们设置个主题目标吧！我提议，**3 年价值翻番**！"会议室里一片笑声，既有开心的，也有带着嘲笑的……Thomas 不慌不急地说："如果我们做到这几点，薪水翻番就很容易了！"他在白板上写下 4 行字：

- 打造行业最强的采购团队（团队目标）；
- 成为公司专业度最高的团队（个人与团队专业化）；
- 为公司创造 30%的额外净利润（价值体现）；
- 做供应商喜欢的采购方（可持续供应管理）。

这回大家好像信了，休息的时候三五成群地聚在一起讨论着……大家休息回来的时候，Thomas 已经在白板上画了一幅大图，他详细介绍了通过个人能力/部门能力与业绩/企业业绩/个人品牌与企业品牌融合的"3 年薪水翻番计划"。

Thomas 说："在未来的 3 个月，我会与每个人进行职业规划/工作安排沟通，制订可行的翻番计划，部门也将完成组织架构调整，更新采购战略。以后每次开部门会议时，我们都以这个图开头，来看看每个点的提升状况。"

这也将作为 Thomas 自己的业绩考核目标，如果大家愿意跟进这个计划，3 年后找不到这么高薪水的工作，Thomas 负责为他们推荐工作。

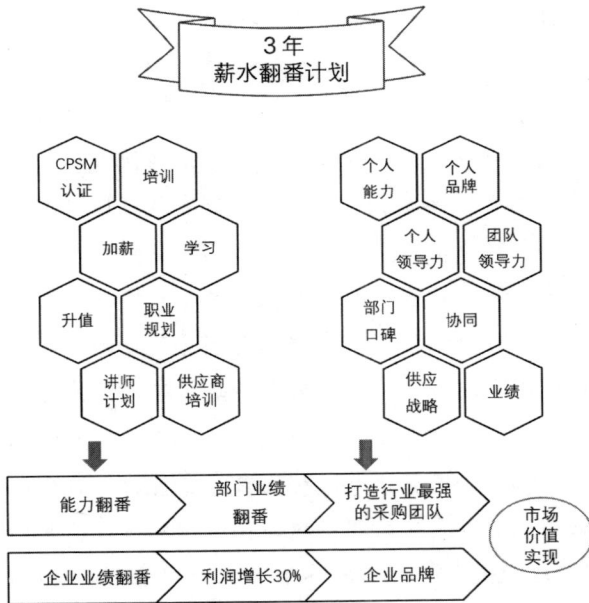

欲知后事如何，且看书中其他部分，以及笔者的第二本书《采购人的价值实现》。

附件 3：他山之石：领导者的责任

建设高绩效的采购组织的第一关键要素应该就是领导者的责任。他山之石可以攻玉，我们来看看 Thomas、Mr.Z、Mr.Y 这 3 位管理者是怎么看待"领导者"，以及如何做的。

案例：采购部是怎么做到的—2

新任总经理 ZAM 最近百思不得其解，经常问员工："采购部是怎么做到的？"

为什么采购总监 Thomas 好像没怎么干活，可他团队里的人却可以死命干活？别人问采购总监一件事情，他总是找一个下属来回答。为什么采购部的员工都不来找总经理抱怨，也不来找总经理提要求？为什么其他部门的离职率居高不下，而采购部的人员那么稳定？常规项目 7 个月能完成就不错了，他们为什么用四五个月就做完了呢？怎么觉得采购部完成工作像用淘宝购物一样简单？为什么采购部的人底气都那么足？他们好像不怎么理我？也不来找我？

其实答案很简单。Thomas 说："在薪酬范围内找最好的人，充分授权，把团队成员视为我的真正客户，培养核心团队成员的领导力，关注每个人的未来。"

Thomas 关心每个人的未来，是在组织内还是组织外？是横向还是纵向？在与供应商的合作中，如何在实现双赢的同时使自身在行业的口碑和价值同步得到提升？采购部中的每个人都有明确的职业规划，他们知道自己做的每件事对自己的未来都可能会有帮助。Thomas 也不忌讳下属"抛头露面"，因为他很自信，优秀的下属之所以称得上优秀，是因为他们有一个优秀的领导。让下属发光的同时，领导自身的价值也会得到体现。下属也很清楚自己的敌人不是领导，冲击新的职业高峰的关键是自己能不能快速成长。

Thomas 不仅会分享他成功的事情，还会分享他失败的案例，以及在公司受挫的事情，以帮助下属了解实际状况和避免掉坑。

在公司平均离职率近 40%、有些部门甚至超过 50% 的情况下，采购部全年只有 1 个人离职，离职率只有 7.69%。

【解读】承认自己的不足与失败并总结经验，培养心理安全的工作环境；以员工为核心，以个体未来驱动团队战斗力；关注人而不是事，成员强大了，团队强大了，事情就好办了。

案例：Mr.Z 说，做个 "13 点" 的领导

我总结了自己多年的经验与教训，反思自己犯过的无数错误，我整理了我的团队合作 "13 点" 经验，因为都是日常的做法，也没有多高深的理论，所以干脆命名为 **"做个'13 点'的领导"** 吧。

1. 付能付得起的最高的薪资，用最好的人。
2. 你在你的领域一定比我牛！
3. 我不知道但你知道的，如果有必要，那么我可以很快学会。
4. 你想怎么做？为什么？需要我做什么？
5. 报告你来写，我帮你改，写你的名字。
6. 这个事情你总结一下，写下来。
7. 你行的，挑战一下更难的事，有锅我背。
8. 把活干好了是你的责任，支持是我的责任。
9. 超过我，然后取代我，这是你的目标。
10. 下属之间要主动协作与互相支援，绝不允许互相拆台。
11. 我可能给不了你现在想要的，但我支持你努力为未来做准备。
12. 你的加薪升职是我的责任，我的加薪升职看老板的心情。
13. 感谢您为工作，为部门，为公司所做的努力。

【解读】做好领导才能领导好。鼓励和支持员工完成工作，管理者也同时完成了自己的任务；为员工设置一个明确的成长标杆，画出成长路径；管理者勇于授权与 "背锅"，创造心理安全的工作环境；既有宏观的指引也有微观的具体工作指导；明确表示感谢。

Tips

管理者经常犯的毛病是不说人话。

采购管理很简单：放权，授权，支援，培养人，找到未来，适度管理。

"分权与授权" 才能引发学习动机，从而无为而治。——彼得·德鲁克

"13 点" 是上海人的一种习惯用语，主要用于表示某人 "不清醒"。在实际生活中，"13" 和 "13 点" 是有区别的，对于一般痴头怪脑、愚昧无知只说 "13"，而 "13 点" 属于恶劣词语，常用来骂人并强调对方大脑有严重问题，有时也会在朋友之间互相开玩笑用。

案例："Y 理斜说"之八字真经

Mr.Y 是一个"70 后"，他带着一帮"70 后""80 后""90 后"在一家规模不算大的外资企业做事。

在 Mr.Y 的团队里，每一个招聘进来的人的薪资放在市场上都不算出类拔萃，但团队凝聚力特别强。Mr.Y 基本上不怎么做事，而他的下属做事都很卖命。Mr.Y 基本上一个命令下去就不管了，团队就把事干得漂漂亮亮，以至于其他部门领导都觉得很奇怪。Mr.Y 在每家公司好像都是这样子的，笔者问过他有什么诀窍。他说："没什么，我就做好八个字就行了——**诚实，带人，平等，自由。**"

诚实就是，我有什么就给你什么，我没有什么也不瞒着你。

在我的能力范围内，我一定会倾尽全力帮你向老板争取，因为这是你应得的利益。我也明白你的需求，大家都有需求。我不能许诺你一个光明的未来，但我会帮你指出工作中的关键错误，告诉你有哪些窍门能够解决当前的难题，在你需要帮助的时候不会不管不顾。

虽然我给不了你很高的工资，但我可以把自己的工作经验和技巧倾囊相授。因为我知道，你学会了能帮我搞定很多事情。你有成就感，我也更轻松。虽然我给不了你更高的职位，但是我现在教你的知识和做事方法可以帮你找到更好的工作。机会来了，我就推你上去。**这是带人。**

和下属平等对话。这种平等，不是站在一个讲台上侃侃而谈，更不是"爹味"十足地教你如何成功。这种平等，是有一说一，是摒弃套路之后的真诚。**这是平等。**

只要没有脱离公司的规则框架，下属就可以自由地对自己负责的区域做出决策，根据需要安排自己的工作时间。用一句话总结就是，怎么做是你的事，结果由你负责。**这是自由。**

【解读】朴素的言语，基于人性洞察，构筑最有效的管理，真诚是最好的管理。

案例：Thomas 的 8/2/1 原则

我觉得最重要的是"人"，在采购团队人员配备上我一直坚持几个原则。

原则一：把最合适的人放在最合适的位置上。核心岗位坚持"不将就"原则，必须找到最合适的人选，合适的人必须是有采购天赋的人。

原则二：第一条如果不能满足，找最有潜力的人来培养成合适的人。

原则三：8/2/1 原则，团队中 80% 的人是人才，他们自己决定要怎么干；20%

的人是支持角色，他们要有成长为 80% 的潜力；我就是大家的助理，

【解读】先人后事，找最合适的人，个人的特性、天赋比知识、技能更重要。在团队中要遵循人员二八原则，领导者要扮演好助理的角色！

影响笔者的几个重要理念（代总结）

在毕业后的前十年，笔者先后在戴尔中国和惠普工作过。这两家美资企业都有着类似的特点，在离开这两家公司多年并且多次带领团队后，笔者才意识到有几点企业文化对自己的影响特别大。

- **员工是公司最重要的资产。**就像《笑着离开惠普》所说的，优秀的员工是公司最重要的资产，一家公司要想持续健康地发展，在选拔人才方面必须下大力气。所以，与许多公司不同，惠普的管理层总是把招聘人这件事排在所有事务之前，把选拔人才当成头等大事，不仅重视，甚至渴望发现人才。

- **领导是助理。**笔者的一位前同事讲过一个故事，她说她以前最喜欢的一位外籍老板，这位老板对下属说得最多的就是"What can I do for you"，不管是工作上还是员工生活上碰到难题，这位老板都愿意提供帮助。

- **员工总会犯错误。**因为我们相信员工的同时也深知员工总会犯错误，而这种错误是企业必须承担的风险成本，作为领导，他们要做的事是事前做到风险提醒，事后帮助员工进行总结与改进。

- **成功属于团队。**团队成功才是真的成功，领导不应推崇个人英雄主义，甚至反对领导者的英雄主义，因为一家企业要长远发展，靠的是团队和文化，而不是个别特别优秀的管理者。

- **优秀的管理者：不是领导，而是教练，最好是助理。**能带好一个团队，悉心培养部下，最大程度地发挥团队力量的人，才被认为是真正优秀的管理者。就像《笑着离开惠普》这本书中所说的："真正优秀的管理者一定是愿意与大家分享自己的知识和经验的人，而不是把持知识、控制信息的人。"

这些理念对笔者影响深远，让笔者在真正走上管理岗位后会对员工和团队存在敬畏之心。笔者在 10 多年采购与供应管理的职业道路上一直坚持的原则：**寻找和培养优秀的人才，将他们组成优秀的团队，致力于打造高绩效的组织，这就是管理者的第一核心。**

第六章
可持续供应管理战略

将优秀的人才组成一个团队，然后打造一个高绩效的组织，下一步就要知道我们要做什么、什么是对的事情。对于采购组织来说，下一步就是确认供应管理战略。

那么，供应管理战略的关键是什么？是成本、质量、保证供应，还是社会责任？都有关系，但最重要的是可持续！

今年的低成本明年还能做到吗？现在的供应商质量水平可以稳定持续吗？供应商会不会倒闭？供应商会不会因为环保和合规问题受到处罚进而影响交付及企业的声誉？……

一、"既要—又要—还要"是采购的最大挑战

既要更好，又要更快，还要更便宜

前文介绍，采购管理三陷阱的第一条是追求不可能三角形，即又好、又快、又便宜。很多领导将这 3 个标准作为制胜宝典，这成了采购与供应链最大的挑战。

老板不知道！ 你的老板（或你的客户）很好、很聪明、很投入，但你的老板不知道"又好、又快、又便宜"模型。这不是老板的错，他们期待一切，他们要求一切，他们需要一切。他们想要它又好、又快、又便宜。再说一遍，这不是他们的错。

他们不知道的是，想要它又好又快需要很多资源，甚至可能是稀缺的资源，那么它会很贵；如果想要它又好又便宜，则需要很多时间，甚至可能比你允许的

时间还要久，它会很慢；如果想要它又便宜又快，那么它的质量一定不是重点。你可以拥有其中两条，但你不能同时拥有这 3 条，这就是古老的营销黄金法则，被称为"不可能三角形"。这个逻辑对卖方适用，对买方同样适用。

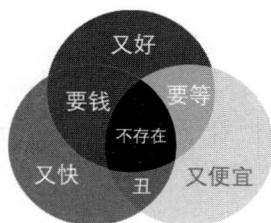

老板知道！他们懂！老板和客户都懂这个不可能三角形，他们只是常常犯一个错误或者说他们常常忘记了他们对同一件事物在不同时间分别提了不同的要求，而且每回都振振有词，而这恰恰组成了一个不可能三角形。他们只是忽视了或高估了一家企业/一款产品/一个团队的柔韧性而已，或者不知道自己真正想要的是什么。

真的不可能？可以实现！放弃可持续就可以了。改革开放近 40 年给大部分人一种错觉——在中国你永远可以找到又好、又快、又便宜的供应渠道。采购人员要是敢跟老板说这个不可能三角形，老板马上就会吩咐其他人去找来给他看看，从而证明他错了！所以采购人员通常都不说，老板要什么都可以给他找来，出了问题再说，反正最后吃亏的是老板。

时间往回看 10～15 年确实如此，那时还有很多资源没有被开发出来，很多资本还在涌入中低端制造业，那时还有中西部地区对低附加值产业垂涎欲滴而产生的成本地区差异，还有很多人口红利尚未挖掘……现在呢？

以大家日常经常接触的电商为例。

淘宝打败亚马逊等国外电商，吃的是中国信息和物流快速发展的红利；这个红利京东也能吃到，于是京东的快速交付和售后服务基本打败了淘宝，催生了天猫；拼多多则是获取了消费降级和年轻消费者崛起的红利。那么这几家电商谁做到了又快、又好、又便宜？都没有！要么产品质量参差不齐，要么价格开始大幅上涨，要么售后没有保障。

为什么这些电商早期可以做到又好、又快、又便宜？那是因为他们要通过"烧钱"把消费者吸引到他们的平台，一旦完成这个阶段进入盈利阶段，就要进行成本核算了，消费者前面占的便宜就要还回去了。到了 2023 年，电商的价格很多都超过了实体。

为什么？资本是用来赚钱的，而不是单纯用来为消费者服务的。要做到又好、又快、又便宜，这些电商的供应商（资本）？如何盈利？投资电商平台的资本如何盈利？

一旦企业开始追求完成不可能三角形，就意味着企业放弃可持续或者说将可持续供应风险无限放大了，**可持续供应风险就成为企业的最大风险。**也就是说，你可以在一段时间内得到又好、又快、又便宜的供应商，很快这些供应商就会掉头离去，而企业需要付出更高的代价去寻找真正合适的供应商。

【说明】这一章注定"虎头蛇尾"。一个企业的可持续供应管理战略，在很大程度上决定了采购与供应链部门对可持续战略的理解和实施。

可持续供应管理是一个非常大的命题，虽然我们把它定义为供应管理四大核心之一，但事实上大多数企业的采购团队很难做出多少贡献。然而，采购人员必须时刻要有这根弦，这将影响从寻源到 P2P，再到供应商关系管理的方方面面。我们更倾向于通过几个实际案例，以及在采购可实施的范围内分享如何在能力可及的范围内做好可持续供应管理。

案例：小李说，我那"又好、又快、又便宜"的老板

这不是一个笑话，而是一个真实的案例。

我曾经的老板，在给客户报价时就死命压采购成本，强调成本第一；当客户投诉时，就强调质量第一、品牌口碑第一；拿了订单就开始死命压交期，强调交期第一。一旦采购人员和他说不可能三角形，老板就说价格做不到那就换供应商、质量做不好就扣供应商货款、交期达不到采购就去死磕供应商。

最后采购人员一看，不就是同时要最好的价格、最好的产品、最快的交货嘛，这不可能可持续啊！老板却说公司拿不到订单就活不下去了。过了一阵儿，我再跟老板再强调可持续时，老板笑了笑说："我知道啊，但我也不会持续在这里做总经理。"

我终于搞明白了，原来"不可能三角形"是可以实现的，只要放弃可持续就行了。我很想问老板能不能找一个又好、又快、又便宜的总经理。

二、接地气的可持续供应管理

"高大上"的可持续供应管理（可跳过）

谈到可持续，通常会涉及几个名词，如 SDG（全球可持续发展目标）、社会责

任、绿色供应链/可持续供应链、ESG（环境、社会和治理）、有"目的"的采购等，大多是从价值观、战略的角度思考，从社会、资源、环境、责任等角度进行讨论。*Procurement with Propose*（《有目的的采购》），《供应链变革：构建可持续的卓越能力与绩效》等书中对此都有非常精彩的论述。

《有目的的采购》一书提出，有目的的采购旨在利用企业和公共部门等组织与供应商的支出来推动更广泛的环境、社会及经济利益，而不是简单地支持支出组织的短期内部目标。在过去几年中，它在许多组织中变得更加重要和优先，并成为全球数百万人的真正兴趣所在。有目的的采购带来的潜在好处是企业和公共部门等组织可以使用其在第三方身上花费的钱来影响这些供应商的行为，这可能会对与其目的相关的所有环境、社会和经济问题产生影响。在大多数情况下，组织通过与供应链合作并通过其供应链产生的影响远远大于单纯通过内部行动所能产生的影响。

许建于和田宇在《基于企业社会责任的可持续供应链风险评价以汽车行业为例》一文中提到：现代企业的竞争由企业间的品牌竞争转为供应链之间的竞争。在可持续供应链管理中，企业承担社会责任是提高企业竞争优势、顺应社会责任指南标准化趋势的必然要求。可持续供应链中企业社会责任的复杂性，因果关系暧昧性和历史变化性使得社会责任实践存在一些困难。为了对可持续供应链管理中的企业社会责任进行有效治理，我们须在可持续供应链中纳入企业社会责任共同治理标准，对企业社会责任进行风险评价、监督与管理。

这些"高大上"的理念或实践不是本节的主要内容，本书更关注接地气的、与采购日常高关联度的内容。

接地气的可持续供应管理

下面让我们通过一个案例来看看什么是接地气的可持续供应管理。在 2017 年的环保风暴中，汽车行业中的一家小型配套企业因为环保不达标被关停后，一家 500 强汽车零部件企业向政府发出了求助函。

案例：紧急求助函

上海市经济和信息化委员会、上海市浦东新区人民政府、上海市嘉定区人民政府：

舍弗勒集团大中华区（我司）是总部落户在上海国际汽车城的一家大型汽车

动力总成关键零部件生产企业，年销售额超过 180 亿元……

……上海界龙金属拉丝有限公司（简称界龙）……是目前我司在使用的滚针原材料的唯一供应商。这些不同尺寸的滚针广泛地应用于我司的大量动力总成产品之中……由于环保方面的原因，上海市浦东新区川沙新镇人民政府已对界龙自2017 年 9 月 10 日起实施了"断电停产，拆除相关生产设备"的决定。

……滚针的断货将导致我司 49 家汽车整车厂的 200 多个车型从 9 月 19 日开始陆续全面停产，其中在浦东生产的上汽通用凯迪拉克和别克品牌的几个车型将会首当其冲……滚针虽小，但是一旦出现质量问题，就有可能导致自动变速箱爆裂等安全事故……

由于我们在很多总成产品上享有专有技术并且独家供货，而切换新的供应商至少需要 3 个月左右的时间进行技术质量认可和量产准备。其间，滚针的供货缺口估计将会超过 1500 吨。理论上这将造成中国汽车减产 300 多万辆，相当于损失3000 亿元的产值，局势十万火急。

……万般无奈之下，我司恳请有关政府部门在不违反相关环保法律法规的前提下，允许界龙继续为我司提供 3 个月的冷拔钢丝服务，以保证我司进行供应商切换所必需的准备时间。

此致敬礼！

舍弗勒集团大中华区 CEO
2017 年 9 月 14 日

上述案例很有意思，一家 500 强企业被一家小型配套企业"卡脖子"，并且影响到了许多整车厂的供应安全。看起来很可笑，但这就是真实的供应链风险。

此事件在互联网上引起了巨大的争议，众说纷纭。笔者了解到舍弗勒集团在可持续性和社会责任方面一直做得很好，此事件应该是舍弗勒部分供应链的可持续性风险点爆发所导致的。

企业要想取得持久竞争优势，就必须走可持续经营之路。在社会分工细到毛细血管的今天，在某种程度上，**可持续供应管理能力=可持续经营能力**。但我们更多从一个普通采购人员的日常工作的角度来看待可持续供应管理。

在我国目前的经济形势下，如何提高企业的可持续供应管理水平已经是摆在企业管理者面前的一项重大课题。企业战略的描述通常非常完美，然而在日常工作中，我们经常简单地将"可持续供应"理解为"保供应"或"供应有保障"等。

采购人员的日常工作通常围绕着几个绩效指标，如交付绩效、质量指标、成本指标、服务水平等，却很少涉及供应管理战略里的供应可持续性，因为这个话题有点"烦人"。

近几年，采购人员的压力越来越大，直观表现就是，客户的选择性越来越强，议价能力也越来越强，自然产品售价也越来越低，而我们的供应商却在不停地涨价。更为严峻的是，很多产品的可得性不仅没有提高，反而更低了。

新冠疫情下的供应链状况紧张让每个采购人员认识到，看似简单的供应链原来如此复杂，而看似可靠的供应链体系原来如此不堪一击，如一种常规的基础电子元器件的交期可以从 2 个月延长到 8 个月甚至 12 个月，看似强大的供应商一夜间倒闭，"黑天鹅"已成新常态⋯⋯

高度发达的社会分工使得供应链越来越长，也越来越透明；力量传递越来越快，任何一个环节的变化都能够快速传递到供应链的每一个环节。原来我们很容易在供应链建立一定的缓冲区，现在却越来越难了，新冠疫情、半导体紧缺、俄乌战争等因素促成了牛鞭效应的疯狂作用，有位总经理说核心电子件原来备两周的库存就够了，现在要备一年的库存。根据采购人员的能力覆盖范围，**我们称之为"接地气的可持续供应管理"。**

回归到"可持续"的字面意思，**就是指可以持续的生意。可持续供应管理就是指只有一个组织的供应管理符合各利益相关者的利益，这种供应才是可持续的。** 这些利益相关者应覆盖供应链的各个直接主体与潜在关联的主体，如下所述。

客户。 这些客户可能是个人消费者、公共部门/机构或其他企业。客户希望可以持续买到价格与价值合理的产品或服务而不是一次性的行为，也就是希望企业可以为他们长期、可持续地提供优质的商品和服务。可持续供应意味着企业必须更加关注客户的长期利益，并在满足需求方面拥有更多的灵活性，从而赢得更大的市场空间。

企业自身、供应商及股东（企业主）。 可以获得合理的利润才能使人具备持续经营的意愿与能力，企业自身、供应商及股东都需要通过销售行为获得一定的利润，来保障企业自身的生存和未来发展的需要，即必须具备经济价值。

员工。 在组织内部，从 CEO 和董事会成员到基层员工都是企业的员工，也是首要的利益相关者。对员工来说，他们既关注可持续的收入、个人发展，以及职业安全与健康，也关注企业的可持续发展战略带来的品牌形象，这与员工个人品牌息息相关。

监管机构及其他合规利益相关方（环境和社会责任及合规）。供应链的每个环节都在从环境中获取资源的同时也进行排放，会面临各种合规风险（包括强制性的法律法规和非强制性的如行业自律公约等），会受到监管机构及其他利益相关方，如社区、媒体、学者等的监督。企业的供应管理部门必须建立可持续供应管理战略为企业的可持续发展战略提供支撑。

推动建立可持续供应管理战略是采购管理中最难的部分。因为这涉及许多因素，其中有很多因素不是采购部门可以控制的。采购管理者能不能意识到这点并付诸践行是一个挑战；采购管理者能不能说服企业管理层接受这一观点又是一个挑战。这也是采购管理工作有意思的地方之一，最考验一个人的价值观和协调能力。

可持续供应管理战略的重点

笔者认为，在采购实践和采购管理工作中，可持续供应管理战略应重点关注如下 3 方面。

其一，可持续、有竞争力的供应体系，包括可得性及成本、质量、技术等方面的领先优势。企业应该考虑到如何在供应过程中最大限度地节约资源、降低成本、增加效益。这些都是企业追求的目标，而这些目标又会随着供应链结构及企业运作模式的改变不断变化，要实现可持续供应，企业就必须进行战略转型。

其二，将社会责任与多元化的负担转化为优势。优秀的企业通常善于投资社会责任与多元化，从而建立独特的竞争力。可持续供应管理可以帮助企业获取竞争优势。通过社会责任投资，企业可以改善经营效率、提升产品性能、节约原材料消耗、增强企业竞争力、保护自然环境。企业可以通过投资社会责任项目或直接参与社会公益活动来获得经济回报和社会回报，这一点已经被许多企业所证明。

ISM（美国供应管理协会）认为供应管理专业人士在可持续性及社会责任方面，首先要对其服务的组织做出贡献，然后是供应链上的其他组织，包括自己所在组织的上游和下游。这里存在**优先等级问题**。笔者认为 ISM 这个表述可能会误导人，因为这个表述对可持续供应管理战略的价值对象做了优先顺序的排序。例如，"首先要对其服务的组织做出贡献"容易将采购管理者的注意力引导到首先要保证其所服务的企业可持续方面，而笔者认为必须同时考虑并努力做到整体供应链的价值实现（也就是价值链），毕竟只有上下游都可持续，其服务的组织才是可持续的。

其三，可持续供应的 **4 个核心点：意愿、能力、支持与风险管理**。对于采购管理者来说要同时对这 4 个核心点予以关注，首先要确保各利益相关方有意愿维持可持续供应管理战略，包括内部和外部；其次，光有意愿是不够的，还要确保各利益相关方有能力做到；第三，要支持各利益相关方往可持续的方向发展，可能需要资金、技术、管理，甚至人才等方面的输出。第四，供应的风险众多，必须重点考虑可持续风险，制定行之有效的风控措施。

可持续供应管理意味着什么

首先，可持续供应管理是一种新的管理模式。可持续供应管理的核心在于通过建立一个能够使企业实现可持续性的系统来达到这一目的。在此过程中，需要考虑许多因素，这些因素之间相互影响，并且随着时间的推移而不断变化。可持续供应管理包括 3 个关键要素，分别是供应商关系管理、供应风险管理及采购模式。

其次，可持续供应管理是一种战略。这是因为企业不仅要面对来自市场和环境的两大挑战，还要为其自身提供长期的竞争优势。可持续供应管理可以帮助企业提高竞争力。

最后，可持续供应管理是一种价值观升级。这一点最具有挑战性，说说很容易，实际做起来很难。企业要上升到这种价值观，要在短期利益与中长期利益之间做平衡，很难！读者可以在前后文的不同地方和案例中慢慢体会。

在"采购部是怎么做到的—1""采购部是怎么做到的—2"两个案例中，较多讲述的是采购团队。对于采购来说，价值的实现是在外部，即供应商端的配合。在下面这个案例中，我们分享采购总监在供应商关系管理上的做法。

案例：采购部是怎么做到的—3

采购总监给团队在对外关系（供应商关系）上设置了一些规矩，并且自己也会以身作则。

- 对外展示采购团队的强大，而不是采购经理的强大，更不是采购总监的强大。
- 面对供应商时的态度一定要谦逊，因为我们追求的是双赢为先、互相支持和互相需要！因此，我们要像做销售一样做采购。
- 供应商准时交货要说谢谢，供应商报价合理要说谢谢，供应商处理质量问题及时要说谢谢，供应商帮忙处理客户问题也要说谢谢，请他们吃顿饭、喝顿酒……帮助到供应商了，不要害羞，要求一杯酒、一顿饭都是合理的，有来有往才能常来往。
- 供应商没有利润，这活儿干不下去；公司没有利润，这活儿也干不下去。采购人员要平衡好供应商和公司之间的利益关系。
- 所有的关系都是人与人之间的关系，只要将人与人之间的关系处理好了，什么事情都好办。采购人员没有那么多花招，要做到无招胜有招，就是关注"人的感受"。

总之，采购人员要摆正自己的位置，建立可持续的人际关系和业务关系，互相支持，互相需要。

（一）可持续、有竞争力的供应体系

可持续的 + 有竞争力的 = 可持续、有竞争力的供应体系

首先，企业的供应体系应具备竞争力。如果一个企业的供应体系相对于企业竞争对手没有足够的竞争力，则意味着企业在市场上没有竞争优势，在这种情况下，再好的供应链体系也是无效的。那么，企业的竞争优势有哪些？

竞争优势是相对市场竞争者而言的。价格更低是一种优势，可以持续供货也是一种优势；质量更好是一种优势，产品创新/技术更好也是一种优势；交付更快也是一种优势，服务更好同样是一种优势。**竞争优势包含多个维度：可得性、交付、成本、质量、技术，以及服务。**通常企业的竞争优势是上述一种或多种因素的组合。（但是不可能所有的因素都具备竞争优势，就像小米成不了苹果，苹果也成不了小米）。

其次，可以持续获得。如果供应商倒闭了，供应就不能持续；如果供应商在合作中没有获得足够的利润，那其必然会去追求可以给其带来更高利润的客户，总有一天会说不合作了；如果供应商赚取了超高的利润使得客户的利润水平难以

保持，那么这种关系也是不可持续的；供应商如果在环保/合规/劳动保护等问题上存在重大风险，风险就会很高……

因此，**"可持续"的合作必须是多赢的、符合主流价值观的、具备基本的社会责任的履行能力、多方都具备持续推进的价值与动力的供应链**。简单地说，一个优秀的供应体系，可以持续地获得有竞争力的供应，从而帮助企业获得持续的竞争优势。而这种可持续的、有竞争力的供应体系必须是战略高度的，且必须与企业战略达成一致（如果企业战略不考虑可持续，则供应管理战略也很难实现可持续）。

挑战。通常采购人员的业绩水平考核都会基于交付与成本，而质量、技术与服务、可得性（可持续的一部分）经常被忽略。原因有两个：一是采购人员普遍在一家企业的职业周期较短，多追求快赢（Quick Win），只要能保证其在职期间的供应就可以了；二是老板/最高管理者短视，过于关注短期利益，所谓"一叶障目，不见森林"，领导者如果追求的是最低成本，那么采购人员一定也会跟着领导者的节奏走。

理想。可持续供应管理战略并不是意味着只看着未来的风花雪月即可，而是要在啃着馒头的时候同时志存高远。这是一个非常大的话题，笔者没有能力进行完整的阐述与论证，下面通过几个案例来看看一家企业是如何创造或破坏一个可持续供应体系的。

案例：RI公司的可持续供应压力——一个要命的挂钩

RI公司是一家电器柜/网络机柜生产企业，全球市场占有率超过30%，有近百年历史，在工业控制领域有极高的知名度。其中国区工厂位于上海，年度销售额超过10亿元，生产线涵盖了自动化钣金制造、喷涂线、工业高精密制冷系统等。

其喷涂线需要使用金属挂钩来悬挂金属件，通过自动化输送线将金属挂钩输送进喷涂设备进行静电喷粉。在使用2～3次之后，挂钩上就会积累许多的喷粉，导电性能就会下降，导致喷粉吸附能力下降，因此每周都要由供应商拉出去退漆。

从2015年开始，我国逐步加强环保管控力度，但原有供应商采用酸洗工艺处理废液。如果采用正常危险废弃物处理的方法，就意味着仅挂钩一项，RI公司每年要增加300万元的成本，而且供应商已经开始出现时不时需要整顿停产的困境。

RI公司面临着多种风险，如下所述。

- 挂钩清洗供应中断，停产。
- 进行危险废弃物处理，每年会额外增加 300 万元的成本，低利率产品线只能停产。
- 与有环保合规问题的供应商合作，有连带触发的合规风险。
- 如果全部采用现有挂钩一次性使用的方法，则一年新增成本为 200 万元。

戏剧性的是，管理层将这个问题交给了采购部解决，要求采购部寻找新的合规供应商，且成本要可控。采购部按照这个思路在江浙沪地区找了一圈，无果。于是采购经理在部门组织了一场讨论会，希望借助群策群力来解决危机。经过大家的讨论，定下来以下方向。

- 寻找替代酸洗的方案，如火烧、敲打，以降低环保风险与成本。两周内必须找到替代方案。
- 进行一次性使用挂钩的可行性分析，评估潜在供应商等。先用不超过两周的时间完成分析与打样，再用不超过两周的时间完成内部评估与管理层审批。
- 目标是在 1 个月内解决问题，且必须保证合法。

经过采购经理 J 的努力，大众汽车企业的员工介绍的合规焚烧供应商表示愿意短期支持 RI 公司，RI 公司的短期成本上升 5 万元/月，保证了 RI 公司的可持续生产。1 个月后，新的挂钩供应开发完成。

在原有的业务模式下，RI 公司的年度成本为 40 万元，而新方案下 RI 公司的年度成本为 30 万元，一次性使用后的挂钩作为可回收资源销售给钢厂用来回炉冶炼可获得 5 万元的销售收入，RI 公司的实际总成本不仅没有增加，还降低了 15 万元/年。

这是一件很小的事情，恰恰说明了可持续供应的重要性，以及优秀的采购人员对可持续供应管理战略的价值。采购人员看似微不足道，却解决了总经理找爷爷、求奶奶都搞不定的事情。

案例：某公司核心供应商变更历史

某公司所处的行业是一个特殊行业，供应窗口比较窄，其中一个核心件需要供应商用大型设备生产且配套的工艺链条很长。放眼全国，符合其技术与质量要求的供应商不足 10 家。由于近年来竞争激烈，产品售价年年下跌，因此该公司对采购成本极其敏感，能够符合其总成本要求的供应商在全国不超过 5 家。

王总在任时，采取以成本为核心的快赢战略，引进长三角地区最强的几家供应商，为了尽可能降低采购价，大幅使用招投标、竞价、多轮议价、分拆订单、画饼等手段，两年内将成本几乎压到全行业最低。

在前几个项目完成后，几家供应商在结算后逐渐发现这个业务基本没有利润，甚至会产生亏损，且项目周期达 6 个月以上，投入和产出比极低，越做越亏。因为价格过低，供应商提供的产品质量也屡屡出现问题。

在后续项目中，供应商纷纷大幅提高报价。王总也接受了大幅涨价，却进入"有价无市"的阶段。因为供应商的接单意愿低迷，碍于面子的报价实施起来也很费劲。即使接单了，供应商也会拖拖拉拉、状况频出，最后基本此核心件的供应商全部翻脸。

在王总离职后，**总经理和采购总监**针对该公司的供应管理战略与成本战略进行了反省，认为此材料的采购价格需要上浮到保证供应商有一定利润的水平，需要回到项目总成本的整体考量上，并且平衡质量结果。

在此基础上，采购总监重新搭建供应体系，与原有供应商逐一进行商务谈判、复盘成本，达成双方都能接受的合理价格区间。供应商按照该公司的业务预测预留对应的产能，同时该公司派出得力干将支援二三级核心供应商的管理工作。

在此阶段，该公司的成本、质量、供应基本平衡，两家核心供应商基本可以满足该公司的现有需求，两家潜在供应商也在推进开发中。

新任总经理到岗后，他认为该公司的供应管理战略存在不足，采购控制权必须掌握在自己手中。恰巧供应商出现了几个质量问题，于是新任总经理不顾采购总监与采购经理的分析及建议，针对供应商的质量问题开出大额罚款单，出律师函，将所有打样风险都推给供应商。供应商当然也不是吃素的，直接回复：你们去起诉吧。

第一核心供应商 A 的交付时间出现延误，新任总经理淡定地开出近 10% 订单总额的罚款单，A 为了后续货款能够及时被支付，只能被迫接受罚款单，但在收到大部分货款后，立刻提出后续订单涨价 30%，否则免谈。

第二供应商 B 出现严重的质量问题，除供应商质量管控原因外，其设计冗余度不足也是导致该问题发生的原因之一。新任总经理除要求 B 重新制作外，又开出了近 10% 订单总额的罚款单，B 在接受惩罚后，直接宣布退出此业务合作。

在此阶段，合格供应商全部阵亡，潜在供应商也阵亡。一家供应商打样认证的进度不到 50%，新任总经理对供应链的控制权还没有到手，就先把供应基础摧毁了。

这时新的大订单来了，该公司竟然没有可以合作的供应商了，眼看只能在裸奔与赌博中推进。新任总经理慌张不已，而采购总监仿佛什么事情都没有发生，每天淡定地准时下班，也不怎么积极参与讨论。

采购部在过去的一年召开过两场供应管理战略会议。在第一次会议中，新任总经理半途退出去参加其他他认为更重要的会议了，采购总监觉得既然他没有兴趣，那也不需要发报告给他看了。

在第一场会议中，采购部在采购总监的 PPT 后半部分及品类采购经理的 PPT 中已经做出了完整的可持续供应管理战略布局，这个布局是团队过去 3 年一直在更新且与外部供应商保持着长期、持续沟通的，这个战略足够应对目前的局面，而新任总经理对此一无所知。在第二场会议中，新任总经理不停打断其他人的发言，提出了很多自己对采购/供应链的看法，要求采购部按照他的逻辑重新思考战略定位，说白了就是布局他要说了算，不能让采购部把分析、战略、计划都做了。

在那场会议后，供应管理战略就再也没有人提起了，因为没有人在乎，大家在乎的是在供应管理中的话语权。其他人也绝口不提了，因为每次都没有办法听采购部完整的分析与建议，只能听新任总经理"大放厥词"。

【回到现实】新任总经理在惶恐中找到采购总监，问现在该怎么办？采购总监想了想说："让我想想，下周我们再一起看看。"

采购总监之所以如此淡定，是因为他的可持续供应管理战略已经考虑到了这种情况，对采购部来说只要实施相应的战略便可。

在上面的案例中，个人权力争夺、短期利益与快赢、企业战略利益、长期布局和未来发展考量、感性与理性、表面的强大与内心的强大都交织在一起了。幸运的是，可持续供应管理战略成为使企业供应链不断裂的"救命神丹"。

（二）将负担转变为竞争力

从环境和社会责任的视角，**可持续供应链管理就是评估采购流程、建设与发展更负责任的供应链。**

负责任的供应链

案例：LG 化学的负责任的供应链

LG 化学于 2016 年起，以合作企业为对象制定并公布了合作企业需要遵守的行为规范（Code of Conduct）。该行为规范由合作企业必须遵守的事项构成，包括人权与劳动、伦理经营、健康与安全、环境的可持续性、负责任的矿物购买、投诉系统等。

LG 化学以合作企业行为规范为基础，从选择合作企业开始，事先检查供应链管理体系是否妥当，通过定期评价与监督，持续管理供应链风险，在官网和购买信息系统中公开合作企业需要遵守的行为规范。在强化合作企业的行为规范的同时，LG 化学为事先检查供应链中的各种风险，正在努力构建预防流程。

LG 化学通过构建和应用可防篡改的分布型数据储存及防止黑客入侵的"区块链"技术平台，努力强化供应链的透明性，使区块链和供应链跟踪管理数据自动联动，从源头上杜绝原材料生产过程中可能产生的各种风险。

对 LG 化学所秉承的负责任的供应链理念进行解读。**首先是由谁负责任？**负责任的对象是整体供应链上的各个组织，既包括具体的产品提供商也包括服务供应商。**其次是要对哪些事情负责任？**负责任的供应链涵盖了人权与劳动、伦理经营、健康与安全、环境的可持续性、负责任的矿物购买、投诉系统等。

将负担变成竞争力，终极供应链利器

建设和发展更负责任的供应链，通常意味着在初期阶段需要设立更高的供应商选择标准，如更高的合规/环保/安全标准/社会责任等，而这通常会在中短期带来更高的成本。然而，这种可持续采购和采购实践有很多好处，如可以减少企业对环境产生的影响、促进整体质量和业务弹性的提高、确保符合法规和安全标准，以及满足环境和社会责任目标。

因此，无论是可持续供应链，还是负责任的供应链，都是有代价的，企业必须让出部分成本与利益，短期内在一定程度上推高了企业的显性成本。然而，我们也看到一些优秀的企业在积极履行社会责任时，不仅利润没有受损，反而变得愈发强大了。比如，上文提到的 LG 化学，以及下面我们要聊的这个案例中的 RI 公司。

RI 公司作为一家德国企业，对环境/社会责任一直秉承着较高的标准，积极推动"负责任的供应链"管理。看似 RI 公司的价格优势被削弱了，在早期也确实给销售增加了不小的压力，但随着时间的推移，RI 的营业额和占有率不降反升，客户认同度快速提升。同时，供应商也从简单地压缩成本转变为价值工程成本模型管理，RI 公司的利润率反而得到了提升。另外，由于过去几年没有出现任何合规问题，隐性成本大幅降低，RI 公司在当地建立了非常好的口碑，员工满意度与自豪感也剧增。

通过这个案例，笔者想要表达的是，对一家企业及其供应链来说，当我们消极面对社会责任时，我们看到的都是负担；当我们积极面对社会责任时，我们就有可能将负担转化为优势，从而建立新的竞争门槛。

案例：RI 公司的负责任的供应链

随着中国制造企业的崛起，原本的蓝海行业已经变成红海行业了，竞争白热化，品牌溢价日趋削弱，即使 RI 公司在质量、设计、供应能力上仍然保持一定的优势，但对于大部分客户来说，价格仍然是其首先需要考虑的要素。

在 2016 年的一次客户招标会前期，销售总监 D 找到采购总监 T，探讨如何进一步降低报价，潜台词就是除了压低利润，只能靠采购部门来降低采购成本。对于采购总监 T 来说，这可不是一件容易的事情。这个系列的产品已有十几年的历史，经历过很多轮不同方法的降本运作，几乎没有降本空间了，且这几年原材料、人工、环保等因素导致采购成本持续上升，在这个时候谈降价，估计连客户的门都进不去。

采购总监 T 为销售总监 D 准备了《RI 的负责任的供应链报告》，其实就是对平时供应链合规管理的结果做了整合:《一级供应商社会责任与环境保护报告》《负责任的供应链成本分析报告》《RI 公司社会责任报告》。RI 公司的部分管理层人员认为采购总监 T 是在踢皮球，拒绝努力降低采购成本，甚至总经理也是这么想的。

出乎很多人意料，最后 RI 公司成功以+10%的价格中标，评标结果如下所述。

- RI 公司为负责任的供应链管理承担了更多的成本，证明了其在社会责任和环保等方面支付了合理的成本，RI 的理念契合我司关于社会责任的理念。

● 其他潜在供应商无法证明其供应链支付了这部分成本或在这些价值上的努力与成果。

决策委员会综合考虑成本、质量、技术与服务，认为 RI 公司较高的价格大部分来自其在社会责任与环保及合规上的支出。这部分成本是我司应当承担的，也大大减少了我司的二级乃至三级供应商的违规风险对我司所造成的潜在风险。同时，决策委员会建议各公司在未来的招投标中也将"负责任的供应链"作为考核指标。

"人"才是供应链的核心

无论是采购组织还是企业，在制定可持续供应管理战略时都会有一套看似非常完美的架构，涵盖了业务的所有利益相关者，然而执行战略的是供应链各个层级的每个个体，他们经常被忽视。

2022 年对很多居住在上海的人来说可能是终生难忘的一年。当时新冠疫情在上海大规模传播，上海开启了为期两个月的封城，大部分人足不出户，即使运气好的，活动范围也仅限于小区内。解封后，不少人感慨，直言后悔"年少不知外企香"。这批人中当然也包括笔者及笔者的一些老同事。那么，这些人到底在后悔什么呢？来看看小丁说的故事。

案例：上海封城，外企在行动

在最初的一个月，在没有任何准备的情况下，全中国最发达的供应链和物流体系被要求在几个小时内全部停止运作，几乎没有几个家庭的存货可以供全家人使用超过 1 周，几乎所有人都面临着食物短缺的风险。

然而，正当你万分焦虑时，朋友圈里却开始有人晒出外资企业为员工准备的超级抗疫大礼包。想想看，你一周没有吃到青菜了，人家的企业给人家送来一整箱的蔬菜、水果、肉，那是多么令人嫉妒啊。小孩子都被关在家里上网课，可是大家会发现打印机没有墨盒了、打印纸用光了，当你在小区群里苦苦寻找时，有人的企业给其送来了全新的打印机、足够多的墨盒和打印纸……

或许你会觉得这有什么难的？你知道在新冠疫情期间一辆中型货车在上海市区的运费是多少吗？3 万元/趟。

另外，偶尔在家办公几天觉得还挺舒服的，但如果一直在家办公，你就会发现这是一件令人很痛苦的事情。然后你会发现很多企业给员工送来了人体工学座椅、新的电脑等（这些可都是世界一流的品牌，平时家里根本不会去考虑购买）。

送菜、送冰箱、送空气炸锅……惠普不仅多轮投送生活物资，还拨备特殊基金，每个员工在解封后能取得超过 15 000 元的现金支援。

像笔者身边的这些人，虽说没有丰衣足食，但是大多数人在疫情期间还是想方设法/不计成本购买到了充足的物资，那么这些人到底在羡慕什么呢？他们羡慕的是**企业对员工的关怀，不惜代价的关怀**。

这些企业在关怀员工的同时，也在建立一道无形的可持续供应链屏障。只有员工满意了，才会有好的供应链运作。

（注：笔者也纠结过这个案例是否保留，会不会有"外国的月亮比较圆"的嫌疑。不过，笔者在思量了一阵后觉得还是要保留，因为在这点上我国大多数企业确实还有进一步提升的空间，这是未来竞争的核心之一：人才竞争——人文关怀的竞争，本质上都是文化的竞争。）

（三）可持续供应的最大障碍

与企业文化一样，如果只喊几句好听的口号，那么可持续供应就是一句空话。根据笔者的观察，可持续供应的最大障碍有 4 个：丧失创新能力、短视、没有建立良好的价值观，以及缺乏有效的激励机制。

首先，一家企业如果丧失了创新能力，在竞争日益激烈的市场环境下，产品同质化严重，难以满足消费者多样化需求，则价格竞争会成为其主要的武器。企业为了在红海中求生存，通常首先考虑的是在供应链上盘剥，这时供应是不是可持续就不是那么重要了，供应商的利润空间就会被快速挤压。因此，如果企业丧失了创新能力，就谈不上建设可持续供应链了。

其次，短视或职业经理人的目标不合理。很多领导者会出现急功近利的现象，过于重视短期收益，以支撑他们短期的经营业绩压力，却很少从长远角度来思考企业的发展方向及战略目标等重大问题，甚至把短期利益与长期利益对立起来。还有一种情况，即职业经理人被驱动着只关注短期业务指标，一叶障目。

再次，企业没有建立良好的价值观。企业管理者常常会进入这样一个误区，认为对于企业而言，只有赚钱才重要，承担社会责任就是一个话题而已。他们总是强调企业应该为股东创造最大的经济利益，却忽略了可持续供应管理对于企业的重要性。

　　最后，缺乏有效的激励机制。绩效管理（KPI/OKR）是现代企业管理中最常见且非常关键的手段之一，企业可能会制定半年或一年的短期目标，这就让员工思维和工作都围绕着短期目标运行，从而忽略了企业的长期价值与目标。

　　这 4 个因素使得企业无法建立长期、稳定的供应商关系和客户关系，增加了为消费者持续提供满足需求的商品或服务的风险，最终影响了企业的可持续发展。同时，也造成了资源浪费。

　　因此，要解决这些问题就需要企业树立全新的经营理念，进行一系列战略调整来适应市场环境的变化，以应对日益复杂和更高标准的竞争。

三、眼高脚低做可持续供应管理

　　领导者必须平衡中长期与短期利益，建立可持续的价值观；加大研发投入，在新产品研发上保持领先优势；在供应管理上实现创新和变革，保持可持续供应管理战略与企业可持续经营战略的一致性……这些"高大上"的理念在企业中不见得都可以实现，但是不妨碍采购人员从日常工作中贯彻一些可持续供应管理的理念，在一定程度上平衡短期利益与长期可持续价值。

　　在打造高绩效的采购组织时要做到眼高脚低，同理，在进行可持续供应管理时也要做到眼高手低。

从小事做起，眼高脚低做可持续供应管理

案例：采购总监帮助小供应商融资

　　供应商 J 是一家非常特别的供应商，所有人在评价这家供应商的时候都会说类似的话："你要是去看了一定不想用，规模太小了，设备没有几台，都是国产设备，只有十几个工人；他想请你坐一坐，结果基本没有可以坐的地方，总经理办公室里的沙发上都是灰尘！""但是 J 老板很厉害，产品交货状况很好、很准时，产品质量不错。""核心供应商做不好铝板和薄铜管焊接，交给 J 试一试，结果 J 老板亲自下场焊接，3 个小时做出来的成品竟然符合要求。""客户急需一个备件，进口的话需要一个月的时间，J 可以帮忙紧急开发、设计、生产，并连夜赶工，第二

天一早用快递发货给客户，两天搞定。"

采购工程师突然加大了与 J 的订单量，这让采购总监 Thomas 很担心，过问后得到的答复除了上面的这些说法，采购员又说了其他一些原因，如难做的活、其他供应商婉拒的订单等都可以交给 J 来做。Thomas 决定自己去看一看。

在踏进 J 的工厂的一瞬间，Thomas 有一种走进了一家"半成品"工厂的感觉。其少得可怜的设备是清一色的国产设备，没有环氧地坪，现场 5S 看起来着实不怎么样，只有几个人在干活，没有 SOP，没有质量检查文件……

跟 J 老板聊了两个多小时，Thomas 越来越了解这家企业了。J 老板的学历不高，从工厂操作工做起，经历过焊工等多道工序的工种，随后担任了几年的生产管理职务，后来凭借一些积蓄开始创业。目前，J 的工厂中只有一个检验员，以工人自检和过程检验为主；只有一个设计人员，他也会关注核心工艺的质量检验结果；J 老板会与设计人员一起确定核心参数，对于工艺复杂的订单 J 老板会亲自下场与工人一起完成首样生产，客户订单进展也由 J 老板亲自跟进，更没有 ERP 系统……可谓"读博士书不如实践出真知"。

Thomas 发现这是一家很有意思的企业，J 老板是一个典型的从最底层做起来的实践型创业者，没有深厚的机械教育基础却喜欢并擅长工艺研究和挑战高难度制造，没有"高大上"的企业管理经验却精通成本管控，连质量系统概念都说不清楚却能做到全过程质量控制。更神奇的是，过去的合作表明该企业有极强的客户服务意识。

目前 J 的营业规模比较小，去年一个订单出了问题造成了一定的亏损，使得 J 原本就不宽裕的资金更加紧张了，J 老板也在准备进行扩产以支持业务开发。Thomas 判断，如果销售规模进一步扩大，J 的企业资金和管理都会面临风险，而且 J 也没有做好融资准备。

Thomas 准备再进行一次拜访，进一步了解 J 的扩产与融资规划，同时与其核心人员进行一次会餐以了解其团队能力，并探讨组建一个团队协助 J 进行管理提升的可行性。

下属有点诧异 Thomas 的态度转变。Thomas 说，首先，J 与我们公司的供应链匹配度很高，反应快速、服务好、技术能力强，正好匹配我们供应基础的薄弱环节；其次，这是一家非常独特的企业，有一定的潜力，优点和缺点都很明显，从可持续的角度看也存在不小的风险。因此，如果在战略上要加大合作力度，则在战术上就要重点支持其管理优化和提升，关注其核心问题解决进程并且建立风险防火墙，把握好节奏。

在这个案例中，采购总监 Thomas 不仅从供应链安全的角度考虑问题，还积极思考、利用采购人员资源丰富的特点，尝试推进资源整合。比如，其他大型供应商有些准备更换的设备可能是这种小型供应商所需要的；大型供应商与小型供应商可以在服务同一个客户的基础上自行展开合作以弥补各自的薄弱环节。

另外，采购人员需要秉持"勿以善小而不为，勿以恶小而为之"的原则，当供应商碰到困难或需要帮助时可以主动伸出手来拉一把，充分发挥采购人员见识广、思路宽的优势。这也是可持续供应管理的作用之一，有助于企业建立良好的供应商关系。

案例：独特供应链与供应商帮扶计划

上述案例中的"采购总监帮助小供应商融资"是 Thomas 所计划的"独特供应链与供应商帮扶计划"的一部分，或者说初始/小区域试验项目，尚未在公司内部进行立项。

【背景】Thomas 所在企业所在的行业是一个很"窄"的行业，由于技术独特性，这个行业的供应商集中度非常高，技术和质量往上靠一靠就会进入半导体供应链，价格就会成倍增长；往下靠一靠就是普通的机械电子制造行业，技术与质量要求就会降低一个级别。从采购量的角度，因为行业较窄，需求相对于其他行业来说也是比较低的，所以就会产生这样一个尴尬的场面，即小厂想要该企业的订单但是质量和产能有风险，大厂看不上该企业的订单。

经过这近 30 年的发展，供应市场上形成了一个行业小圈子，整个大长三角供应这个行业的头部供应商只有几家，所有的行业头部企业都在这几家供应商处抢产能，不仅交期很难把控，价格也没有太大的调整空间。另外，由于供应基础高度重叠，信息和技术保密在行业内一直是个难点。

历史上，Thomas 所在的企业也曾经尝试开发一些非行业内的供应商，但是效果不佳，很大一部分原因在于"只选、不管、不留"。该企业做了多年工作，留下来的供应商只有两三家，主要是因为其历史上的做法就是"这家不行就赶紧再找一家"。

【计划】Thomas 计划成立一个项目——"独特供应链与供应商帮扶计划"。

独特供应链，指的是相对于竞争对手，减少供应链重叠，寻找行业外供应商，降低采购成本，优化交货能力，培养专属供应基础，跳出现有的行业供应链。

供应商帮扶计划，指的是成立跨部门的团队，对这些选定的供应商进行全方位的帮扶，以使得这些供应商能够快速了解和适应行业要求、提升能力，从而达到该企业对供应基础的独特要求。其中包括管理输出，技术输出与资金扶持。

同时，该企业应利用采购人员掌握的资源丰富优势，按照区域与行业协助各供应商之间进行资源调配和分工合作，进一步提升独特供应链的竞争力。借由这个项目，该企业还应尝试推动组织从"挑刺猎人型"向"帮扶牧人型"转变，从短期采购行为向可持续采购行为转型。

附件 4：采购经理们眼中的可持续供应管理战略

袁经理看可持续供应管理战略

可持续供应管理战略，并不存在一劳永逸的解决方案。而是必须在每天的工作中，把每件小事做好，小心地经营，细心地呵护。正如婚姻一样，并不是骗到手、领了证、生了娃，就能拥有美满幸福的婚姻直至白头到老。

首先，要实现可持续性，务必在新供应商开发阶段就练就"千里眼"和"顺风耳"，把好新供应商的入门关。尽可能做到选择的供应商从提供的产品/服务的品种及特点、物理距离、企业规模、管理者的经营理念等各个维度与本企业相匹配。与找对象一样，并不是一定要找到"你"所能接触到的条件最好的那位，而是要找和"你"相匹配的那位。

其次，选定供应商之后要以诚相待，尽可能地在合作过程中做到互利互惠、公平守信，以此来获得供应商最大的资源支持，而不是朝三暮四，老想着"不听话的供应商就马上换掉"。一轮又一轮的供应商更换使采购人员疲于奔命，反而有损企业的利益。不过也要懂得权变，如果发现某一供应商不再符合企业当前的供应管理策略，则必须果断地开始寻找"备胎"，在合适的时机把它换掉。

虽说客户与供应商的关系从表面看是典型的商务合作关系，是甲方与乙方的关系，可是往往落实到实际工作中，就演变成采购部门与供应商负责人的关系。与其他所有的人际关系一样，客户与供应商的相处之道不外乎公开公平、互相信任、权利对等（淡化甲方与乙方的角色），以及包容等。

找到双方合作的目标，并将该目标作为工作的重点。例如，客户的目标是保证其所采购的货物及服务的质量、价格、交期，而供应商的目标往往只有一个，那就是赚钱。在日常工作中，如果仅仅考虑采购方的目标而忽略供应商的目标，则无法达到双赢，还很有可能得到的是双输。用一句话总结就是，让供应商有钱赚。

小乔看可持续供应管理战略

在以下情况下企业才可以实现可持续供应管理战略：有稳定的总经理、稳定的采购总监、稳定的采购经理，才会有稳定与可持续的供应管理战略；规模足够大的企业，有着很明确的企业文化和企业战略，供应链自然就会具备一定程度的可持续性。

第七章
打破协同天花板

CEO 总是会对此感到疑惑:"为什么你们这些人总不能融洽相处,齐心协力呢? 我们都是同一个团队的一分子,不是吗?"(令人吃惊的是,CEO 问这个问题的时候绷着脸,但正是他/她,对于每个业务部门设定并执行了相互冲突的指标和薪酬制度。)

那么,企业应如何在保持最优的同时支持、关联不同市场的多个业务? 我们需要什么样的过程和制度改变,来引导前文讨论过的不成熟流程,最终实现世界级的竞争力和财务结果?

——《供应链变革:构建可持续的卓越能力与绩效》

一、协同是供应管理中最重要的核心

回忆一下前面几章讲到的采购管理的几个核心。

第一核心,建立高绩效的采购组织,具备良好的精气神,个体能力与团队能力相辅相成,拥有良好领导力。第二核心,建立可持续供应管理战略,打造可持续、有竞争力的供应体系,将社会责任与多元化负担转变为竞争力,保持可持续供应管理战略与企业可持续经营战略的一致性。作为采购职能的直接管理者或更高一级的管理者,做到这两点,基本上采购组织已经成型,已经具备了相当的"今天的能力"与"未来的潜力",那是不是就够了呢?

不够! 因为采购组织是存在于其上级组织(即企业)之内的,采购职能要获得最佳效果,就需要关注协同,因为**供应管理中最难的就是打破协同天花板**。供应链的本质就是协同。协同又分为内部与供应商的协同，以及内部协同。这里我们主要关注企业的内部协同，内部协同会发生在部门之间、管理者之间、执行层面，以及上下级之间。**其中最重要的是跨职能协同，只有打破部门之间的壁垒，才能做到全局优化，才能提高企业的绩效。**

　　什么是协同？先来看看两个团队修铁轨的故事。

　　有一个经典案例经常被引用。两队铺设铁路轨道的工人发生了争吵，因为这两队人从两个不同的方向铺设铁轨，在汇合时出现了大问题：只有一条铁轨严丝合缝地对上了，铁路却错位了，而出现错位的原因可能很多，如计划出错、设计错了、勘探错了、定位错了等。总体来说就是没有协同的结果。下一个案例是发生在福建的一个高铁站案例。

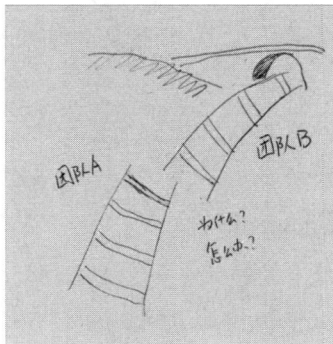

案例：9 个小时完成铁路枢纽更新

　　2018 年，一段中国福建龙岩高铁火车站的施工影片在网络上爆红，并被外媒转载。创办 SpaceX、特斯拉汽车的马斯克转发英国《独立报》的报道并感慨道："中国在基础建设改进方面，比美国要快上 100 倍。"马斯克说："更高的安全标准、环境要求和劳动人力成本只是（中国在基础建设改进方面比美国快）一小部分原因，根本的问题是（美国）官僚盛行，以及私人企业依据成本的百分比收取回报，因此总是将成本最大化。"

　　这段标题为"这就是中国速度！铁路站大改造，1500 名工人同场作业 9 小时"的影片在网络上引起热烈讨论。

　　这个项目旨在将一条新建的线路与现有的 3 条铁路线连接起来，完成新老站房之间的线路转场建设，在启用新的火车站的同时启用新的

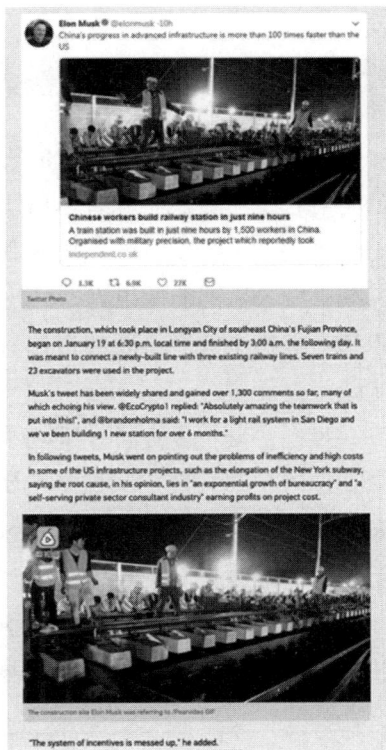

火车站，完成铁路枢纽的更新。

　　1 月 19 日傍晚，现场的总指挥一声令下，1500 名工人投入南三龙铁路福建龙岩站改造施工，经过 8 个多小时，动用 7 辆列车和 23 部挖掘机，在 1.5 千米长的作业区、4 个作业面同时施工，完成了道岔拆铺、拢口拨接、信号换装等所有作业，于 20 日凌晨 3 时顺利完工，让火车站一夜之间改造完毕。

　　这一切始于一年前持续了一年的计划与演练。

　　几天内马斯克的推文已被广泛分享，并获得了 1300 多条评论，其中许多评论与他的观点相呼应。EcoCryptol 说："为此投入的团队合作绝对令人惊叹！"Brandonholma 说："我在圣地亚哥的轻轨系统工作，我们已经建造了一个新车站超过 6 个月了。"[1]

　　1500 名工人/8 个多小时/7 辆列车/23 部挖掘机/1.5 千米长的作业区/4 个作业面，如果没有巨大的协同能力，那么这种项目用 9 个月可能都完不成。令人难以理解的是，在实际生活中，一个只有十几个人的小团队、一家只有 100 多个人的企业竟然很难形成良好协同。

根据协同的程度，协同分为 4 个等级

　　低效协同，即存在一定的协同，但是大部分情况下各玩各的。各玩各的，指的是各自从自身思维和价值出发做事，这不是各司其职，只有在给予相同目标和努力方向的基础上各自完成本职工作才是各司其职。形成良好协同的前提是各司其职。低效协同的效果为"1+1<2"，主要表现为两个或两个以上的人共同做一件事情，但由于缺少必要的合作与交流而导致相互推诿、拖拉等。其结果是事倍功半或半途而废。

　　反向协同（负协同），即互相扯皮、各自为政、以引发踩踏为乐等，其本质上是恶性内卷的一种。反向协同的效果为"1-1≤0"，主要体现为内部恶性竞争，以及内部成员之间缺乏有效的沟通和协调。其结果必然会造成整个组织效率低下甚至瘫痪，最终走向衰败。

　　正向协同，即彼此信任和尊重、互相配合、相互鼓励、互相学习、取长补短、相互帮助、互利互惠，从而形成整体合力。正向协同的效果为"1+1>2"，主要表

---

[1] 本案例来自 https://nextshark.com/elon-musk-admits-chinas-infrastructure-100-times-faster-americas/。

现为各自在做好自己的工作的前提下相互支持，在企业利益方向一致的基础上共同努力，也就是各司其职下的良好协同。

不协同（相敬如宾式的协同）。人与人之间就像对待远道而来的客人一样，即使很不开心、很不喜欢对方也要先忍着、好好招待，再毕恭毕敬地将其送走，然后叹口气说"终于走了"。在这种相敬如宾式的协同下，没有人关心企业的价值与利益，尽管只想将对方当作"瘟神"一样尽快送走，但仍需要维持着表面的客气。这时协同的过程就是 1+1=最大公约数，即双方只在相互认可的区间展开协同，其余时间各做各的，此时各自的工作结果大部分取决于个体的职业素养。（可参考第九章中的"四化风险之协同表面化"）。

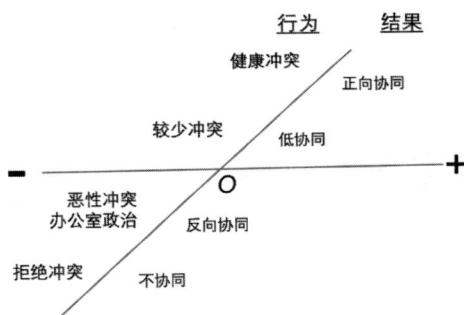

为什么差的企业总是存在严重的协同问题

一家企业成功的原因有很多，失败的原因也有很多，但是一定包括了失败的协同。就如同一支足球队要常胜，靠的一定是整个球队的协同。大家可以认真回顾一下自己熟悉的企业，存在严重协同问题的企业无一例外都存在巨大的战略问题，而存在战略问题，顶层设计一定有问题，这些会在后续章节中介绍。

在前文中，我们提及了采购两难与采购管理的三大困局，采购面临巨大的挑战，其本质就是协同出现了问题，企业各个层级之间无法默契协同，各职能部门之间不仅无法形成正向协同反而存在反向协同。

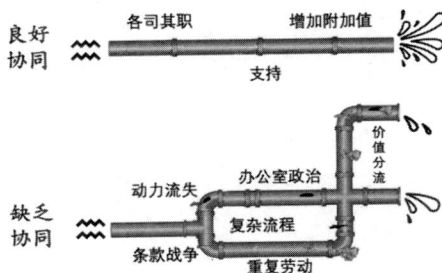

在这些采购管理挑战的消极案例中提到许多问题，如采购与法务的冲突、采购与财务的冲突、采购与总经理的冲突、总经理在采购管理上屡战屡败等，究其原因，笔者认为大概有几种表面原因。例如，各职能部门基于自身利益的高度，裹挟职权，设置协同障碍；各层级都从自己的认知角度出发，打破权责与流程定义；团队存在巨大的认知偏差，产生认知鸿沟，就像让林丹与小学生搭档双打；领导者不善于利用资源分配权，反而制造了许多内部协作障碍；办公室政治玩上瘾；等等。

企业如果支持或放任这种冲突和反向协同，则有能力者会选择"躺平"，甚至离开；各部门、各阶层长期处于撕扯状态，各玩各的，甚至玩过家家游戏；企业/部门陷入无"政府"与低效状态，疯狂内卷。下面，我们从根源上思考到底是什么决定了协同的高度。

二、顶层设计决定协同意愿与能力

有效协同、正向协同都是有前提的，需要触发条件，是设计出来的。在前面介绍过的低效协同甚至反向协同案例中，往回追溯几层就会发现高层管理者的身影。可能听起来有点生涩，我们以美食为例来说明吧。只有优秀的厨师，选择好的食材，进行适当的预处理，如切菜、腌制等，配合好的烹饪工具，控制好火候，才能做出一道美味佳肴。通常来说，菜好吃不好吃，关键在厨师。

企业运作与做菜如出一辙，管理者必须保证自身与各职能负责人形成良好的协同关系，保证各职能部门之间建立良好的协同关系，保证企业员工与客户建立良好的协同关系等。这些协同通常需要以下两个层面的支持。

- **意愿**。一个团队如果无法在价值和目标一致性上达成共识，就缺乏协同的意愿。
- **能力**。有了协同意愿，还必须有能力协同，包括系统能力和个体能力。

协同是顶层设计的一部分，促成协同既是顶层设计的职责也是结果，因此协同成败的根本责任在于管理者。企业层面的跨职能协同属于顶层设计的一部分，职能组织内部的协同则属于职能顶层设计的一部分。一个部门协同的高度，取决于部门领导者的高度；一家企业协同的高度，取决于企业领导者的高度。这归根结底是领导力与顶层设计能力的问题。供应链协同的高度更是知识、能力、系统、利益等多种功能因素组合在一起的产物。

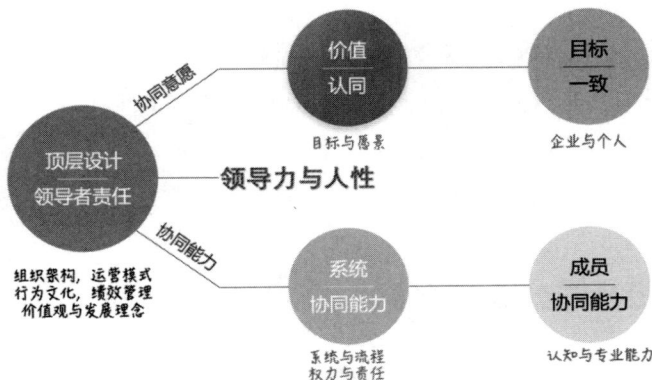

案例：某公司目标成本的失败协同

某公司发起过数个目标成本项目（Target Cost Project，TCP），希望通过优化设计来降低成本，以提高产品的市场竞争力。整个项目的架构设计和计划都没有问题，项目负责人从业务线副总级别到产品经理与项目经理级别都已到位。基本上一些小的子项目很快就推进完成了，但稍微复杂的、需要多部门协调的项目大多无疾而终。

过了年，大家重新树立一个目标：再走一遭。过去3年，这个流程至少运行过不下3次，基本上没有取得太大的成果。为什么会这样？因为这种项目需要跨部门高度协同，一旦协同无法形成，目标自然无法达成。

项目通常从降低采购成本和优化设计两个方向抓起，对于显而易见的快速降本方案大家都很容易做到，碰到复杂的、需要多部门协同的方案就会出现类似下面的状况：销售部说价格这么高难以说服客户；财务部说只能基于成本核算报价；采购部说这种设计和质量要求不利于生产成本控制及优化；设计部说这件事与产品质量和性能有关，不能随便更改；质量部说只能根据图纸要求进行验收；产品部说他们只负责根据客户要求制定工艺需求，人手不够、预算资金不足等。

从协同意愿来说，降本到底算谁的责任？平时工作已经很忙了，再压上降本项目，大家协同意愿不足，简单设立一个降本目标并不足以激励员工进行协同。从协同能力来说，在项目启动之前并没有考虑项目领导者是否有能力推动、企业的系统能力是否支持、每个项目成员的能力是否具备等问题。

时间久了，各部门都发现自己小马拉大车——根本无济于事，项目也就越来越"拉垮"了，最后弄点数据应付结案便拉倒。

高复杂度是成本的大敌，这个道理大家都懂，但是如果企业顶层设计没有这种柔性设计，那么产品改变的可能性也微乎其微。这个 TCP 的顶层设计存在同样的问题，认为只要成立一个跨部门的项目组，就能够推动跨部门协同。有时常识就在那里，但我们仍一次又一次地犯错。

（一）低效协同的 3 个主要原因

协同意愿没有形成

这个原因听起来很可笑，却是在现代企业管理中最常见的毛病，事实上一家企业中只有极少数人关心企业的业绩（当然，也有一部分人整天喊口号）。

首先，驱动员工行为的是竖向的效率型指标，而企业缺乏横向的服务型指标，或者横向服务型指标不够强大。在绩效考核的驱动下，每个职能部门关注的重点是顶头上司，而不是其他职能部门的诉求。这样，职能与职能之间就串联不起来，形不成价值链。简单说，你挨的骂来自你的主管，你能不能加薪升职甚至保住工作也是由你的主管决定的，因此你的协作意愿基本上取决于你的主管。

其次，企业业绩与部门业绩/个人利益的关联度基本为零。听起来是不是很可笑，也很吓人？大部分企业的业绩最后都与员工的奖金/加薪有一定程度上的关联，而这种关联存在两个问题：关联度通常不高，如年终奖系数 0.8 和 1.0 的差异并不大；关联只体现在年底发奖金/加薪的时候，甚至有些到第二年年中才兑现奖金和加薪。因此，笔者认为企业业绩与部门业绩/个人利益的关联度基本为零，驱动协同的作用也是零。

第三，挑容易的做是人的本性。协作是一件一年 200 多个工作日都要做的事情，如果每天少做一点事情、年终奖金少一点对于大部分人来说只有在发奖金的时候有点感觉罢了。当然，经历过良性协作的人都知道好的协同在让企业绩效变得更好的同时也会让工作更轻松，但是在达到良性协作之前需要付出很大的代价来建立协同关系。

　　之所以会这样，就是因为组织的一致性没有建立，也就是帕特里克·兰西奥尼所说的组织清晰度（一致性）有问题。他在《优势：组织健康胜于一切》这本书中关于"打造组织清晰度（一致性）"提到团队必须对 6 个关键问题达成一致：①我们为什么存在？②我们该如何行事？③我们做什么？④我们如何实现成功？⑤目前最重要的是什么？⑥谁必须做什么？

管理者出了问题

　　有句话是这么说的："关系比结果更重要。"这意味着，没有良好的关系，结果也不能持久。**因此，建立协同关系的本质就是关系管理**。这个关系包括供应链上企业与企业之间、部门与部门之间、员工与员工之间的关系。管理者要想方设法让这些主体之间建立良好的关系，让他们愿意协作，用全局优化取代局部优化。这一点听起来很容易，却是最难做到的。比如，下面几种情况会让员工与员工之间的关系紧张（人与人之间的关系基本上也决定了部门与部门之间的关系）。

　　管理者的政治和权力戏份儿太足。管理者玩政治玩得炉火纯青，利用职位所附带的权力与资源配置优势，有意或无意地引导下属"争食"，如财务付款"卡脖子"、纵容各职能部门插手供应管理等。管理者必须妥善利用职权和资源配置优势，让所有人都意识到只有协同才是被认可的价值。

　　管理者缺乏自信，而缺乏自信的原因则是能力欠缺。管理者要积极提高自身的能力，从而达到新的自信高度，自信到不依赖刺激团队"狗咬狗"就能达到控制的目的，自信到能说服自己团队协同制造奇迹是因为管理者的支持而不是长袖善舞式的表演。

　　还有很多原因，如缺乏领导力、本身就缺乏人际关系管理能力、以个人权力或利益为出发点等。管理者必须促成良好的关系，使得供应链各个环节、每个人都具备良好的协作意愿。在前文的很多案例中，我们能隐约看到一家企业因人与人之间关系紧张造成的协同问题。

　　什么都不干比什么都干要强。领导者经常事无巨细，这在某种程度上给协同制造了障碍，刺激了某些人的表现欲，也压制了某些人正常的决策权限，从而限制了协同的基础，因为协同没有用，最后都是领导说了算。因此笔者认为事事都参与决策的管理者还不如什么都不干的管理者，万能的领导比无能的领导更伤害企业。（这可以参考后面章节中的快赢风险）。

协同能力缺乏

协同是一种能力。协同能力分为两个方面：人的能力与系统的能力。

对于**人的能力**，应通过培养、招聘、引导等方法，使得管理者的知识层次、工作经验、文化价值观尽量在同一个层次上。管理者就像建筑设计师，需要保证每根支柱高低一致、受力均衡，这样建出来的大楼才能稳固。管理者要直面团队存在的认知偏差，并扫平这种鸿沟，这是让员工具备协同能力的基础，应避免出现"一方觉得对牛弹琴，一方觉得你是头猪"的尴尬。

系统的能力，包括流程能力与信息系统能力，通过流程建设与信息系统建设，对接流程和系统，让企业与企业、部门与部门、员工与员工之间能够协同，提高运作效率。

案例：某公司的现金流预测协同

某公司的现金流预测职责归属于哪个部门一直没有明确定义。财务部经常要求采购部对项目现金流（应付部分）做出预测。

一开始采购部对项目成本结构和供应商结构做了梳理，给出了每个项目的现金流需求计划，后来觉得每个项目都要单独做很麻烦，Thomas 便主导团队做出了一个标准成本结构与现金需求表，基于此，财务部根据项目差异做简单的调整即可。

随着 SAP 上线，各种数据在系统中一目了然，稍加分析就可以很快做一次现金流预测。因此，采购部拒绝再为财务部做每个项目的现金流预测，采购部认为成本结构和主要供应商付款条件在系统中都很清晰，财务部有能力也有责任自行做预测。

最近有一个老客户准备采购数台设备，公司在紧张地准备报价工作，我们来看看财务总监与采购总监的对话。

财务总监：对于 **X project** 的物料可以给个表吗？用来做 **Cash Flow** 模拟。

采购总监：我既没有整体成本结构，也不知道配置，只有产品经理能帮到你。或者像之前说的，财务部可以根据产品经理的信息做预测，每家供应商的账期系统里都有；或者你可以根据之前类似此项目的现金流做预测，这样可能更准。现在罗总团队里的人都在供应商的现场，办公室里一个人都没有。

财务总监：产品经理提供的数据是否经过了采购部的确认？

采购总监：我只确认了每个模块的涨跌幅。

财务总监：哦。

采购总监：都3年了，啥时候你能不找我做这件事情，你的人应该可以做了吧？

财务总监：你们有数据了就进行部门共享，这样可以减少重复工作，还口径一致，是不？我们和你们是一伙的呀。

采购总监：我不需要进行现金流预测啊。

财务总监：XXX是欧元采购，你们是用多少汇率换算成人民币的呢？

采购总监：我们下的就是欧元订单。

财务总监：但给产品经理提供的是人民币金额啊。

采购总监：你问问产品经理吧，这次我没有给任何金额；上一个项目属于国内采购，是人民币计价的。

财务总监：XX物料付款条件是XXXXX？

采购总监：这个项目，可能要40%预付，50%、30天，10%、12个月。

财务总监：XXX供应商？

采购总监：可能性比较高。

财务总监：最新的框架协议是30%预付；账期为60天？

采购总监：框架协议就是一个框架，每个项目要根据具体情况谈判。

财务总监：S公司是50%预付，剩下的50%是在交货后30天后付款吗？

采购总监：你看看ERP系统中的订单吧，我也记不住。

财务总监：财务部的同事查这个费劲。他们对供应商、物料号都不熟悉。

……

这个案例非常适合用来呈现低效协同的情景，销售部门将客户需求信息传递给产品经理，产品经理通过采购部获取价格走势分析资料并据此提供成本分析和报价建议，财务部审核目标报价，销售部取得授权后向客户提供方案和报价，财务部又反过来去找采购总监要现金流预测。听起来是不是各个部门各司其职，完美衔接？

再细看对话内容，我们很容易看到各个部门之间存在着巨大的协同问题，从协同意愿到人员的能力，以及系统的能力等都存在问题。

（1）销售部获取的客户需求信息到了产品经理这一级别就断了。

（2）财务部已经审批过了销售报价，却又要做现金预测，难道之前的审批是盲签的？

（3）ERP 系统实施没有上线销售询价与报价系统，因此对于潜在项目没有办法快速做出成本预测，只能靠人工完成。

（4）产品经理在做出成本预测后，并没有将最终的结果完整地反馈给采购部。采购部不了解客户的具体配置需求，只知道与过去某个项目类似。

财务部对产品/供应/ERP 系统缺乏了解，没有办法根据系统中的信息来规划现金流。工作人员基本的系统使用能力欠缺，否则完全可以创建一个模拟WBS（注：工作分解结构），快速根据系统物料信息记录完成成本测算和现金流预测。

之前采购部一个部门需要完成成本预测、现金流预测、交期预测，现在分解到多个部门去做，ERP 上线也提高了数据的有效性和可用性，结果却是部门之间的弱协同。

引导协同的基础出了问题

管理者在推动协同时经常出现关键顶层设计问题，这些问题都围绕着企业发展的目标，然而最容易被忽视的协同基础是员工的个人需求。

脱离员工个人发展谈企业发展与协同。管理者经常大谈企业未来的发展，要大家全力以赴，这种洗脑式谈话不仅无法促进协同，反而会伤害协同。因为总有一部分人会借机找到突破口获取个人利益。作为管理者应当协助每个员工建立职业发展目标并支持其实现，当所有员工都有强烈的自我成长信念而不是仅仅为了职场利益时，协同的基础就有了。

当然，强调个人发展时很容易进入一个误区，那就是个人发展目标高于企业发展目标。相反，应该是以团队共同目标为统一目标，兼顾个人利益，当出现冲突时，仍应该以团队共同目标为先。**个人发展应该与企业发展保持同一个重要性高度。**

案例：某公司采购部的协同

采购总监在部门立了几个非常简单的规矩。比如，采购经理之间禁止互相拆台；整个部门的成功才是成功；任何一个团队出现资源紧张，只要团队负责人提出来，其他人只要有空闲的资源就必须提供支持，不需要找采购总监要，否则等采购总监说的时候就没有商量的余地了；跨部门有争端的时候不能坐看龙虎斗，要么提供建议支持，要么帮忙一起吵架，没有第三种选择。

每个采购人员都会获得相应的职业规划支持，当外部有机会时会推荐给每个人。

当物料出现问题时，其他团队不可以将责任推给项目责任人，也不可以在项目经理和老板那里告黑状，而应协助其一起寻找解决方案。当然，还有其他一些规矩，都比较通俗，正是这些规矩保证了采购部的内部协同。

案例：采购经理老丁看协同天花板

对于自己不熟悉的人或事物，我们本能地会保持谨慎的态度甚至做出抵制的行为。要打破部门间的协同天花板，不能坐等其他部门来配合，而要主动出击，其中的关键点就是多让其他部门了解我们及我们的工作。

多找机会给其他部门介绍采购部的工作。不配合有可能源于不了解、不熟悉，把采购部的工作、供应商的现状及市场的供应状况展示给大家，避免因为不知道而导致的猜疑。使其他部门掌握这些信息，能为部门之间的合作起到润滑剂的作用。

适当地让其他部门参与采购部的工作，提出各种意见及建议，甚至决定一些决策。不过大方向仍应由采购部来掌控，毕竟供应商是由采购部来管理的。可以艺术性地让大家都有参与感，但实际上的重大决定仍由采购部来做。

设立共同的工作目标，有了共同的工作目标，可以减少一些阻碍工作进程的不重要的琐事。当工作中有了冲突，管理者可以将共同的工作目标抬出来为大家化解冲突。

保持谦和的态度，一是由于工作原因，采购部往往容易被猜忌，谦和的态度可以缓解这种情况。二是因为许多人都"好为人师"，如果表现得各方面都很厉害，就没人敢教你什么了，你会因此失去一些学习的机会。每个人都各有所长，利用别人的长处来完成自己的工作是合算的买卖。

比如，这次的零部件成功国产化就归功于工程部的支持，总的来说就是"他们通过专利局检索找到这个供应商——既然这个产品这么难做——好的供应商可能申请了某些专利"，这是一个非常典型的协同案例。

（二）管理者之间的协同是关键

前文提到，协同会发生在部门之间、管理者之间、执行层面，以及上下级之间。职能部门之间的协同首当其冲的是管理者之间的协同，如果管理者之间无法达成一致意见并产生协同，则执行层面及上下级之间的协同做得再好都没有用。就像地基歪了，楼怎么盖都是危房。

这里说的管理者之间的协同主要包括两个层面：最高管理者（如总经理、董事长）与一级管理者之间的协同（如副总、职能总监），以及各职能管理者之间的协同。

前面几章举了很多案例，包括上述两种协同，但大多是低效协同甚至反向协同的案例，因此下面介绍几个正向协同的案例。

案例：RI 公司财务与采购协同案例

RI 公司在我国落地近 20 年，盈利状况一直良好。

近年，随着内资企业的快速崛起，RI 公司在我国的产品差异化和技术领先优势逐渐减少，成本相对于内资企业较高，不管是运营成本还是材料成本。RI 公司不得不在价格上跟随内资企业，利润率逐年下滑。

财务总监 Jerry 与采购总监 Thomas 均刚刚上任，Jerry 主动安排了一次非正式会谈，聊起为什么成本降低不下来，Thomas 抱怨了主要几点，如下所述。

- 采购人员的薪资上不去，无法聘请到优秀的采购人员。
- 采购人员不足，处理订单都来不及，哪有精力去思考更深层次的成本和战略问题？
- 财务部长期为了存款理财的收益，供应商账期基本都要 60～90 天，而核心供应商需要预付大部分的材料款，使供应商的财务成本居高不下。
- 公司现金流充沛，长期存款达到近 10 亿元的水平。

Jerry 听完说："明白了，我回去看看。"一个月后，Jerry 又登门拜访，对 Thomas

提出了他的想法："对于采购人员的薪资与配备，我可以从财务的角度来支持你的申请，但你要将你的预期支出与预期收益给我作为支撑，我跟总经理谈。"

Jerry 还说："供应商付款也可以调整，我可以调整理财的比例，给你充分的支持。你做一个方案，看看如果我给你多少资金支持，你就可以为公司节省多少成本。"

在 Jerry 的支持下，Thomas 大幅提升部门薪酬、引进高级人才，用了半年时间使团队面目焕然一新，并重新梳理了采购战略与供应商管理策略。

接着，RI 公司与多数供应商达成新的战略协议，全面优化付款条件，共同推进价值工程，供应商也基于新的协议提高了现金周转率或降低了资金成本，在获得更高的利润的同时降低了价格。在这之后的第一个年度，RI 公司的直接成本下降了 2000 多万元，净利润率提高了近 30%。

在后来的 3 年，Jerry 和 Thomas 被称为最佳合作伙伴、成本双剑客，他们合作推动内部决策系统优化与供应链优化，为 RI 公司再次成为行业领导者奠定了扎实的基础。

在上述案例中，Jerry 与 Thomas 能够快速达成一致的原因有很多，其中有几点关键因素。首先，两人都是新人，既无历史包袱，也无既得利益。其次，两人之前都在 500 强企业有多年的管理经验，双方的认知差异很小，都能站在企业整体利益的角度考虑问题，且都能主动牺牲各自短期的 KPI 来成就企业价值。Jerry 与 Thomas 都很清楚，可以通过成就对方的业绩来成就自我，而且两人都自信无须通过踩踏对方来证明自己的能力。

案例：RI 公司设计与采购协同案例

采购总监 Thomas 刚刚空降 RI 公司不久，而设计总监 Zhang 在 RI 公司工作的时间超过 10 年。Zhang 是设计出身，做过大客户销售经理、产品经理部门，对客户、产品设计与成本、市场理解得非常深刻，在加入 RI 公司之前还曾担任华为区域销售经理。

RI 公司长期养成的"习惯"是，成本由采购部承担主要责任，采购部不愿意开放供应商报价机制，设计部也不愿意开放设计逻辑与成本预测模型。

于是就出现了很奇怪的现象：有些产品的采购成本远低于设计部核算的成本，而有些产品的采购成本远高于设计部核算的成本。采购部和设计部双方各执一词，RI 公司在成本方面积累了许多糊涂账，没有人说得清到底是设计部的问题还是采购部的问题。

一开会讨论成本，大家就互相攻击，不是说设计不合理所以贵了，就是说采购部买东西买贵了。Thomas 经历过几场混战，痛苦不堪，于是与设计总监 Zhang 进行了几十次沟通。之后，双方达成一致，如下所述。

- 互相开放成本模型，互相校正成本错误评估。
- 双方成立团队，重新对现有主力产品进行应该成本估计，采购部以此为依据与核心供应商进行谈判。
- 采购在产品设计初期介入，并且与供应商合作推进供应商的早期介入。
- 考虑到机密原因，采购部在商务层面的战略考虑仅与设计总监分享，充分尊重商务手段对采购决策的价值。
- 在特定产品层面，采购部支持设计部合理的成本诉求以满足市场需求。
- 采购部与设计部一起积极接收供应商对产品制造、优化的建议。

Thomas 与 Zhang 开始了一段深度合作，全面进行产品设计优化与成本同步优化，新产品的设计合理性也大幅提升，RI 公司第一次在全球真正成功实施了价值分析和价值工程，从而使其市场竞争力大幅提升，再一次领先市场，经验也在全球其他制造基地得到推广。

多年后，在 Thomas 的帮助下，Zhang 融资成功，开启了创业之旅。

在这个案例中，Zhang 是公司的"老鸟"（在公司工作的时间超过 10 年），对客户、产品设计与成本、市场都理解得非常深刻；Thomas 是空降兵，未站稳脚跟之前自然带着防御性思维，要誓死捍卫城墙。为什么最终双方能结成城下之盟？

其实在这个案例中还隐藏着两个小故事。

故事一，在一次新产品设计过程中，Zhang 碰到了瓶颈，按照 SAP 系统里的历史成本计算，新产品无论如何都无法达到产品规划的市场目标成本。Thomas 找来几家核心供应商核心团队，双方对每一个产品设计进行制造成本分析，找到高成本的原因，Zhang 的团队基于此重新调整设计，完成了全球第一版的低成本设计。

故事二，在一次招投标准备阶段，采购部被规定了目标价格，但 Thomas 几轮与供应商谈判都无果。僵持不下之际，Zhang 出了一个主意，即微调产品设计，从而达成了目标价格。

经历过上面两件小事情后，Zhang 和 Thomas 意识到，两个部门如果可以建立协同，则公司一定会受益匪浅，双方开始抛弃成见，逐步建立协同。

上面两个故事呈现了"正向协同"的发生过程与效果，即在各自在做好自己的工作的前提下相互支持，在企业利益方向一致的基础上共同努力。

这种良好协同与各司其职的现象并不多见，因为其中掺杂了许多阻止协同的因素。**下一节，我们来分享和探讨协同到底在什么情境下才能更好地发生，或者说管理者要如何才能让协同 1+1 >2？**

（三）协同第一前提：缩小团队的认知鸿沟

笔者经常提到一个例子：今天市长来拜访，管理层负责接待。董事会的人突然发现办公室没有矿泉水了，采购总监赶紧找人去园区门口的小店里买了一箱矿泉水。补采购流程时，财务总监说这箱矿泉水怎么这么贵，要 2 元/瓶，平时我们买水不都是折合 1 元/瓶吗？采购总监解释说这是紧急采购。但财务部仍坚持只能按照 1 元/瓶的价格报销，买贵了那是采购部的事儿，财务部对矿泉水的价格熟悉着呢。

采购总监进一步说，在这种情况下，只能选择以最快的方式买到矿泉水，贵也是没有办法的事。财务总监说，那你可以泡咖啡给市长喝啊，为什么非得去买矿泉水？

另一个例子：采购部常常与销售部在成本上的分歧巨大，销售订单不如意，一方觉得成本不错，是销售能力的问题；一方觉得因为成本居高不下所以卖不掉产品，是采购能力的问题。

实在难以说清楚，所以笔者以前常常用一个例子来说明：如果你要设计奇瑞等级的汽车，那么我给你买奇瑞等级的零部件，但你不能既要宝马等级的设计和质量又要奇瑞等级的成本。如果你要卖奇瑞等级的汽车，那么你应该去找产品经理和设计经理，让他们出一款这样的车，而不是要求将宝马等级的汽车以奇瑞等级的汽车价卖出。

这就是认知鸿沟。

几种产生认知鸿沟的原因

自我认知偏差导致的认知鸿沟

达尔文说："无知要比知识更容易产生自信。"

邓宁·克鲁格效把人的认知分为 4 个区域。第一阶段，不知道自己不知道，巅峰期就是"迷之自信"，愚昧区。第二阶段，知道自己不知道，自信崩溃区，最低潮就是"绝望低谷"。第三阶段，知道自己知道，重新认识自己，智慧累积区，会达到"觉悟之坡"。第四阶段，知道自己不知道，谦虚谨慎，虚怀若谷，成熟区。

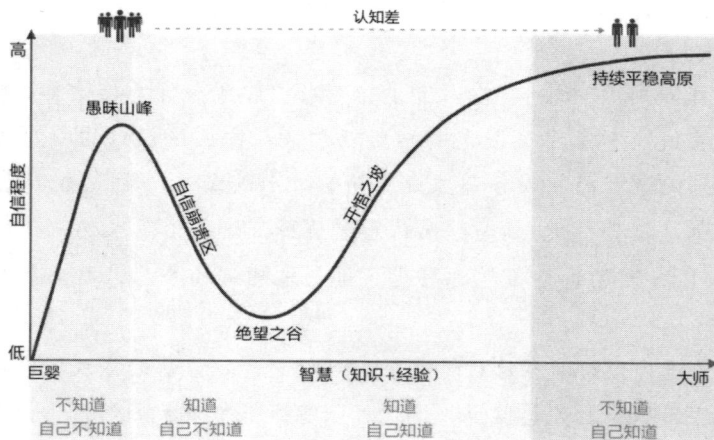

邓宁-克鲁格效应

为什么自我认知偏差会导致认知鸿沟？当人们不需要协同时，这种偏差不会被感知或影响各自的工作；当人们需要协同时，知识差异叠加自我认知差异就会产生巨大的鸿沟。上面这句话有点拗口，那就用"万事皆可四象限"来总结吧。

每个人处于不同的自我认知偏差区域，都会落在"对事务的认知与自我认知偏差"的四象限中，即客观认识自己的不足、正确评估自己的能力、自以为是和高度自我膨胀。（当然，大部分人都觉得自己能够客观、正确地评价自己的能力，笔者自己可能也是这么认为的。）

认知不对称

对于同一件事、同一种知识，大家的认知层次不同，就会形成认知不对称。

这种认知不对称可能来自知识体系的差异、年龄差异、价值观差异、工作经验不同导致的格局差异、对于个体利益与企业利益的认知不同导致的差异，以及动机差异（如有人想混退休、有人倚老卖老、有人野心勃勃等）。这些认知差异会导致大家对事物的认知及决策方向上的差异。

在"采购工作中的噪声"部分，厂务负责人认为自己有与供应商打交道的经验、询价就像去超市问个价格一样简单、用户就是可以自行与供应商谈商务条款；而采购总监认为厂务负责人不遵守流程，缺乏基本的采购技能导致混乱。这就是认知不对称。

在案例"财务/法务与采购的矛盾"中，财务总监认为供应商应当承担所有的风险，并认为这种做法是在保护公司的利益；财务总监、法务负责人认为"风险管理"就是"零风险管理"，既然他们的职责之一是风险管理，那么就应该这么做；而采购总监认为风险一定是存在的，只要在可控范围内就可以接受。这也是认知不对称。

又如，有些人认为"低价就是合理""财务部门和法务部门就是企业的监管部门""对供应商要有严苛的惩罚措施，供应商才会好好配合""采购就是买东西嘛，花钱谁都会"等。这时他们与采购人员就存在认知不对称，应该怎么合作？

你手里有把锤子

采购人员在企业里会碰到几种比较典型的几种情况。比如，生产部说只要在我需要的时候能将东西保质保量地送到就行，销售部说我要最低的成本，设计部说我要设计成全世界最牛的产品，项目经理说我只要求最后的交期必须达成，厂务负责人觉得自己就是所有厂务相关事务的决策者，财务部希望最好不用花钱就把东西买来，法务负责人觉得除了风险管控其他都不重要，总经理希望用最便宜的员工干最好的活、赚最高的利润……

如果我们手里有把锤子，那么我们看什么东西都像钉子。**通俗地说就是屁股决定脑袋**，也就是说一个人对职能和职责的认知程度取决于其所处的位置。

个人对职能的认知会出错，企业/管理者对职能的认知也会出错。我们对每个职能的职责定位和 KPI 目标设置其实是对职能的切割，导致大家形成了目标割裂，个体缺乏对企业总体指标的担当，这时大家对工作的认知鸿沟就产生了。

认知鸿沟的威力巨大，笔者给它起了个名字，叫作"**有效协同能力**"。但是如何评估呢？我们试着构建一个公式，并且往里面放了几组模拟数据。

有效协同能力 = 事物认知层次 × 自我认知偏差 × 职位职责认知

下图中有 4 组模拟数据，以大家都受过高等教育且拥有多年的企业工作经验为前提，假设大家在事物认知层次上的差异并不大。在这种情况下，自我认知和职位职责认知的差异会导致个人的有效协同能力大幅下降。A 与 B 的有效协同能力仅在 30%上下，C 达到了 58%，D 达到 73%，这 4 个人之间的协同难度可想而知。

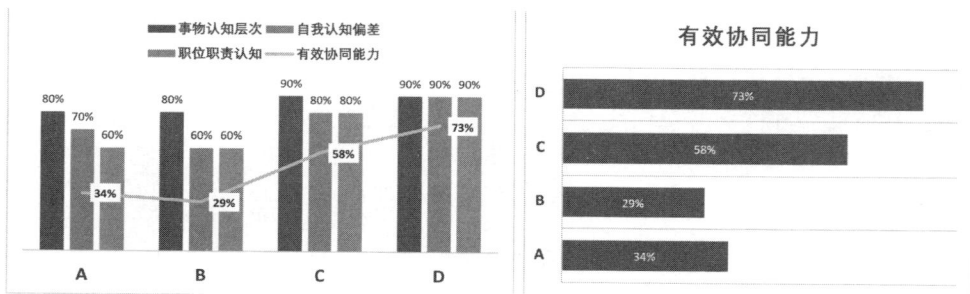

这个结果与我们在实际工作中的感受基本相当，这也验证了笔者前面所讲的各司其职是良好协同的前提。笔者相信 C 和 D 在工作业绩上的表现也会更好。

可逾越与不可逾越的认知鸿沟

人与人之间一定存在着认知鸿沟，或多或少，有些是可以克服的，有些是无法克服的。比如，前文关于奇瑞汽车与宝马汽车的对比说法，有些人能接受，有些人不能接受，非得把宝马等级的汽车以奇瑞等级的汽车价卖出。

第一种情况，事物认知层次上的"认知不对称"差异本身就不可逾越。就好比一位围棋 9 段的选手和笔者这个对围棋一窍不通的人讨论围棋，前文案例中厂务负责人与采购总监也是属于这种情况，双方存在不可逾越的鸿沟。**这时协同难，需要外力来推动协同。**

第二种情况，双方对事物认知的层次存在差异，可以通过沟通/学习弥补。即使叠加了一定的自我认知与职责职位认知偏差，依然是可逾越的认知鸿沟。这时**可协同，基本上不太需要外力就可以自行协同。**

第三种情况，双方整体认知差异过大，形成了不可逾越的认知鸿沟。这时**基本无法协同甚至负协同，需要极大的外力来支撑协同。**

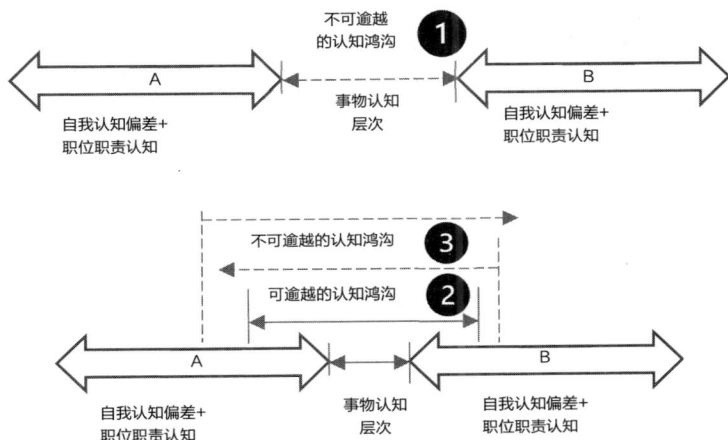

管理者以外力"力挽狂澜"的误区

在协同需要外力支撑的情况下，管理者常犯的错误就是"力挽狂澜"，希望大力出奇迹，以一己之力促成协同。事实上这种短期解决问题的方法反而促成了"不协同"和"老板说了算"的尴尬局面，不仅提高了一部分人的存在感，也助长了"一言堂"的形成。管理者更大的误区在于主动挑起或任由这种认知鸿沟发酵成办公室政治。

管理者必须确保整个团队的认知在同一个层次，即减少团队成员之间的认知差异，从而为部门协同奠定基础。在公司层面，最高管理者就是责任人，他必须确保管理层团队尽可能缩小认知差异与认知鸿沟。当出现不可逾越的认知鸿沟时，**管理者需要反思是团队成员的问题还是自身的问题，以判断是需要自身做出必要的调整还是需要对成员做出必要的调整。**

存在"认知鸿沟"的团队协作无从谈起

合作、协同、有效沟通是高绩效团队的重要基础，这种常识大部分管理人员都懂，可是经常会出现团队就是协同不起来的状况，认知鸿沟是一个重要因素。

症状表现：团队之间冲突不断，难以协调；轻则像一盘散沙，无法形成团队合力，各自为政；重则像一堆淋了水/结了块的水泥块，形成一个个政治小团体，互相摩擦，针锋相对。还有一种情景，即各个团队成员都处于"躺平"状态，典型特征就是大家经常听到"都好""随便""你们觉得可以就行"。不管哪种状况都是严重的协同障碍。

发生的情景：这时更容易经常出现在以下几种情景。比如，业务急剧扩张，大量新人员加入，新、旧人员的经历、经验、知识体系差异较大；新管理层带来了权力重新分配机会；其他原因导致原有业务流程和逻辑，以及价值观、知识差异被迅速放大，如并购、重组、合并等。

在上述情景中，有可能是自然发生的，如大量新人员的加入引起的冲突没有及时被处理；有可能是人为的，如新管理层发动的权力重新分配；也有可能是在并购/合并等资本主导的情况下发生的，如人员重组、权力重新分配、利益重新分配。

如果团队存在认知鸿沟，那么领导者一定要谨慎处理，不要漠视这种认知鸿沟的存在。如果人为在这种认知鸿沟上叠加利益与权力的再分配，那就是雪上加霜，火上浇油。领导者应理性区分"我喜欢的"和"企业需要"的员工，他们之间的认识偏差可能是致命的。**领导者必须扫平"认知鸿沟"，这是顶层设计的一部分，还需要做好冲突管理。**

案例：认知偏差叠加下的协同趋势

某公司召开了一场管理层闭门会议，会议主题是各部门的总结与回顾，用以探讨工作中的痛点、寻找解决方案、提升公司的运营效率。

采购总监信心满满，在新冠疫情和全球供应链紧缺，以及上海封城两个月的情况下，采购部与质量部通力合作，完成了公司的"不可能"任务，不仅如期交货，而且成本大幅低于预算，为公司至少增加了 50%的年度净利润。于是他兴致勃勃地准备了几页 PPT，直言采购部工作中存在的一些问题及未来如何提升的几点举措。

会议开始不久，就有人提出过去几个项目的采购价格有问题，如有些零件的尺寸比过去的小，价格却比过去的贵；继而提出采购定价与供应商选择存在问题，隐喻采购部可能存在不专业与职业操守问题。采购总监说，如果没有详细数据，则无法核查质疑，况且项目紧急不允许采购一个零部件核一次价，而且整体项目采购成本比预算低了14%，这已证明了采购部工作出色，即使个别价格存在问题，也是瑕不掩瑜。

讨论并没有结束，各部门基于质疑者的假设，开始对采购各个环节提出质疑，对公司贡献最大的采购部成了批斗重点对象，连总经理都觉得"采购部是问题最多的部门之一"。

质量部这些天的日子也很难过，由于上海封城两个月，不确定性增加，整体项目进度存在落后和质量风险，在解封前管理层决定派出十几个人常驻供应商处，产生了大约100万元的成本从而备受质疑。比如，SQE真的在周末都要加班吗？一天要工作十几个小时？等等。

为期两天的会议结束了，许多人怀着郁闷与愤怒离开了，当然也有人怀着胜利的愉悦感离开了。

【真实的情况】事后的核查显示，质疑者提出的有问题的采购额占全部采购额的2.06%，存在价格错误的只占百万分之六。备受冲击的是某品类采购经理，他贡献了超过600万元的"降本"，却被质疑300多万元的成本不合理，而最终确认只有1.6万元的报价错误。

质量部虽然额外增加了大概50万元的成本，但这对于价值数亿元的项目而言就是毛毛雨，况且这与疫情管控有直接关联。质量部以极小的代价换来了项目的成功，却被秋后算账。

【后果】以促进协同为目的的管理层闭门会议成了公司协同的噩梦，会议结束后，各部门做事首先想的不再是客户价值，而是"我会不会成为下一个被秋后算账的"，各部门的数据也不再对其他部门开放，因为透明的数据意味着给了其他人攻击自己的武器。

【解读】即使都知道基于数据说话是基本原则，一群管理者仍然浪费了许多时间来讨论一个没有数据基础的猜测。既没有人关心团队的努力付出，也没有人关心采购部与质量部如何在以极小的代价挽救了项目的同时创造了如此高的利润，他们只关心驻厂SQE是否真的需要加那么多班。为何会出现这种情况？**偏差累积！**

管理团队存在一般认知能力偏差，至少在计算能力（数字）、抽象思维能力（空间）及推理能力（逻辑）存在巨大的偏差，甚至常识都存在偏差。

样本偏差：不管是"有几个项目的采购价格有问题"还是"产生了大约 100 万元的成本"都是选择了错误的样本来证明他人的错误，以样本偏差证明自己的脑洞，偏偏大家都信了。这其实是一个基本的统计学逻辑问题，不知道算不算一般认知能力问题？

管理者思维偏差：即使工作永远不可能完美，我们也要关注事情的主要矛盾和矛盾的主要方面，而不是支持吹毛求疵、一叶障眼。政治手腕既不能帮助企业成长，也不能帮助管理者成长。

价值认知偏差：对企业价值的体现不是帮助客户成功、帮助企业成功，而是谁可以成功踩到别人的不足。这种办公室政治就像有人的口袋里藏着一把刀，随时要拔出来，那么其他人只好藏着一个盾牌，随时拿出来挡刀。

群体思维偏差：赞同并跟随决策者的做法，颇有群体性混沌的感觉，形成群体极化效应。

总的来说就是这些偏差累积产生了认知鸿沟，这些认知鸿沟又叠加了办公室政治，继而形成对牛弹琴的协同困境。这个案例非常像帕特里克·兰西奥尼在《团队协作的五大障碍》一书中所描述的那样，机能障碍团队存在五大问题。

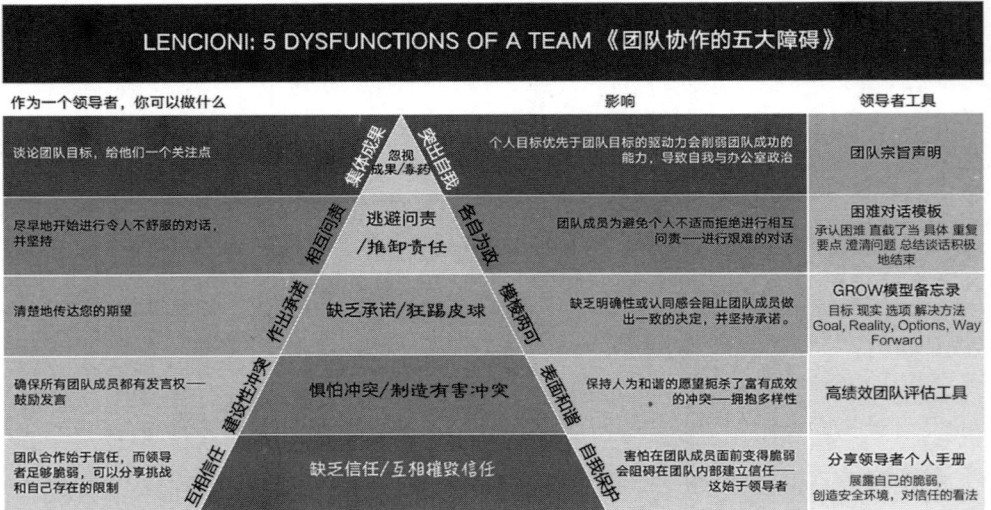

LENCIONI: 5 DYSFUNCTIONS OF A TEAM 《团队协作的五大障碍》

作为一个领导者，你可以做什么		影响	领导者工具
谈论团队目标，给他们一个关注点	集体成果/毒药 忽视成果 突出自我	个人目标优先于团队目标的驱动力会削弱团队成功的能力，导致自我与办公室政治	团队宗旨声明
尽早地开始进行令人不舒服的对话，并坚持	相互问责 逃避问责/推卸责任 各自为政	团队成员为避免个人不适而拒绝进行相互问责——进行艰难的对话	困难对话模板 承认困难 直截了当 具体 重复要点 澄清问题 总结谈话积极地结束
清楚地传达您的期望	作出承诺 缺乏承诺/狂踢皮球 模棱两可	缺乏明确性或认同感会阻止团队成员做出一致的决定，并坚持承诺	GROW模型备忘录 目标 现实 选项 解决方法 Goal, Reality, Options, Way Forward
确保所有团队成员都有发言权——鼓励发言	良性地冲突 惧怕冲突/制造有害冲突 表面和谐	保持人为和谐的愿望扼杀了富有成效的冲突——拥抱多样性	高绩效团队评估工具
团队合作始于信任，而领导者足够脆弱，可以分享挑战和自己存在的限制	互相信任 缺乏信任/互相摧毁信任 自我保护	害怕在团队成员面前变得脆弱会阻碍在团队内部建立信任——这始于领导者	分享领导者个人手册 展露自己的脆弱，创造安全环境，对信任的看法

三、供应管理主动触发协同很重要

在日常工作中，尤其在采购管理工作中，跨部门协同显得尤其困难。

第一个障碍来自企业的采购部门。对一部分采购管理者来说协同意味着让渡部分控制权（或者决策权），为了保住这部分权力，很多采购管理者在日常工作中会采取忍气吞声的做法，被动地处于等着挨打的状态，处于防守态势；而其他人会寻找刷存在感或争取一点话语权的机会，甚至窥探采购决策权，伺机攻击。

第二个障碍来自协同的另外一侧，即其他职能部门。产生此障碍的原因有两种：第一种是屁股决定脑袋，大家站在不同职能立场，无法对共同利益达成一致；第二种涉及人的意识与权力问题。

第三个障碍来自最高管理层。很多领导希望下属之间保持一定的争斗，正向看是为了促进员工之间的竞争与合理冲突，刺激员工成长；反向看是为了稳固个人的权力、地位，希望下属之间相互制衡，利用这种争斗获取更多的信息，更好地体现其领导价值。

最后一个障碍来自采购决策权。采购决策权在一个企业内既可能意味着话语权，也可能意味着各种利益关系。有人的地方就有利益，有利益的地方就有斗争，因此对管理者来说，如何理解和灵活运用采购决策权很重要。

上述 4 个障碍加上协同双方的社交和行为方式，影响了各部门合作的融洽程度。

（一）突破囚徒与博弈困境，主动触发协同

如果我们将目光放回家庭生活中，则会发现夫妻双方中总有一方经常会对另一方让步，这单纯是服软、认输吗？不是的，让步的原因不外乎两个：第一，确实胳膊拧不过大腿；第二，套用博弈论，一方让出一部分权力，其实是为了置换另一部分权力，如一方接受另一方在大部分事情上拥有绝对决定权，那是因为其可以以此换取其在某些关键事件上的决策权，毕竟很少有一方会100%说了算，总得给另一方一点空间吧。

退一步：放开有时是更好的选择

让渡部分决策权，换取协同。 在采购管理过程中，我们也可以考虑主动让渡一部分的决策权，以满足部分人被压抑的决策欲望，从而换取跨部门与跨职级协同的可能性。通常情况下，人们的欲望得到了部分满足，其主动配合协同的意愿会更高。（这可能也是很多领导者喜欢放水的原因。）

放开也是一种选择。 进行采购决策的目的是做出对的决定，在为企业创造更多的价值的同时使个人价值也得以体现。采购决策权的争夺永远不会停息，有时放开也是一种选择，只要这种放开在可控范围内。**这就是主动触发协同，通过灵活运用采购决策权来主动触发协同，** 当然这种做法需要有前提条件。

下面我们通过一个案例的分析，来感受一下主动触发协同的可能性及前置条件，但我们需要记住不是任何情况下都能用好主动触发协同。

案例：资源开发 B 计划

Thomas 是一家公司的采购负责人，经过 3 年的经营，其采购决策权完成了从 0 到 1 的过程，采购工作推进顺利，团队也渐入佳境。Thomas 凭借着多年在大企业工作的经验，算得上游刃有余。然而有一天 Thomas 突然祭出让全员参与采购的"资源开发 B 计划"，具体内容如下所述。

作为一家设备与解决方案提供商，我们与外部供应紧密配合，随着公司业务的迅速发展，我们面临的挑战也越来越大，供应链优化与供应基础扩展是一个重要任务，因此我们将启动一个特别项目——"Source develop B-plan"，中文名叫"资源开发 B 计划"。希望通过这个项目，激励大家积极推荐优秀的潜在供应商，参与赋能供应链优化与供应基础扩展。

在过去的几个月，我们非常成功地完成了大部分核心零部件的本地化，在过去两年我们几乎完成了所有零部件的本地化，这是本地化项目中最难啃的骨头之一。对于这些项目，除各部门的通力协作外，同事们推荐的供应商也起到了至关重要的作用。这让我们意识到好的协同可以创造更多的价值。

- 公司中有很多行业专家，他们非常熟悉行业的供应链，如果能在供应管理上发挥其专业性，则将产生更大的个人价值及公司价值。

- 一个有效的建议渠道有利于前期各职能部门进行预评估与后期工作的统一协调。

- 提高协作的有效性。采购部经常收到来自不同渠道的推荐，但是一直没有进行体系化推进。通过这个项目，希望可以做到成体系管理、压茬推进、有始有终、压实主体责任。
- 通过提升公司的品类战略管理能力，最终提供更低的成本、更好的质量、更好的交付能力。
- 我们的目标是建立真空行业最强的供应基础，为公司未来 10 年储备更充足和优秀的资源。

不过，在推荐之前，建议你思考并回答一些问题。比如，这家工厂对于提高公司的竞争力有帮助吗？他们是否具备类似于我们现有供应基础的能力甚至更强的能力？他们适合为我们提供哪些产品或者服务？当然，只要直接写下你的感受即可，剩下的活儿由质量、工程、采购等部门的人员组成的专业团队去完成。

在服务器上有一个文件，大家可以在上面填写自己推荐的资源，我们承诺会认真对待每一个推荐和建议，链接如下：××××××××××××××××

如果你觉得需要学习一些采购专业知识来帮助你做一些初步的分析，推荐两套书：CPSM 教材和刘宝红的《采购与供应链管理》（俗称红宝书）。

最后，为了感谢大家的支持，不管最终你推荐的供应商有没有被选上，每一个推荐者都将获得一定的奖励（稍后明确）。非常期待听到你的声音！

采购部

在发布这个计划之前，Thomas 先将草稿发给几位下属（采购经理），让下属思考一下这个议题是否合适发布，之后召开了一场会议，让大家各抒己见。在会议上，几位经理反应不一，我们来感受一下。

王经理说： 没有问题啊，我相信公司中没有人可以找到比目前更好的供应商配置了，他们想玩就陪他们玩玩吧，但是我真的可能没有办法腾出太多精力来应付这帮无聊的人。

陈经理说： 这个主意不错，但是要看每个人怎么想，不排除有些人会产生阴暗的想法。但是至少对于我们而言，让决策过程更加透明是好的，至于他们怎么想，我们也管不到。怎么说呢？有些人可能会觉得我们是开门迎客，有些人可能会觉得我们是开门放狗。

丁经理说： 我们好不容易把"人人是采购"的局面扭转了，结果你这个"大方人"又把采购决策权扔出去了，以后我们就要天天应付不靠谱的供应商推荐了吗？对我来说，其实无所谓，有关间接采购的很多决策权都在董事会办公室和老板们手里，就是大家要考虑一下以后的工作难度。比如，财务总监推荐了 30 多家供应商，但没有一个能"打"的，连开网约车的邻居都能推荐来负责疫情期间的服务商管理。你问他疫情期间出省的管控和手续，一问三不知，财务总监还觉得挺好的、搞得定。

袁经理说： 我觉得挺好的，他们不是一直说哪家好、哪家不好，那就让他们来推荐供应商，好的我们就用，不好的通不过评审就不用。谁都有权力推荐供应商，能不能用，还得走完公司规定的完整流程，买不买还得由采购部说了算。

在下属们畅所欲言后，Thomas 也表达了他的想法。

你们的顾虑和想法我也认真思考过，我谈谈我的想法。我们目前的状况非常好，你们都非常优秀，也很努力，可以说采购部基本上是公司最强的部门了。在不考虑专业性（如财务知识、人事经验等）的情况下，单纯考虑能力和做事意愿，你们任何一个人去任何一个部门担任负责人都是绰绰有余的。

但也正是因为这样，问题来了，在采购决策上，公司没有人可以说得过你们，你们的方案总是让人没有反驳的余地，只能按照你们定的采购策略实施，对于很多人来说就是你们几个控制了整个公司的采购决策权。

因此也就出现了目前的局面——部门之间的协同效果不理想。你们把决策都做了，要其他部门来配合协同，其他人自然心存不甘，很多事情要靠领导的协调才能推动。而且很多人盯着我们，等我们交货或质量出问题就狠狠打上一耙。

我们与其被动等着挨打，不如改变一下打法，从全收切换到全开，难度在于我们能不能做到收放自如！之所以在这个时间节点做这件事情，是因为我认为我们已经准备好了。

第一，更加开放是趋势，要记住掌握采购决策权是为了把事情做得更好。但采购决策权就像沙子一样，你捏得越紧漏得越快，张开手、维持好手的姿势，就能掌控更多的沙子。我们不能把自己打造成闭门造车的团队，有时你越开放，别人越不知道怎么办。

第二，我相信我们的团队。 你们已经成熟到足够强大，可以游刃有余地应对日常工作和各种挑战。你们的小团队也能做到各司其职，同时与各部门的基本磨合也基本完成。因此，一次全员推荐供应商的场面你们应该是可以应对的。

第三，我相信现有的供应基础。 我认为公司现有的供应基础已经非常好了，能够可持续地提供有竞争力的产品和服务。新的潜在供应商确实不好找，就像王经理说的，我相信公司里没有人可以找出比目前更好的供应商配置了。但是我们也要看到现有供应基础的不足，在过去几个重大的本地化项目实施过程中，其他同事推荐的供应商恰恰起到了关键作用。

基于第二点和第三点，我的看法是我们已经准备好了，既可以面对良性的外部建议与支持，也可以面对"带着想法"的建议与支持。

实际上一直有不同渠道在推荐供应商，与其每天处理这些要求和推荐，不如构建一个常规的流程，这相当于有了一个持续运行的筛盘。所有的推荐都是公开的，这就保证了透明度。但是公司的供应审核和使用流程不变，**有流程就一定要有规矩**。

因此，看起来是采购部释放出管理权，实际是借助大家的力量，我们可以构建一个潜在供应商池，这比我们自己耗时耗力的效果有可能更好。一举多得不好吗？

第四，做好大海捞针的准备。我相信会出现"有很多低级、无效的推荐进来"的情况，我们有可能在 1 周内就会收到 100 条推荐信息，而其中 99 条对于我们来说可能是垃圾信息，那怎么办呢？对此，我提出几条建议。

首先，推荐信息必须按照我们设置好的标准提供，不符合标准的，我们不做初审，直接退回。

其次，设置初审流程。比如，审阅供应商的 PPT 介绍和通过天眼查等对供应商进行快速筛查这部分工作可以先由采购人员完成，通过后再交给采购经理进行初审。

最后，设立推荐灰名单，一个人的低质量推荐超过规定次数后，就不再审核他的推荐。

第五，相信其他同事的专业水准。这里包括两层意思，第一，相信其他部门在采购这件事的专业水准不会太高，因此也不会有多少真正高质量的推荐；第二，相信我们的同事在供应开发方面的独特价值，一定会有优质的推荐资源浮出水面。

另外，刚才有同事提到了"人人做采购"。是的，很多人都想做采购，也有很多人私下里在做着采购的活儿。与其这样，不如我们主动退潮。退潮方知谁在裸泳，通过这种方式让推荐供应商这种行为在阳光下进行，接受整个公司员工的目视和监督。

上面这个案例非常有意思，通过开放供应商推荐渠道，主动激活内部优秀的资源推荐，尝试通过此举主动激发内部协同，同时将推荐供应商这种行为变成一种阳光下进行的行为，接受全员监督，这样也可使采购部减少因各种私下进行的推荐而导致的困扰。

这个项目目前还在推进中，暂时无法得知最后会产生什么样的效应，仅分享出来供大家思考与讨论。

（二）主动培养和建立协同基础

采购与供应链参与者遍及整个组织，既包括来自销售与市场、产品开发、运营、财务，以及产品支持等部门的关键专业管理人士，也通常包括各业务负责人及其直接下级，还可能包括其他利益相关者。

在书中很多案例中都出现了各种冲突/低效协同甚至反向协同。其中约有50%是由相关职能部门甚至领导者对采购与供应链的理解不充分造成的，因为每个人的受教育程度、经验、认知不同，所以教育和培训是供应管理协同中的重要一环。

大部分人都以为他们理解供应链管理，就像前文所说的"采购很简单啊，不就是花钱吗""给我采购决策权就也能做"等。但是，除非他们接受过正规的教育和培训，否则实际情况并非如此，他们可能连"不可能三角形"都不清楚。因此，**为内部人士提供专业培训也是采购管理者的重要工作之一**。

在上一个案例中，Thomas 在开启"全员寻源"项目时遇到了一些来自下属的阻力，他们担心同事们对采购的理解匮乏，从而导致某些人不分青红皂白地介入采购管理。这次 Thomas 又有了想法。

案例：Thomas 为内部同事提供采购知识培训

Thomas 发现，工作中的各种不顺畅，排除权力/利益等因素后，很多时候是因为内部人员自认为很懂采购，因此对采购行为横加干涉、指责，对采购工作造成极大的困扰。

Thomas 考虑安排几轮全员采购知识培训，结果这个想法遭到了主管们的"围攻"。他们大体有以下几种想法：①教会徒弟饿死师傅；②对牛弹琴；③精力不足；

④这帮人以后会更加不懂装懂。

而 Thomas 认为这些都不是问题。首先，如果这些同事参加了几天的培训就会做采购了，那我们的价值何在？对牛弹琴的情况不会存在，只要愿意来听课，就说明他们对学习是有兴趣的，多少能学到一些东西。这些人懂不懂采购都不是他们插手采购业务的原因，根本原因在于公司的流程和决策系统存在问题。

精力不足确实是一个需要考虑的问题，但是我们有 4 位采购经理，每个人抽出一天的时间来做培训还是可以的。另外，4 位采购经理都通过了 CPSM 认证，需要的准备时间应该不会太长。而且，如果能让同事们多了解一些采购知识，那么我们和他们沟通起来也会更方便。

德勤合伙人迈克尔·卡佐克说过，作为管理者，我们必须从繁杂的日常交易活动中释放出一定的资源，关注对于未来工作方式的改善。

除了分享的各种益处，Thomas 认为借此机会既可以提升部门间的协同，也可以推动公司的供应链变革，**最重要的是能提高管理团队成长与转型的可能性**。在说服下属的同时，Thomas 也意识到仅培训不行，还需要建一个采购与供应链图书馆，这样有兴趣的同事可以随时借阅学习或者查询。

于是 Thomas 向全公司发布了两个计划：采购与供应链图书角建立计划，采购与供应链知识培训计划。

截至本书完成，这个项目尚处筹备计划阶段，后续我们将继续跟踪项目进程和效果，看看能否达到 Thomas 的预想。

读《团队协作的五大障碍》思考

四、团队高效协同三原则

对于前文提及过的 3 个原则，之所以重提是因为笔者在观察了很多低效协同以及负协同后，发现大部分团队协同不起来的原因是成员之间没有能遵守这 3 个原则，或者管理者没有让这 3 个原则发挥作用。

管理者只要确保大家都遵守这 3 个原则，协作自然不是问题。我们模拟一下两个团队的情况。

A 团队：各成员各司其职，保持适当的距离，尊重对方的专业性；他们有着一样的目标，互相支援；成员之间相互靠近，互相理解……

B 团队：每个人做着别人的工作，指责别人的不足，每天想着踩别人的后脚跟；各有各的利益目标，等着别人出错，人人兜里藏着一把刀随时准备着乘人不备下手；人与人之间越走越远……

毫无疑问，A 团队会是精诚合作、高效协同的典范。鸟儿都知道的原则为什么我们常常做不到？难道不应该反思吗？

一个大的鸟群中会有数十万只鸟同时高速飞行，当他们碰到捕食者时，整个鸟群会在瞬间改变方向，却不会出现大规模碰撞。这是一种不依靠领导的指示和集中决策的协调性，所有鸟类都遵守 3 个原则，使得鸟群保持敏捷性和安全性。

（1）**内聚原则（不离群）**：靠近同伴的平均位置，个体趋向邻近个体。简单说就是团队浑然一体，相互靠近。

（2）**分隔原则（不靠近）**：避开拥挤的同伴，避免相互碰撞的趋势。简单说就是保持距离，各司其职。

（3）**对准原则（相互追随）**：助推同伴（及自己）以大群的方向前进，个体与相邻个体保持速度一致。简单说就是目标一致，相互支援。

分隔原则
保持距离 各司其职
02

内聚原则
浑然一体 相互靠近
01

对准原则
目标一致 相互支援
03

协同三原则
来自鸟类的启示
不靠近 相互追随 不离群

第八章
入不了眼的间接采购

这是极其简短的一章，因为能理解的读者不需要多说。

笔者可能是采购界为数不多把间接采购作为采购管理核心的人。

间接采购 1 好 4 不：**好想管、不会管、不想管、不能管、管不住。**

失间采，失江山。

一、失间采，失江山

经常有管理者说："我只是想要一名间接采购人员，只要会找供应商、下订单、讨价还价就可以了，只要会干活就行了，并没有想招聘一个多么高级的人才。"

后娘养的间接采购

间接采购的重要性经常被忽视，我们经常开玩笑说间接采购是后娘养的，没人亲，没人管，烂活、脏活都归间接采购人员管。

间接采购的地位通常比较低下，大家的普遍认知是"花钱找供应商买东西谁不会"？而且在那些专业的采购领域如选择广告公司，间接采购人员似乎还不如市场部了解供应商市场呢。间接采购常常只被看作一个"流程环节"，负责下订单、催货、填报表，似乎可有可无。更有甚者，很多部门和人员视间接采购为业务推进的绊脚石，以及企业流程的降速者。

间接采购的特点

企业通常采购两种产品或服务，一种变成了商品卖给顾客，另一种自己用，用于支撑企业的整个运营。卖给顾客的，叫作直接材料或生产材料；留着自己用的，叫作间接材料或非生产材料。间接采购在整个企业的采购额占比为 10%~20%，甚至更高。间接采购通常包括：MRO（维护，修理和运营的需求）；行政类采购，如办公用品、福利、班车等；差旅采购，如订酒店、订机票、买保险等；IT 采购，计算机，网络产品与服务，软件开发等；服务类采购，如市场活动、展会、人事外包、猎头服务等；固定资产采购与租赁，如车辆、压缩机、吊车等固定资产；设施型固定资产的建设、采购与租赁，如厂房、办公室，以及维护等；物流采购；等等。

间接采购的范围比较广，涉及企业的每个部门、每个人员，以及每个运营环节的每个活动。间接采购的品类繁杂，即使是一家小企业需要买的东西也有成千上万种。间接采购产生的成本通常计入运营成本，即费用，一般不会纳入产品/项目成本。

间接采购的重要性

首先，间接采购额占企业支出的 10%～20%，分散到每个品类、每个部门可能看起来不多，但合并起来就是一个很大的数字了。

每节约 1 元的成本，对企业来说就是增加了 1 元的净利润，这与直接采购是一样的。假设一家企业，员工数为 1000 人，营业额是 10 亿元，净利润率为 5%，也就是说该企业每年可获得 5000 万元的净利润，人均净利润为 5 万元/年。

总采购额为 6 亿元（其中间接采购15%，6 亿元×15%=9000 万元），如果间接采购降本 10%，9000 万元×10%= 900 万元，企业净利润 0.59 亿/10 亿=5.9%，增加了近 1%的净利润率。间接采购人员为 5 人，人均创造净利润 160 万元。900 万元是什么概念？可以再请两个总经理了。还说间接采购没价值？

其次，间接采购对客户的影响是巨大的。很多管理者或领导者认为间接采购主要是针对内部用户的，所以对客户体验的影响不大。再往细节处思考，生产设备、生产辅料会不会影响产品质量和运营成本？我们的办公设备会不会影响我们的工作效率？展会与市场广告会不会影响企业的品牌推广、形象？而保洁、食堂、差旅等这些不起眼的服务与员工满意度息息相关，员工满意度又与服务客户的意愿息息相关。

好想管、不会管、不想管、不能管、管不住

好想管："间接采购看起来很简单，对业务的影响又不那么直接，既好插手又好玩，还能彰显权力和获得利益，所以好想管啊。"间接采购很容易成为管理层加塞供应商的地方，好像什么"垃圾"供应商都可以塞进来。

不会管： 间接采购的内容繁杂。形形色色的需求，既可能是标准化的需求，也可能是非常个性化的需求。比如，服务类采购比较难以衡量品质，所以基本上是用户说好就好。这个可以参考"采购说，我好难；总经理说，我也好难"的案例。因此对于很多管理者来说，间接采购太难管了，那就选择放弃。

不想管： 很多领导认识不到间接采购的复杂性和重要性，他们觉得间接采购很简单，随便哪个助理或秘书都能做好，也就没有专业采购人员什么事了。

管不住： 间接采购的决策权归属容易出现问题，用户在这中间的影响力很大，甚至很多东西都是用户在决策，采购只是在配合下订单。很多领导觉得清官难断家务事，由他去吧。

不能管： 领导睁一只眼闭一只眼，把间接采购作为利益分配的筹码，因为间接采购既不计入项目、产品成本，也不会对业务造成明显的冲击，所以一般老板或总部不会太敏感。因此，间接采购很容易成为各个部门领导分田割地的地方，一管就乱，所以不能管。

总之，间接采购对于很多领导者来说有如下几种情况：不会管、不想管、不能管、管不住。这像不像后娘养的？通过一家企业在间接采购方面的人员配置情况，大致可以看出这家企业对间接采购的重视程度。

案例：著名企业 IBM

在 IBM 总部采购管理层中，除 CPO 外有 7 个人，其中 3 位是负责间接采购的，占比为 43%；而直接采购也是 3 个人，包括战略采购、直接采购和运营采购。负责间接采购的人数与直接采购管理层的人数相同。

IBM 2001 年的供应链分析报告中提到，IBM 公司采取"1+8"的模式，即 1 个全球采购中心+8 个区域采购中心。其 92%的订单无须人工操作，平均完成时间

少于 1 小时，95% 的采购额实行集中化管理。

在 IBM 的全球采购组织架构中，在 CPO（首席采购官）下属的 7 位采购管理层中包括了 3 位间接采购领导者，间接采购管理人员的占比达到了近 50%。可见 IBM 对于间接采购的重视程度，也反映了间接采购对企业的重要性。

Tips
> 没有好的人员，间接采购是肯定做不好的。
>
> 老板不了解、不重视，人再牛、流程再好都没用。
>
> 最高管理层没有意愿，没有政策支持，绝对做不好。

你忽视的，可能是要命的

为何很多总经理屡屡失手间接采购？因为他们不重视甚至看不起间接采购，或者将间接采购作为权力和利益分配的比萨，或者没有用对人。在案例"总经理说，我太难了"中，总经理败走间接采购（他可能觉得这是战略放弃），接下来就是在各个区域节节败退。为什么间接采购有这么大的影响力？

首先，间接采购覆盖了企业运营的方方面面。通过间接采购的管理，管理者非常容易看穿每个环节运营的实际状况和存在的问题，也可以观察每个负责人对"权与利"这件事的态度，从而有针对性地采取行动。放弃间接采购在某种程度上意味着放弃对运营的细节把控。

其次，间接采购的复杂性。前文介绍过，这种复杂性会导致"采购难做，采购难管"的特点，管理层如果不重视，则决策权极其容易落到用户手中，在这种情况下采购人员往往会选择"躺平"，只处理订单和走一下流程。

再者，间接采购的全民化风险。如果管理者不愿意分配一些精力在这上面，结果很容易出现"全企业做采购"的局面。全民做采购，本质上体现了企业权责不清、流程混乱的弊端，进而会引发企业整体的权责和流程混乱的乱象，大家都开始模棱两可地做决策和行动。笔者见过最糟糕的情况就是，除了采购人员不做采购，其他人都在做采购。

第四，管理者寄希望于通过权力的分配来达到平衡的愿望一定会落空。最后的结果就是你宠幸的人越来越放肆。人的欲望只会越来越高，故意通过放水来平衡利益是非常危险的。不要以为这种事只会在间接采购方面发生，慢慢也就延伸到直接采购方面了。

第五，间接采购对客户的影响是巨大的。间接采购不仅会直接影响产品质量和运营成本，还会影响员工的工作效率及企业品牌形象，更与员工满意度息息相关。

千里之堤，毁于蚁穴；百尺之室，以突隙之烟焚。**这就是"失间采，失江山"。失去间接采购控制权，意味着在某种程度上失去对运营层面的控制和管理的机会，也会摧毁领导者辛辛苦苦建立的领导力。如果企业的权责不清或人为制造混乱，则在间接采购行为发生的问题也会很快蔓延到直接采购，紧接着企业内部的问题会以让人难以想象的速度传递给客户，形成蝴蝶效应。**

Tips　总经理下岗一般有两个原因，一是销售出问题，二是采购没管好！采购没管好，通常是从间接采购开始的。

二、间接采购经理 > 总经理

这个标题是不是有点奇怪？间接采购经理怎么会大于总经理？且听笔者慢慢分析。

企业涉及人与事两个方面。谁的工作覆盖了企业运营的方方面面？谁与企业每个层面、每个职能部门的人打交道？谁长期与各部门密切协同？间接采购经理肯定算一个。

公司里谁最了解各个部门领导及执行层面人员的风格？总经理？人事？都不是，是间接采购经理！

通过间接采购管理，间接采购经理非常容易看穿每个环节运营的实际状况和存在的问题，也可以观察每个负责人在"权与利"这件事上的态度。间接采购经理可以了解每个职能部门的领导者的风格和行为习惯，如哪些部门的领导者的工作热情高、哪些部门的领导班子成员团结一致、哪些部门的领导者工作效率高、哪些部门的领导者能调动全体职工的积极性、哪些部门的领导者有很强的决策力和执行力，以及他们的工作方法、思维方式和工作风格如何。

企业经营上的变化通常会先从间接采购上反映出来，因为间接采购经理可以从不同角度来观察企业中发生的一切事情。比如，加大和猎头公司的合作力度，与咨询公司洽谈项目，或者各部门开始拒绝大批的采购申请等。间接采购经理可以最快发现企业的细微变化。很多时候看起来鸡毛蒜皮的小事，却隐藏着巨大的信息。

我们经常说采购是兵家必争之地，其实间接采购也是兵家必争之地。因为不是每个人都了解直接采购或知道怎么插手，而间接采购对于很多人来说就像在地摊上买东西一样简单。前文提到，间接采购非常容易出现全民做采购的风险，"失间采"非常容易导致"失江山"。在某种程度上，对间接采购的理解决定了企业的上限和底线，尤其是在国内。

抛开职权、地位与管理决策权限，间接采购经理是企业的隐形总经理。如果"你"的间接采购经理没有做到这个高度，那么只能说明"你"没有用对人。

笔者一直非常重视间接采购，甚至把间接采购作为隐形的、最高等级的职能来管理，因为间接采购工作战略与执行做得到位，大约可以节省采购总监40%以上的时间和精力，同时能够成为企业战略实施的有力推进者，成为业务部门的有力合作伙伴。

三、间接采购人员的能力与选择

既然"间接采购经理 > 总经理"，那么选人必须慎重，而且选间接采购经理的难度一点都不比选总经理低。

也正是因为上面林林总总的特征和难处，企业对间接采购人员的综合素质要求极高，笔者认为甚至要远远超过对直接采购人员的要求。这也是为什么有的企业会出现间接采购人才奇缺的现象。大家可以看看下面这位达人的分析。

知乎上有位采购达人在文中对间接采购进行了非常透彻的分析，并说明了间接采购人才奇缺的3个原因，如下所述。

- 企业决策层没有充分认识到此类采购的重要性和难点。
- 间接采购工作本身的复杂性也导致了这方面人才的稀缺。
- 社会对于间接采购人才的培养未能跟上经济和企业发展的步伐。

这个标题写下来后，笔者停止码字了好几天，一直在思考间接采购人员到底需要具备哪些能力和特性。笔者在网上收集了很多资料，因此下面的很多观点来自咨询公司或同行。间接采购人员除了应该具备采购人员必须具备的常规技能，如寻源技巧、流程能力、计划能力、说服能力、谈判能力，还需要具备远见卓识和领导力。

间接采购人员还必须具备五大能力：共情能力、管理内部利益相关者的能力、项目管理能力、持续和快速学习的能力，以及好演员的能力。

共情能力。 间接采购人员要面对企业上上下下那么多人，必须具备优秀的共情能力（也称为同理心），这是与他人建立良好合作关系的出发点。这一点，是后续几项能力的基础。

间接采购人员要能设身处地体验他人处境，从而感受和理解他人情感，并相应地做出回应。简单地说，就是指间接采购人员要站在当事人的角度和位置上，客观地理解当事人的内心感受，且把这种理解传达给当事人。换句话说就是将心比心，同样的时间、地点、事件，将当事人换成自己。也就是设身处地去感受、去体谅他人。

当合作伙伴有困难时，能站在他们的角度看问题，真正帮他们解决问题。甚至在他们遇到挑战时，公允地为他们站台，以感动他们。有时，为了大局，间接采购人员甚至可以付出一些努力，或者牺牲一些自身暂时的利益，以打动对方，从而获得长远的合作。

管理内部利益相关者的能力。 间接采购人员面临多重压力：需求方（业务部门）施压，财务/法务等职能部门施压，管理层甚至最高管理层也会施压。

做采购，复杂的不是寻找供应商、组织招标和发 RFP、进行商务谈判、处理采购流程，或者管理交付等采购日常工作，大部分采购人员对这一套都熟烂于心。就像本书开头说的，难的不是事，是人！"人"即内部的利益相关者，既包括需求部门，也包括相关的职能部门（如财务部和法务部），还有可能包括企业的管理层。

这些利益相关者本来就有不同的关注点，也有不同的性格和做事风格。有的利益相关者很友好，容易沟通，也乐于配合；有的利益相关者则非常激进，甚至偏狭、固执，很难打交道和被说服。有的利益相关者很专业，非常清楚自己需要什么、要做什么；有的利益相关者则懒散、懵懂，需要花大力气去引导。大多数用户都有自己的想法，也不缺不走寻常路的业务部门和人员。

采购人员除和外部供应商沟通外，还需要每天面对如此复杂的内部人际关系，如果没有善巧的为人处世方法和沟通技巧，往往会给工作平添许多阻碍与掣肘，甚至寸步难行。一个优秀的间接采购人员，要能够高瞻远瞩、有原则、懂业务、会沟通、理解内部利益相关者工作的重点和痛点，以获得他们的理解及支持。

项目管理能力。每个间接采购需求都是一个项目。每个优秀的间接采购人员都应当具备相当的项目管理能力，一个优秀的间接采购人员的项目管理能力甚至会超过企业专设的项目管理经理的能力（这个可能只有专业人士才会认识到）。

一个采购项目一般从前期策划、数据分析、可行性研究、需求收集、寻源、发标书、组织招标、商务谈判、供应商选择、合同签订到供应商实施，短则几个小时到几天就能完成，长则几个月甚至数年。但无论事情大小，整个思考与工作流程大体都要走一轮。

采购项目实施中的流程把控、职责确定和各方力量协调，事无巨细，都需要采购人员恰到好处地把握。最终能否达到用户的期望值，能否多、快、好、省地满足用户的要求，能否提供给他们有更多附加值的解决方案，流程能否执行得灵活、得当且不妨碍长远的战略和方向，这些都是采购人员在项目中需要考虑的问题。

面对内部的各方利益相关者及外部供应商，间接采购人员不仅要保证项目能够顺利推进，还要协调各方都在项目总体框架下无缝配合，没有项目管理的思维是无法实现的。

持续和快速学习的能力。间接采购涉及的内容广泛、品类繁多，时不时就会跳出来一个以前从来没接触过的业务需求。间接采购人员的专业性，就来自他能够有意识地不断深化和拓展自己的知识体系，保持不断学习和提升的热情。间接采购人员要比业务部门的人员更专业，更具建设性的创见，能给他们提供方向指引和指导意见，这样才能得到业务部门的接纳和认可。越来越多紧迫的间接项目需求，对间接采购人员的快速学习能力进行着考验。

好演员的能力。一个好演员应该具有敏锐的观察力，深刻的理解力，持续而稳定的注意力，丰富而活跃的想象力，准确而鲜明的判断力，灵敏、即兴的适应力，真切的感受力和生动的模仿力，等等。间接采购人员也必须具备敏锐的观察力和深刻的理解力，这样才能明白各位"大佬"的潜台词；保持高度而稳定的注意力，不然一不小心就会掉进坑里；具备丰富而活跃的想象力，以应付"大佬"们的天马行空；具备准确而鲜明的判断力，以能够明白"大佬"们说必须走流程的意思；具备良好的适应力及真切的感受力，以能帮助"大佬"们按照他们的想法把事情说得完美；具备生动的模仿力，以将枯燥的争权夺利讲得妙趣横生。

可以培养出优秀的间接采购吗

行也不行。先说为什么不行，间接采购人才要靠选择！

知识、经验、技能，这些看得见的能力是"显性能力"。但是，"隐性能力"对组织来说更重要，而且这些能力还很难培养。比如，共情能力的高情商、抗压力的高逆商、主观聚焦的兴趣与自驱力等这些隐性能力几乎没有短期培养的可能性，它们是由家庭环境、学习经历及工作经验等个人成长经历造就的。

这些隐性能力的资质有点"类天生"，在过去10多年，笔者也曾经尝试过通过耐心辅导培养优秀的间接采购人员，但是都失败了。笔者最终认识到采购人员的有些能力是要求天赋的，是很难培养的。就像笔者虽然有20多年的供应链管理经验，但是事实证明笔者确实很不擅长间接采购。

间接采购人才要靠选择、选拔，而不是靠培养。与其将时间精力投入培养，期望获取概率很低的成功，不如直接选拔。

那为什么还需要培养？优秀的潜质并不能直接转化为好的结果，只是优秀的人不需要过多的培训，若能培训和引导他们将实践过的方法论提炼成知识体系、方法论体系、工具体系、数据体系及学习体系，则他们将创造出优异的成绩。

Tips

失间采，失江山。

大象的天敌是蚂蚁，蚂蚁的天敌是食蚁兽。

有些事情是不能让步的，有些人是不能让步的。

四、该如何管理间接采购

管理间接采购也是一件极度依靠天赋的事情，笔者也没有办法说得很清楚，因为笔者从来没有觉得自己擅长此道，但是可以分享一些要点，如管理者不要妄想亲自参与每一个采购决策。间接采购的复杂性决定了管理者不可能事事参与，既无精力也无必要。笔者多年的经验如下。

采购经理人

● **不管法则**：能管就管，能不管就不管，能代管就代管（让下属代管）。

- **选对人**：选用优秀的间接采购负责人（优秀的标准请参照前文提及的间接采购人员必须具备的五大能力）。
- **充分授权**：如果你想继续待在坑里，那么随意找个人下订单就可以了，也不存在授权的问题。舍不得授权，就只能继续在坑里待着。
- **有重点**：推进间接采购的品类战略采购，管理者要参与重点项目，而非将重点事情交给采购负责人决策即可。
- **想明白**：采购职业经理人要想明白总经理的真实想法是什么，宁可放弃也不强攻，只有在老板强攻的时候才打配合，不要傻傻地冲在前面。

总经理

- **天敌法则**：大象的天敌是蚂蚁，而不是狮子。
- **定规矩**：间接采购的流程和决策一定是简单、有效的，所谓采购分权或集体决策只会让效率大幅降低。所有人都不可以绕过规则和流程，不管是正确还是错误的决定，因为总有人会以"公司利益""信息保密"等各种借口来争夺间接采购控制权。
- **找对朋友**：一定要将间接采购负责人升级到业务合作伙伴层级，只有他们才是协助管理者实施管理的最佳搭档，管理者的坚持和他们的坚持组合起来，才有可能真正让组织高效、有价值地运转。

除了上述要点，花点钱引进一套 SAP 的 Ariba 管理系统，管理者就可以像管理直接采购一样管理间接采购。这个系统涵盖了合同管理、供应商业绩表现可视化，以及更加可视化的审批系统等，总之好处多多。

【注意】采购管理也有幸运表面积

经常有人问笔者一些问题，比较典型的如下。

为什么你打个电话就代替了一场唇枪舌剑的谈判？老板对老板的谈判都谈不下来，你分分秒秒就拿下了？为什么你吃一顿饭，一次精心准备的访问和看似即将剑拔弩张的谈判就结束了？

为什么你好像什么都不干，什么都不管，你们部门的人都斗志昂扬？为什么你的团队成员那么听你的？你的下属把你怼得不要不要的，你怎么能忍受？为什么你们部门好像能预知未来的市场变化，每一波涨价都能被化解于无形，即使涨价老板也不会指责你？

笔者一般都会笑笑说，运气好，碰到好团队，碰到好领导，碰到好供应商，我就是个部门助理，是他们的助理，做一群牛人的助理是我的幸运。

成功离不开运气，这种运气并不是概率论上的好运，笔者总结了两个采购管理的幸运表面积公式，这两个公式是采购管理顶层设计中的价值体系核心，如果能够做到，采购管理离成功也就不远了。

采购管理的幸运表面积

一个优秀的采购管理者不能靠幸运，但是可以靠幸运表面积。在采购管理上，笔者根据多年的经验总结了两个幸运表面积公式。想要在采购管理与组织上获得更多的"幸运"，就需要知道影响幸运表面积的因素有哪些。

$$\text{L-small（小幸运面积）} = O \times S \times C \times I$$

O（Organization）：即采购组织，建设高绩效的采购组织。

S（Sustainable）：即可持续性，包括团队可持续性、供应可持续性、供应商关系可持续性等。

C（Cooperation）：即协作，部门内协作，跨部门协助，外部协作。

I（Indirect）：即间接价值，包括间接采购、非表见价值贡献。

L-small 这个公式说的就是，一个采购/供应管理组织要想获得幸运从而获得成功，必须有高绩效的组织、可持续的战略、高度的协同，以及间接价值的获得。

$$\text{L-big（大幸运面积）} = C \times F \times S \times P$$

C（Culture）：即部门的文化，也就是说整个部门文化认可上要达成一致，并形成部门运作和决策的基础。部门文化与企业平台和文化关联紧密，相辅相成。

F（Foresight）：即远见，将目光放在更远的周期上，不局限于短期的价值与利益，一个部门的高度是建立在远见与战略之上的。

S（Strategic）：即战略高度，不管是日常简单决策还是长远规划，始终要把战略高度放在前面，作为基础。

P（platform）：即平台，如果没有好的平台，则幸运是没有意义的，成功也是极其有限的，也就是说部门文化再强大也很难影响/改变企业的运行轨迹。从某种程度上讲，作为一个职业人士，改变一个平台的可能性很低。

L-big 这个公式说的就是，一个组织想要获得真正的成功，必须具备优秀的组织文化，有远见，有战略高度，而优秀的平台又是使这一切具备真正价值的基础。

L-small 加上 L-big，就意味着有一个高绩效组织，基于可持续的思维与行动指引，有着良好的协同关系。采购组织有战略、有远见，部门文化自然不会差；采购组织所在的平台又足够好，那么幸运也不会少，离成功也就不远了。两个公式的要点也将在全文中贯穿始终。

宫讯伟老师说他致力于帮助采购人员实现"能力显性化、知识结构化、个人品牌化"。

案例："什么都不干"的采购总监—2

在"'什么都不干'的采购总监—1"案例中，采购总监默默花了 3 年时间来培养团队和供应基础，在完成团队知识结构化后，又逐步让采购经理们浮出水面，直接面对高层推进采购战略，逐步推动部门能力显性化。

这家公司每两周开一场管理层会议，采购总监在觉得时机成熟后，用一个半月的时间，在 3 场会议上展示了 3 份 PPT。

第一份 PPT 介绍团队成员的成长情况。团队中已经有 8 位成员通过了 CPSM 认证，1 位成员取得 APCIS 认证，1 位成员取得 MBA 学位证书。

第二份 PPT 介绍项目进展和成本情况，全年节约成本达数千万元。

第三份 PPT 介绍了下半年推进 SRM 系统、解决供应商关系管理痛点，以及项目的开展计划：①推进全员介绍供应商渠道建设；②向全员开展采购与供应链知识培训；③开启"独特供应基础建设"项目，组建跨职能团队支持供应基础开发。

第一份 PPT，展示的是人员的实力；第二份 PPT，展示的是绩效结果；第三份 PPT，展示的是自信与专业度、未来的供应管理战略，以及主动协同的意愿。

采购总监通过 3 份 PPT，将部门的知识结构化、能力显性化、部门品牌化步步推出，展示其 3 年来的成果。

（这里的两个项目分别在有关协同的章节中有详细介绍）

【注意】采购管理的价值链飞轮

采购管理飞轮效应

本书最核心的部分就是这部分讨论的这些要素，这些要素在优秀的采购管理者手中就像变魔法一样产生了巨大而不停歇的力量，我们把这些放在一个飞轮上，看看它们是如何产生魔力的。

内圈：以健康心理建设为基础，打造高绩效团队，推动可持续战略，促进协同，触发业绩提升，飞轮开始产生动能，进一步提升团队健康度，产生内部飞轮效应。

外圈：健康、高绩效的采购团队决定了更加健康的供应商关系基础和协同能力，以更加开放的合作心态推进合作伙伴关系的建立，形成双赢关系，供应商将有更强的合作意愿，从而推动更加健康的供应商关系基础建设，产生了外部飞轮效应。

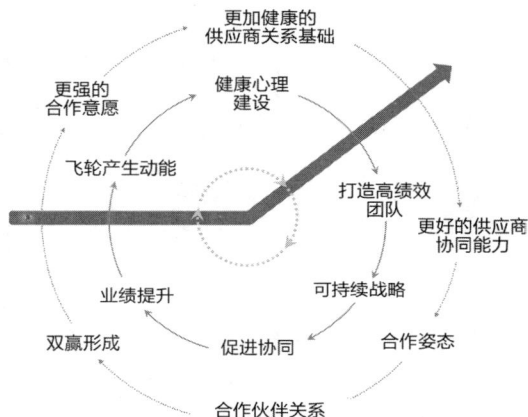

采购管理价值链飞轮效应

在采购管理的整个过程中存在着诸多利益相关者，这些主体的价值就构成了采购管理的价值链。通过团队价值实现企业价值及供应链价值，从而最终实现社会价值，最后个人价值自然就可以得到体现了（第二本书详细论述）。

驱动力：价值驱动。

外圈：供应链价值，对应了社会价值。

内圈：团队价值，对应了企业价值。

中心：个体价值，对应了对他人的价值。

基础支撑力与能量：采购管理四大核心积蓄力量，文化/远见/战略/平台做支撑。

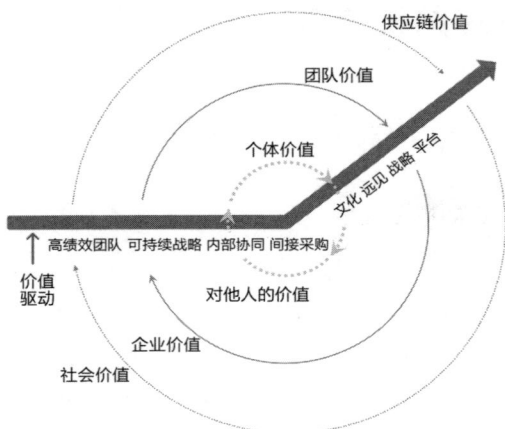

第二部分总结：成为优秀的采购管理者

- **采购管理者的核心价值：** 制定组织战略与提升组织能力，以满足企业未来发展的需要。
- **五大基础资质：** 一般认知能力，常识，领导力，谦逊与接受模棱两可，好奇心与学习能力。
- **采购组织的核心竞争力：** 采购领导力，采购竞争优势，核心能力，赋能业务。
- **打造 4 个心理基础：** 不做超人，有底有气，心理安全，眼高脚低。
- **五步建设高绩效的采购组织，** "无为而治的自组织团队" 是终极目标。
  - ➤ **组建优化：** 选择合适的人，个个都顶用，高薪与超配，该花的钱不能省；
  - ➤ **磨合成形：** 扫平认知鸿沟，建立团队自信；
  - ➤ **提升核心：** 构建核心团队领导力；
  - ➤ **柔性建设：** 将驱动力与变革力作为长期价值基础；
  - ➤ **潜力打造：** 做好继任者计划。
- **可持续供应管理战略：** 最难以说清楚的事情却最重要。
- **协同的三大障碍：** 协同意愿，协同能力，协同基础。
- **间接采购：** 失间采，失江山，忽视的可能才是重点。
- **现在就要满足未来的需要，** 而不是等着未来到来。

第三部分　采购管理的企业家精神

回想一下，我们有没有出现过下面一种或多种情况？

- 越管越乱。不管还好，一管就乱。
- 流程越来越完善，事情却越来越糟糕。
- 会议越来越多，会议时间越来越长，问题列表越来越长。
- 今天为了加强风险管控，增加一名法务；明天为了加强成本管理，增加一名财务成本管控专员；后天设置一个流程管理职位；下个月增加一名审计人员……非增值人员越来越多。
- 优秀的人才留不住，平庸的人员赶不走。
- 越强调敬业和忠诚度，员工越反感。
- 考勤打卡，员工手册，绩效考核，这些好像越来越不管用了。
- 加薪抱怨，发奖金也抱怨；订单少抱怨，订单多也抱怨。
- 费尽心思，大幅增加培训费用，效果却几乎为零。
- 每个人做着别人的工作，指责别人的不足，每天想着踩别人的后脚跟。
- 不是时刻准备着持刀相向，就是相敬如宾。
- 很多人对采购的事情感兴趣，有很多打小报告的人。
- 经常听到类似的话："这件事要问老板！""这件事情是老板同意的"。
- 除销售人员和采购人员外，其他职能人员增加迅速。

……

我们常忘记管理的最终目标是实现企业价值，我们害怕放开管理的缰绳，我们在乎身份和职权带来的一丝小愉悦。

我们每一次放弃控制权，就意味着团队多了一次提升的机会，而我们自己就有了更多的时间去应对新的挑战。

第九章
越控制越糟糕，越管理越混乱

经常看到新闻说某企业破产，这通常是因为"企业管理不善"。事实上管理不善又分为 "缺乏有效管理"与"管理过度"，这两种都会造成企业危机。但它们的界限有时会比较模糊，当管理过度到一定程度，就会变成事实上的缺乏管理。管理过度，会使管理者忽略管理的意义和管理的有效性。

多头管理，人人想管，人人能管，这就是采购职能要面临的管理风险。 采购职能往往是"管理风险"的重灾区，通常采购职能面对的管理有 3 种：直接管理，主要是指上级职能的管理；间接管理，是指财务、法务、审计等监管职能对采购的管理；隐形管理，是指项目管理、产品管理、设计等部门通过对成本与价格的控制等对采购职能形成隐形的管理和运作介入。

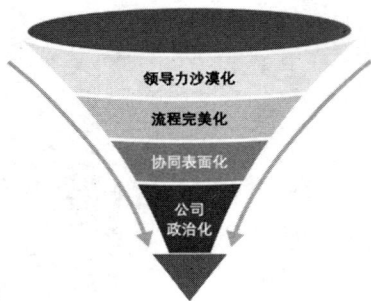

采购管理存在四化风险：**领导力沙漠化**，即强调权力与控制，以监督代替管理；**流程完美化**，即过程越来越复杂；**协同表面化**，即职能间配合体现在形式上；**公司政治化**，即"警察""法官"成主流。

为什么会出现四化风险？

在《奈飞文化手册》一书中，作者认为：大部分公司依靠建立一套指挥控制系统，自上而下地做决策，同时通过培养"员工敬业度"和"员工赋能"来挑战这套系统。比如，通过奖金、薪水、年度绩效考核、终身学习、庆祝活动、个人提升计划等进行赋能或者提升敬业度，继而提升员工满意度和幸福感。

而事实是，管理者以错误的管理理念和价值观，寄希望于建立一套复杂的管人和管事的系统来确保业务目标及个人的控制欲望的实现。这套系统再以管理和企业目标的名义推进，在剥夺员工权利的同时推进执行文化，并将组织一步步变成体力工作者团队，**导致过度管理，使员工缺乏驱动力、生产力低下。**

在业绩不佳时，管理者就开始推卸责任，说员工的敬业度不高和缺乏动力，并采取各种措施，如考勤打卡、大棒加萝卜（绩效考核）、学习培训、加薪升职等进行敬业度提升或赋能。这些行为在短期内能够在一定程度上起到改善业绩的作用，但在中长期内无效，甚至产生会反作用。另外，**敬业度和赋能提升起到了短期作用，会使管理者更加确信"错误"的正确性。**

企业常用的方法是把公司目标拆解为部门目标、团队目标和个人目标，这套方法看似逻辑极强且合理，然而在错误管理逻辑出发点下，运营过程中的各个子**目标并不是围绕对客户和企业最有利的方向前进的，而是为了证明"错误的管理思维"的正确性来推进日常运作的。**

这样就形成了一个**错误累加的恶性循环**：错误管理思维 ➔ 错误的过程 ➔ 错误的结果 ➔ 推卸责任，错误对策 ➔ 错误管理思维。这个错误循环推动了管理的四化风险：领导力沙漠化，流程完美化，协同表面化，公司政治化。

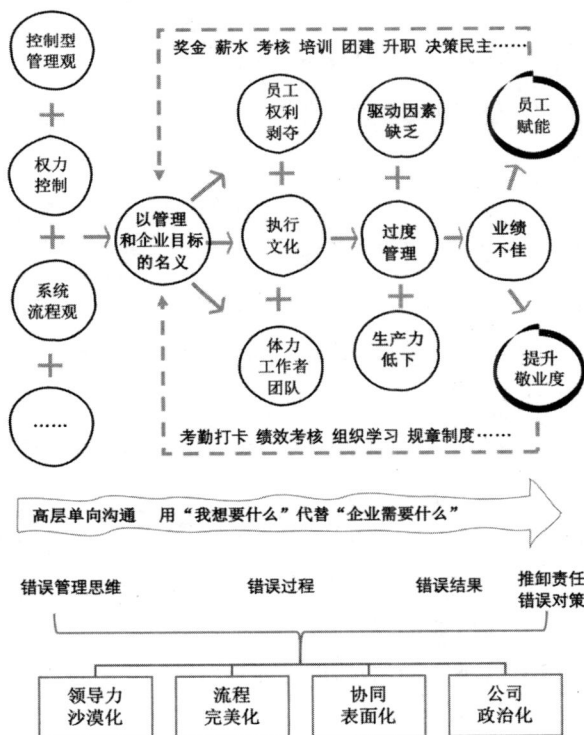

这就是企业管理的误区：**越控制越糟糕，越管理越混乱。**

在这一章，笔者会介绍一些对采购与供应链威胁比较大的错误与管理风险，有些有应对建议，而有些问题笔者也给不出有效的方案，需要大家共同探讨。

一、5 个错误打造"无谓的组织"

采购很忙，采购很累，挑战很多，压力会导致行为变形。管理者常常有心无力，助长了更多的错误行为，**这就是"管理变形"与"手段变形"。**本节我们将探讨管理者常犯的 5 个错误，这也是导致"无谓的组织"被打造出来的原因。本节不会有很多案例，读者可以从前后文的案例或日常工作中体会。

2017 年盖洛普的一项民意调查发现，只有 3/10 的员工赞同"他们的观点在工作中受到重视"。同时，盖洛普指出，"如果将这一比例提高到 6/10。员工流动率可降低 27%，安全事故可减少 40%，生产力可提高 12%"。因而，组织仅仅雇用有才之士是不够的，如果希望释放个人和集体的潜能，就必须营造一种心理安全的氛围，让员工自由地表达想法、分享信息和报告错误。想象一下，如果让员工觉得自己的观点在工作中受到重视成为一种惯例，将会有何等收获！

我们经常看到组织中的一些乱象。比如，开会时只要领导提出了看法，就会有一堆人点头，没人敢提不同的意见；同事在工作中出现明显的错误，大家却碍于情面没有指出来；团队氛围跌到了谷底，在重要会议上大家都不愿意发言；不断有人离职而且很多人都并不是因为薪水问题离开的；整个团队都很疲惫，没有成就感；总是可以顺着老板思路的人得到晋升……企业强推打卡制度，领导们大门紧闭，员工有想法只能通过抱怨、投诉、申诉甚至离职来表示抗争；领导们无所不知、无所不能，说教者众多，人人害怕秋后算账，破坏信任和贬低个人的行为泛滥……

这些情况反映出一个组织处于高风险状态，员工深陷"危险的沉默陷阱"，"闭嘴"和"躺平"成为行动纲领，"随便吧""就这样""好的""是"成为标准答案，呈现出一种"无所谓"的状态，也就是对企业的发展报以无所谓的态度，**我们将处于这种状态的组织称为"无谓的组织"。**

有些领导者将心理安全放在口头上，常常在口头上希望大家敢于建言，并信誓旦旦地表示将尊重每个人的建议，**看似/听似致力于打造"无畏的组织"，却在行动上朝着完全相反的方向越走越远，打造着"无谓的组织"。**

通过观察"无谓的组织"，我们观察发现管理者的 5 个错误极易使成员变得"无所谓"，这样下去，组织也就慢慢变成"无谓的组织"了。

这 5 个错误其实在每个管理者或领导者身上都有可能发生，我们重点关注采购管理者。**从积极的角度看，领导者完全可以避免这些错误，**比如，管理者可以致力于打造知识工作团队（如尊重每个同事的专业性等），善于思考与使用领导力（如充分授权，鼓励协同等），做到上下兼容，打造优异的工作环境（如提供保证大家心理安全的工作场所，积极支持同事们的职业发展规划，帮助员工平衡好工作生活等），坚持集体制胜的快赢的原则，等等。

这就是本节的主要目的，**知道什么是错的比知道什么是对的更难，也更有价值。**笔者不打算直白地说该怎么做，因为知道什么是错的，很容易就找到答案了。

（一）打造体力工作者团队

采购是一份对智商与情商要求极高的工作，因此大部分采购管理者都会认同我们的目标和初心应该是打造一个知识工作团队。然而，在实际工作中**理想与现实存在差距：我们的初心是打造知识工作团队而实际上致力于打造体力工作者团队。**不仅采购管理者经常犯这种错误，其他职能部门的管理者或更高级的职能管理者也经常犯这种错误。管理者犯这种错误通常有 3 种原因：能力问题，控制欲问题，或者自信问题（来源于能力问题）。

状况很糟糕

比如，**在采购管理中，管理者做的决策过多，无论大小。**采购管理者或老板们无所不能，供应商战略自己定了，供应商选择自己做了，份额分配也自己做了，那么本来作为"知识工作者"的下属们就成为事实上的"体力工作者"。团队的工作缺少有效性，也没有了成就，他们对做好工作和做出贡献的热情也就很快消退了，慢慢成为朝九晚五在办公室消磨时间的人。

面对巨大的内外部压力，管理者如果无法在短期价值和长期价值之间做出良好的平衡，则可能采取自行快速决策，以期望用最简单的下命令的方式来消除压力。

"如果我们看到一个部门的领导者不停地发号施令，做出各种决策，而下属们忙得不可开交或闲着无事，那么很有可能就是管理不善；相反，如果我们看到一个部门的领导者不怎么做决策，但部门运行顺畅、业务推进顺利，那么这可能就是一个有效的管理者。"彼得·德鲁克说："我们无法对知识工作者进行严密和细致的督导，我们的职责是协助他们。知识工作者本人必须自己管理自己，自觉地完成任务，自觉地做出贡献，自觉地追求工作效益。"

后果很严重

一旦我们致力于打造体力工作者团队，整个团队就会逐步变成一个执行组织，团队成员不需要思考，只要学会听指令即可；重金打造的采购团队最后就变成了一条生产流水线。

而管理者看似价值凸显、树立权威甚至建立了"一言堂"，最终可能导致强权管理。这无论是对于企业，还是对于管理者自身，抑或是对于团队都是一种伤害。当然，很多人陶醉于此。

当然，也有部分管理者非常厉害，非常努力，每天工作 20 小时，他们参与每一场谈判，审核每一份订单，参与每一个决策，最后的绩效也很优秀，看似很完美，但是不是有哪里不对？

长此以往，一个**团队的核心竞争力就只有管理者**自己了。一个部门只有一个人在思考，一个公司只有一个人在思考，这样你还会觉得完美吗？想象一下，如果一个团队没有核心管理团队，没有主观能动性，不会思考只会执行，最高管理者离职了部门就塌了，这种状况是不是很糟糕？（这个可以参考书中的一些案例。）这对于管理者个人来说也是有百害而无一利，管理者的高度最终取决于团队的高度，团队都是执行的"机器人"，那管理者充其量就是一个"编程者"。

另一种后果就是彼得·德鲁克所警告的，一旦管理失败，极权主义就会取而代之。一旦我们把团队打造成体力工作者团队，团队的知识价值就几乎无法建立，也无从（凭绩效和成果问责）获得的正当与合法的权力（即授权），这时组织离管理失败就不远了，极易被极权主义接管。

而采购部门尤其需要警惕这一点，也就是要警惕因为管理失败而导致被极权主义接管。在我国企业中，上层组织经常有着强烈的直接管理采购决策的意愿，意欲使用极权主义取代专业的采购管理。不管出于何种原因或理由，总的来说都是钱/权、不信任，以及缺乏管理和领导力在作祟。**一旦采购管理失败，被极权主义接手也是理所当然的事了。**

（二）将领导力扔进垃圾桶

在工作中，我们常会看到一些很有意思的现象：总经理做部门经理的工作，部门经理做员工的工作等。

有些领导总是强调管理，企图管理到企业的每根汗毛，想要把每根汗毛都理顺，都掌握在自己手里。在现实工作中，很多人认为领导=管理，把管理和领导当作同义词来理解及运用，似乎管理者就是领导者，领导过程就是管理过程。**这就是典型的"用管理代替领导力"。**

还有些管理者或领导者总是摆出一副"我是领导"的姿态，认为"我有决策权和资源调配权，因此我说了算"。无德或无能，或者两者皆无，仅仅有一张任命书就觉得自己是领导了，**这就是典型的"职位=领导者=领导力"认知问题。**形象化描述，就是一个人举着职位任命书，脑子里浮现出"我是领导了，我可以说了算"的画面。

笔者称这种人为"将领导力扔进垃圾桶的人"或"无法理解领导力的人"。

什么是领导力？领导力与管理的区别是什么

蜜蜂会依靠蜂房、采蜜地点和太阳 3 个点来定位，蜂房是三角形的顶点，而顶点角的大小由两条线来决定：一条是从蜂房到太阳的直线，另一条是从蜂房到采蜜地点的直线，这两条线所夹的角叫"太阳角"。太阳就是领导力，而蜂房和采蜜地点就是规则与程序。

当我们用管理代替领导力时，就像一个蜂群，没有了太阳的指引，就没有了方向，置身管理规则丛林中，蜜蜂就变成了"无头苍蝇"，只能全身心围绕着管理规则转。

书中很多案例都有"用管理代替领导力"的影子，如"有必要成立一个'盖章部'"和"财务/法务与采购的矛盾"等，都是典型的使用增强型的管理来代替领导力的做法。这种做法很容易导致"手术很成功，病人却死了；流程很完美，企业却倒闭了"。

彼得·德鲁克对两者有过清晰的定义：**管理是把事情做好，领导力是做正确的事情**。管理主要强调控制，领导力主要强调激励。只有两者有效结合，才能发挥出巨大的效用，实现组织和团队的高速发展。

《无畏的组织》一书中是这样定义领导力的：领导力可以看作一种帮助人们和组织做出非自然举动的助推力量。例如，直言不讳、承担已知的风险、接纳各种观点，以及解决极具挑战性的问题。

在今天，领导者比以往任何时候都更需要领导力

杰克·韦尔奇有一句名言："多一点领导，少一点管理。"而大多数领导者面临的问题是管理太多、领导太少，归根到底是领导力缺失的问题。

我们已处于管理过剩的时代。经过近40年的改革开放，我们培养了众多的管理者，我们正处在一个管理太多而领导太少的时代，这是因为有太多的人仅仅把自己扮演成管理者，而忘记了自己是组织前进的领袖、群体行动的导师。

一个好的领导并不是要制订计划，而是要确定方向；领导不是组织与配备人员，而是让员工协调一致；领导不是解决问题与控制，而是激励员工。明代吕坤在《呻吟语》里说，深沉厚重是第一等资质，磊落豪雄是第二等资质，聪明才辩是第三等资质。这三等资质的最大差异大概就是领导力差异的体现了。

如何评估领导力

《卓越领导　从优秀经理人晋升为卓越领导者的登封之道》一书中说领导力是一种特质、一种能力、一种结果，并提供了一个有效领导力验证公式：**领导力 = 特质 × 结果**。通过这个公式，我们会发现，只有特质好没有用，只有结果好也没有用，必须是特质好，结果也好才行。

这个公式容易让人聚焦于中短期的结果，笔者认为应该加上以下几点：塑造可信的未来；将战略落实为行动，确保团队有开展工作和承担责任的能力；吸引人才的同时培养下一代人才；为自己和团队投资。

案例：小乔看领导力

小乔觉得领导力就是以下三者的集合：智商、情商及行动力。领导力最终会呈现在团队表现上。

衡量一个领导者能力的高低，不是看他个人有多么能干，而是看他带领的团队能发挥出多高的水平。

领导与其核心团队成员互相映照。领导笨，那不是领导真的笨，而是身边的笨人太多；领导厉害，那一定是身边有一群很厉害的下属。领导的实际能力通常是核心团队的平均能力的 1.2 倍。当然不是说下属造就了领导的领导力，而是领导的领导力决定了团队水平。

领导的领导力=核心团队情商×智商的均值，要知道一个领导的领导力如何，就去寻找其最弱的和最强的核心团队成员，据此就可以大致判断这个领导的领导力水平。

如何自我提升领导力

笔者也经常困惑于这样一个问题：我的领导力如何？对于领导力，笔者总有一种说不清和道不明的感觉，一会儿觉得它是亲和力，一会儿觉得它是同理心，或者战略水平，看起来"高大上"，却总是不能说"人话"。直到笔者读了 Leandro Herrero 关于领导力的书籍《领导者的七张脸，一个需要镜子的领导模式》，才恍然大悟。

常照镜，常反省，常优化。经常看看自己，认清自己的能力，找到并弥补差距，才能更上一层楼。人容易出现自我认知偏差，这时，我们需要一面镜子、一个标准，用这个镜子来照照自己，照照你的领导，以他人为镜，常反省自我。

"领导者的七张脸"理论让我们能够以不同的方式投射自己，并反思它们之中哪些是过度生长的或不发达的。事实上，"领导者的七张脸"本身就是一部包含大量问题的地图学，而不是一个答案列表。当然，我们也可以用它来审视和识别自己的领导力，学习其中好的地方，也避免自己犯同样的错误。下面让我们来看看这七张脸是什么。

（1）**领导者说了什么**：由于语言问题，领导者所说的和人们听到的也许不一样。领导者应反思自己所用的语言的意义和意图是否能够清晰地表达自己真实的想法并被听众接受。

（2）**领导者带着团队去哪里**：这里的主题是目的地（或缺乏目的地）、旅程和有没有一个好的地图，这张脸的领导者看起来有点像制图师。

（3）**领导者构建了什么**：领导者如何建造空间和保护时间？他们如何建造属于自己的或渴望的"家园"？当然，还有遗产的关键问题：领导者留下了什么，这是否重要？

（4）**领导者关心什么**：这是价值和不可谈判的领域，即我们需要走多"深"，超越语言。

（5）**领导者是如何做的**："如何"是一个风格问题，但不是个人性格问题，更多的是待人处世的风格问题。

（6）**什么是领导者**：强调"什么"。这里有 3 个主题：意识、责任和认同。这就是 The Book of Fathers 中犹太意义上的"什么"："如果我不为自己，谁为我？当我为自己，我是什么？如果不是现在，什么时候？是什么？"

（7）**领导者实际做什么**：重点是角色塑造、改变能力和七张脸的整体练习。

（三）向下管理与向上管理

很多管理书籍/咨询或培训都会向我们传递向上管理和向下管理这两个概念，仿佛我们只要学会了向上管理领导、向下管理团队，就离成功不远了。

被很多人一直奉为神器的"向上管理与向下管理"怎么可能会是错误的？我们一直用得很好，如鱼得水。笔者没有过多研究过向上管理与向下管理，因为笔者没有兴致去思考这个在很多人脑子里整天被作为政治问题思考的问题。然而，有一场对话让笔者对向上管理与向下管理有了全新的认识（如下所述）。笔者认识到这两个理念可能都错了，至少描述得不完整。

案例：管理还是兼容

今天与团队成员聚餐，聊到向下管理与向上管理，成员各抒己见，谈论得热火朝天，他们一致认为 Thomas 向下管理做得比向上管理好。简单说，就是 Thomas 搞不定老板！

他们举的例子是 Thomas 如何与下属罗总和谐相处，在工作中配合默契。罗总是给人感觉有点"刺头"，却是一位非常专业的采购经理，历任采购负责人和运营负责人都没有办法很好地用他。

Thomas 的做法很简单，充分尊重罗总的专业性和做事方式，多看看他比自己强的地方，支持他更多地发挥价值，而自己只要做好支持工作即可。

突然，阿曼达冒出一句话，说你这是向下兼容！

听到这里，Thomas 的第一反应是他用词不当，因为向下兼容通常说的是在一个计算机程序/软件/硬件规格可以兼容旧的硬件/软件/规格。事后想想，他说到点子上了。Thomas 对下属采取的就是向下兼容，而对领导采取的是向上兼容。

笔者认为"管理"中或多或少包含着"管制"的意思。比如，管理的定义：管理是指一定组织中的管理者，通过实施计划、组织、领导、协调、控制等职能来协调他人的活动，使别人同自己一起实现既定目标的活动过程，是人类各种组织活动中最普遍但最重要的一种活动。

反观兼容，**在工作中，兼收并蓄，允许不同风格、不同想法，吸收对方的优点并转化为自己的能力，同时互相包容对方的个性和需求。那不就很完美了吗？**

有一个段子是这样说的：当你发现有一个人，你说什么他都能理解，沟通很顺畅，好像找到了人生伴侣或者灵魂伴侣时，那99%的可能性是你遇到了一个情商、智商都比较高的人，他在对你向下兼容。

兼容，是指能够包容不如自己的人，将优越感和体面留给对方；是平等尊重他人，不轻视他人，能够将心比心，换位思考；是懂得看人长处，忽略他人的短处，懂得扬长避短。

细想了一下这些年见过的牛人，原来真正厉害的人全都同时具备向下兼容和向上兼容的能力。**将向上管理与向下管理改为"向上兼容"与"向下兼容"，那么我们心理上就会多一层包容，少一些控制。所以，我们能不能与上司多一些兼容，能不能与下属多一些兼容？**

向下兼容，是指管理者允许员工试错犯错，给员工成长的空间和表达的自由；向上兼容，则是在兼容上司的同时保持独立的自我。懂得兼容的人，是真正高段位的人。这样的人，不愁不出头；这样的管理者，不会找不到好人才；这样的职场人，不怕走不远。**兼容是领导力的一部分！**

Tips
忘掉控制，忘掉向上管理与向下管理。
学会向上兼容与向下兼容。

（四）滥谈忠诚度

总有人在笔者耳边反复提起"忠诚度"这个词，笔者觉得有必要写一些自己的理解和看法。

案例：员工的忠诚度太低了

企业走的人太多了，领导们反复在不同的场合强调忠诚度。

有位员工每天通勤 4 小时，为了照顾家庭，他选择在家附近找份工作，却被批评没有忠诚度。领导说："上班距离远了就要辞职的，就是对企业没有忠诚度！这种人走了也好。"有位员工跳槽去了其他企业，被高层说忠诚度不够，可是这位员工曾拒绝了一份非常好的来自竞争对手的聘书。

有人见识/能力不足，仅仅是为了找一个地方混退休，却占着核心岗位；无法很好地履行其所在职位的绩效与贡献需求，却经常说自己有很高的企业忠诚度。

一家企业一年的离职率超过 40%，是因为员工没有忠诚度？难道对企业的忠诚度比对家人的忠诚度更重要？批评者自己能做到吗？如果企业不能给员工家一样的感受，却希望员工把企业当家，这可能吗？不称职者赖着不走就是忠诚度高吗？连竞争对手都挖不走的人的忠诚度还不够高？

何为忠诚度

很多人经常开口闭口谈忠诚度，那么到底什么是员工忠诚度？笔者在百度百科上搜了一下，觉得写得还是比较好的。

所谓忠诚，意为尽心竭力，赤诚无私。员工忠诚度是员工对组织的忠诚程度，它是一个量化的概念。忠诚度是员工行为忠诚与态度忠诚的有机统一。行为忠诚是态度忠诚的基础和前提，态度忠诚是行为忠诚的深化和延伸。员工忠诚可分为主动忠诚和被动忠诚。**前者是指员工主观上具有忠诚于组织的愿望，这种愿望往往是由于组织与员工目标的高度一致，组织帮助员工自我发展和自我实现等因素造成的。**被动忠诚是指员工本身不愿意长期留在组织里，只是由于一些约束因素，如高工资、高福利、交通条件等，而不得不留在组织里，一旦这些条件消失，员工就可能不再对组织忠诚了。

忠诚度是可量化的

我们可以将忠诚度简单地概括为，员工愿意留在一家企业并为这家企业努力工作，以及可以持续为这家企业创造更高的价值。因此忠诚度是**可量化的**。**忠诚度公式1**如下：

忠诚度的意义=有意愿+有价值

忠诚度的价值可以通过企业绩效得以体现，这样才有意义、才是真正的忠诚度。一个员工的意愿再好，如果没有能力为企业创造更多的价值，要所谓的"忠诚度"何用？一家企业，遍布混退休的人，所谓的"忠诚度"很高又有何意义？当然，很多时候，个人贡献的价值更多取决于平台及管理者的能力。

读者可能马上反应过来，我有意愿，我也有价值。真的是这样吗？戴尔以前进行员工满意度调查时出过一道题：如果有人给你发来聘书：薪水+30%，甚至100%，你会不会去？大多数人选择会去。

忠诚度是有价码的

我们来看看那些历史悠久的优秀企业是如何建立员工忠诚度的。

《笑着离开惠普》一书中写道，惠普认为员工忠诚度来自4个方面：

- **做事的机会**，我们每个人都是在错误中学习长大的，这叫做事的机会。
- **学习的机会**，当一个员工感到在惠普能学到东西时，自然愿意留下来。在惠普，每个员工要想把所有的培训课程都参加一遍的话，可能要8年左右的时间。
- **赚钱的机会**，任何一个人在企业里工作，其中的一个目的就是赚钱，能得到相对合理的报酬，使自己过上比较好的生活。
- **晋升的机会**，如果一家企业的管理人员都是靠实力晋升的，每个人都会觉得只要自己有实力就有机会晋升，就会有奔头。只要表现优异，企业发展壮大了，自己就会有机会晋升。

因此忠诚度是有价码的，有了优秀的企业和优秀的领导，自然就会有员工忠诚度。管理者有责任创造好的环境和发展条件，给员工一个理由让他们愿意长期为企业效劳，而不奢求员工有自发的忠诚度来满足管理者的权力欲望。**忠诚度公式2**如下：

忠诚度价码=员工满意度+未来的希望=管理者领导力+管理能力+价值观

当你开始谈忠诚度，就说明你输了

员工的忠诚度，是管理者能力及价值观的体现。所以千万不要滥谈忠诚度，那是无能的表现。一个管理者自身没有能力来建立员工的忠诚度，却空喊口号指责员工没有忠诚度，那是一件极其可笑的事情。当领导开始谈忠诚度，就说明他已经到输无可输的地步了。**忠诚度公式 3 如下：**

滥谈忠诚度=管理者无能=（管理者领导力+管理能力+价值观）×三者中的低系数

只要认真观察，我们就会发现，受信任与尊敬的领导者，一般不需要思考也不会讨论忠诚度问题，更不会指责员工忠诚度有问题。一个管理者或领导者如果既不受信任，也不受尊敬，这样的人要治人、管人当然是不可能成功的。如果员工缺乏对领导者的信任和尊敬，则无忠诚度可言。

当员工的忠诚度不够时，管理者应该自我反省，而不是动不动就上升到道德的高度，更不能将责任推给员工。优秀的管理者造就高忠诚度的员工，而糟糕的管理者只会抱怨员工的忠诚度不高。说得更直白一些，管理者太低能了，无法凝聚团队向心力，员工看不到未来、工作得不开心，哪里来的忠诚度？

有些管理者/领导者所期望的忠诚度，是下属能够对自己表现出的个人忠诚度，但他们大部分收获的是愚忠或马屁。这其实是封建思维在作祟，都 21 世纪了，还捧着一纸任命状臆想着"三纲五常"。

要归属感，而不是忠诚度，更不是奉献

"忠诚"这个词通常说的是真心诚意、尽心尽力，没有二心。企业雇用员工来创造价值、股东雇用管理者来创造价值，这是现代企业的基本出发点。

谈"奉献"的人通常带着一种占便宜的思维，其本质就是希望企业以更少的付出来换得员工更多的回报，这是一种不平等的利益交换。事实上，很多领导者空谈忠诚度，本质上就是要求员工多奉献、少计较个人得失，颇有 PUA 的味道。

因此，笔者认为用"主人翁"或者"归属感"更加恰当，因为如果员工认为自己是企业的主人或一部分，那么他们理所当然地就会全力以赴。事实上，就像斯坦福大学心理学家格雷格·沃顿所说的，**多数人认为自己是唯一不属于那个环境的人。**

员工没有归属感是管理者面临的重大挑战之一。员工对企业的归属感低了，就会产生"自己不属于这里"的念头，从而引发很多不良想法，从谎言综合征（我

是个骗子，谁都看得出来），到假想威胁症（每个人都盼着我失败），再到自我设限（为什么还要徒劳尝试）。这些念头会导致自毁行为，如逃避挑战、隐藏问题、无视反馈，以及无法建立支持性的关系。这些行为相应地提高了其失败和被孤立的风险。（见《和压力做朋友》）而这些后果又会成为"我们不属于这里"的证据。

管理者应如何提升员工的归属感？如何让员工说服他们自己是企业的一部分？除了文中多处体现的建立忠诚度与归属感的对与错，我们再来分享两个实用主义。

首先，做事是为了自己。无非就是让每个员工从心底里认为他所做的一切是为了他自己的事业，是为自己的发展铺路，让员工认为公司交给自己的每件事情，都是锻炼的机会、学习的机会。这样一来，员工为了他们自己的事业、为了他们的未来而努力工作就变得非常简单。这就是我们所提倡的主人翁精神。（见《笑着离开惠普》）

其次，企业成功也会带来员工的成长。管理者不管在成果分享或追逐成果的过程中，都要致力于建立企业成功与员工个人成功之间的强关联，让员工相信只要在企业一天，企业的成功就会在一定程度给每个人带来更多的价值。

不要随便谈忠诚度，要为员工思考，先有员工的发展与收益，才会有员工对企业的真诚付出，才可能让员工有归属感，这样自然就不用为忠诚度发愁了。

案例：小罗不想走

小罗是一名资深采购人员，技术出身，在采购这个行业如鱼得水。然而，他所在公司平台比较小，薪资待遇在行业内也只是中间水平，工作得不怎么开心。采购总监发现了这个问题，就跟小罗进行了一次谈心，问他外面有没有更适合他的工作。小罗说他一直在找，暂时没有找到更好的。采购总监给小罗做了一次SWOT分析，直陈他要薪水翻一番的差距在哪里，以及如何在日常工作中进一步打造自己的个人品牌价值。

在对话发生之后的一年，小罗积极工作，与供应商的沟通变得极其顺畅，内部合作效率也大幅提升，项目推进都很成功，于是顺利地晋升为采购经理。这时，外部的两家供应商通过采购总监抛来橄榄枝，分别提出加薪50%和100%邀请小罗加盟，采购总监把这两家供应商的想法转达给小罗。

没想到小罗当场说，暂时不去，再等一年。他已经想好今年的提升目标了，还没有学够本领和超越采购总监呢。

Tips 忠诚度是一种收获，是一种结果。你为员工付出了多少，就会收获多少忠诚度。

（五）追逐有毒的快赢

采购人员最容易犯的错误之一就是追求快赢，特别是新晋升或新到岗的采购管理者。供应商通常也会配合新晋采购管理者实现其一定的降本诉求，团队成员基于不确定性也会积极配合，因此快赢成了很多新晋采购管理者的首选。

在过去十几年，我们见证了多位新晋管理者（包括采购管理者）的失败历程。而看到下面这篇文章，顿时让笔者有种找到组织的感觉。原来我们犯的错误都是一样的，掉入快赢悖论的陷阱中，成了挣扎中的新晋管理者，成为"推土机"式的领导。

哈佛商业评论在 2009 年的时候发表过一篇文章——*Quick Wins Paradox*，大陆多将其译为"快赢悖论"而我国台湾地区的侯秀琴则将其译为"成功不能只在我"，这不仅点到了文章的精髓，读起来也朗朗上口，非常适合日常交流。"快赢"翻译成了"快速制胜"，也很有味道。

案例：快赢悖论之领导者偏离风险

Mark E. Van Buren and Todd Safferstone
快速制胜，却伤到自己

新晋领导者就是因为努力不懈地追求快速制胜，反而无法从中获益。在某些案例中，他们设法取得勉强算是他们想要的成果，过程却不漂亮，还有不良的后遗症，领导力也因此受损。这就是快速制胜悖论！

追求快速制胜的 5 个陷阱

陷阱 1：太注重枝微末节。 导致新晋领导者失败的行为中，最常见的就是陷入枝微末节（琐事）的泥沼。为了追求快速制胜，还在调整期的新晋领导者，会在新职务的某一方面力求表现，但也因为太专注于这个目标，所以对更广泛的责任的关注度不够。

陷阱 2：以负面方式回应批评。 新晋领导者因在前一个职位上表现优异而获提拔，可能认为新职位是公司托付的重任。他可能也察觉到，不见得每个人都欢迎他打算推动的变革，因此认为任何批评都是一种恶意攻击，甚至想办法报复。如果新领导者倾向于以负面方式回应批评，那么他为了追求快速制胜而推动的方案，就会让这种倾向更明显。这个方案可能会锁定新晋领导者自认内行的领域，而且因为这是他首次大规模革新整顿，所以会对反对者非常警惕。

陷阱 3：令人生畏（恐吓他人）。有些领导者走马上任时，认为自己能力出众，在组织中一定会平步青云，这种心态可能会令周边的人畏惧。领导者对自己的计划太过自信时，可能会误以为下属服从就表示他们同意和支持这项计划。

陷阱 4：妄下结论。有些领导者希望快速制胜，因此太早跳入执行阶段。这会让他身边的人觉得，他似乎是在上任之前就想好了解决办法，而不是要大家一起参与设计解决方案。

陷阱 5：事无巨细的管理（微观管理）。领导者新上任时，也会常犯这样的错：干预本应信任别人去做的工作。这类领导者既不愿意花时间让下属进入状态、了解整体的愿景或目标，又担心下属的决策和行动与整体目标不一致，因此总会事后批评下属，并且事必躬亲地管理一切。

重点放对了，就能打破悖论

处于调整期的领导者，应如何避开快速制胜的矛盾？不是靠放弃追求初期成果。我们的分析证实，调整得最好的领导者，其实也会努力不懈地追求快速制胜，但他们着重的是不同类型的成就。他们不靠蛮横待人来证明自己，而是**追求所谓的"集体快速制胜"**（Collective Quick Wins），也就是追求让整个团队共享荣耀的成就。

快速制胜不应该是指你个人或你偏好的项目表现有多好，而是你能不能管理好一个团队。①让大家成为信徒，而不是旁观者。②了解下属的不确定性。③展现谦逊。④了解你的团队。要达成集体快速制胜，就必须和团队一起努力，而不是把团队排除在外。此外，新上任的领导者所带领的每一位团队成员都必须做出很大的贡献，才算是集体快速制胜。

快赢经验与教训

笔者也经历过"新晋领导者"的角色，也掉入过不少快赢悖论里提到的几种陷阱，如亲自参与每一场会议、参与每一场谈判、对下属的工作吹毛求疵，事无巨细……那么笔者是如何掉入快赢悖论的陷阱中的呢？

首先，急于证明自己。在最初几次晋升的过程中，急于想让提拔我的主管知道"我是可以做好的，可以做得完美""你的选择是对的"，因此常常很快做出方案和计划来，一个人埋头快进。

其次，缺乏自信。笔者有几次是在几乎不具备领域知识技能或带团队经验的情况下接受了更宽范围或更高阶的职位，没有真正认清自己的长处，压力过大。在这种压力下，笔者很快就掉入了快赢陷阱。

最后，能力欠缺。管理能力及领导力的欠缺导致管理者对"如果让团队把工作做得更成功"这件事无从下手，自然就更关注"我"如何把事情做得很好。这就形成了一个追逐快赢的闭环：领导力缺乏 → 缺乏自信（可能表现得过于自信） → 给予表现和证明自己 → 取得快赢或者失败 → 更加激进地追求快赢。

给"新晋领导者"的建议：有节奏地快赢

（1）**先听听老板的期望**，这个期望不是仅指结果，还包括时间表。

（2）**盘盘自己的口袋**。了解团队能力和现状，与团队讨论可行的目标与时间表。

（3）**认清自己，承认不足**。就像前面说的"采购不能无所不能，采购不是超人"，认清自己的能力边界，承认不足，适当的时候主动后撤一步。

（4）**制订好自己的计划，自己掌控节奏**。老板期望的多是结果，而我们自己的计划需要兼顾资源、人力、部门协同等要素。通过制订好自己的计划，与老板进行探讨，双方共同完善计划，同时尽力争取到相应的资源与支持。

（5）**陪跑很重要**。有些新晋领导者喜欢逼着下属按照自己的想法做事，这也是很危险的，最好的方式是"下属做，领导陪"。这种陪是一种支持，是在同一个目标的前提下，领导者支持下属去追逐目标。

（6）**长跑拼的是毅力和体力**，不要急于在晋升初期表现自己，不要太在意别人的看法，应适当地将目光置于中长期的规划和战略上。

给"新晋领导者"的领导几个建议

（1）**给予新晋领导者一段缓冲期**，让他们有时间去了解新的领域和团队。

（2）**在初期不要设立过多过高的目标**，让他们提出自己的工作规划，引导他在未来战略和短期绩效间做一定的平衡。

（3）**陪跑**，在这里同样适用，给予新晋领导者更多的支持，这种支持不是事无巨细，而是认真观察新人的需求，在适当的时候给予适当的支持。

（4）**重点关注团队协作**。新晋领导者在接手团队后，多一些资源和支持，使得新晋领导者可以快速融入团队，引导他们领导团队完成工作，而不是纯粹地要结果。

Tips　承认自己不够优秀是一种能力，这不妨碍领导欣赏和提拔你。

二、3 个典型的管理风险

（一）过度管理风险

在 B 公司案例中，为了应对拖沓冗长的审批制度，采购部不得不以大幅提高库存的方式来应对采购周期的变长。在前文案例中，把一个合同审批流程和盖章流程弄得比申请国家级基金还复杂，有什么意义呢？

这些都是过度管理，关于过度管理在"采购管理挑战"部分已经有很多讨论了，这里不再赘述。

案例：医生一罢工，全国死亡率下降 50%

1976 年哥伦比亚堡高塔市的医生罢工 52 天，出现了一个被称为"不寻常的副作用"：当地死亡率同年下降了 35%。

1973 年，以色列全国医生大罢工长达一个月，根据耶路撒冷埋葬协会的统计，该月的全国死亡人数下降了 50%。1983 年，以色列医生再次举行全国总罢工，长达 85 天，这次全国人口的死亡率又下降了 50%。

人们百思终得其解：医生在救死扶伤的同时，也给病人造成了过度治疗和误诊，而且过度治疗率加上误诊率要高于正确合理治疗的概率，于是医生罢工，死亡率反而下降了！国外权威统计数据也证明，在医院死亡病例中，过度治疗和误诊是病人死亡的主要原因。不治之症的自然死亡率倒是次要原因。

在企业管理中也存在类似的情况，这也是我们常常听到有人说"老板不在，效率更高"的原因,我们称之为管理学的"过度管理不如不管理"理论,"过度管理"是这个时代的普遍特征。

如何构建合理的采购流程?

采购流程管理一定要秉着"增值"的原则,宜"重过程,轻流程"。不管每家企业的流程如何,本质上都是由两条线和几个核心流程组成的。一是战术采购:进行需求分析、确定生产需求、寻源、执行采购订单、收货付款、售后管理等;二是战略采购:进行支出分析、制定采购战略,寻找供应商,谈判,签订合同,进行供应商绩效管理、供应商关系管理及供应商退出管理并持续改善等。

"重过程"指的是,在每个采购具体流程中,要求每件事情做得都有依据并记录在案。"轻流程"指的是,不要制定过于复杂的流程,包括审批流程,流程过于复杂会让业务人员分出更多的时间和精力,或者需要增加更多的人员来走流程,而这些行动并不属于增值的过程。

采购电子化是优化和简化流程的重要手段。保证所有信息都在系统里,审批将变得简单,信息和决策将变得更加透明化。

大半部分企业通过 ERP 系统来增强战术采购的流程性管控,从需求管理到 P2P(从订单到支付),所有的库存管理信息等都在 ERP 系统中流动,基本上可以解决战术性采购的管控。战略采购过去一直都是通过会议、品类管理、季度供应商会议等手段来管理,通过纸质文档来保存的,最大的问题在于当需要回顾过去的决策时,售后人员需要到处找历史信息。

最新的趋势是信息通过供应商关系管理系统(SRM)集成到 ERP 系统中。一个良好的 SRM 系统可以将供应商资质审查、供应商信息、供应商选择、供应商业绩管理,以及合同管理(全生命周期的合同管理)等都涵盖在内。SRM 系统有两种,一种是与 ERP 集成的定制化系统,一种是已然自成一体的 SRM 系统。比如 SAP 的 Ariba 的 SRM 系统与 ERP 系统的集成经过适当调适后基本可以实现 SRM 系统与 ERP 系统无缝连接。

流程与业务模式的匹配。采购流程要与企业目前的运营水平和业务模式匹配,适度的流程可以规范行为,不足的流程会导致管理风险,而过度的流程会导致企业"为了流程而流程"。管理者必须确保流程与运营模式、业务模式的一致性。

流程的用户要认清。所有的流程和系统设计都要认真思考用户是谁。本质上,流程、系统都是人在执行、使用。所有的流程和系统都会带来一定的价值,同时也会带来负面效应，在引入一个新的系统和流程之前，企业应该认真听取及评估使用者的意见。

Tips 　好的流程一定是高效的，流程中的人员也是高积极性的。

（二）监管与牵制风险

老板们最喜欢的就是"牵制"和"监管"这两个词，通常希望通过设置部门间牵制机制或强化监管职能来推进采购管理，以提高采购流程的透明度和风险管理，这些看似合理的措施真的能如老板们所愿吗？

"牵制"通常指的是职能之间互为支持与约束，拆解开来就是"牵引"与"制约"。牵引指的是通过引导和支持采购职能更好地创造价值，制约指的是约束采购职能的权力，减少风险。牵引与制约两者皆重要，合理平衡牵引与制约是关键。

"监管"依赖于广泛使用监督机制，包括合规、法务、内控、风控和审计等职能，管理者对企业的各个组织进行监督，期望以此促进企业管理水平的提升。这些"监管"职能设置的初心是找到流程和系统的风险，其落脚点应该是服务组织的中长期发展目标和长期的战略目标、愿景和规划。企业存在的目的是生存、发展、获利。企业要实现其目的，法务、内审、内控、风控及合规可以说是企业的"防火墙""保健医生"。

然而常常事与愿违，牵制与监管体系大多变成了过度管理，完成了四化建设，即领导力沙漠化、流程完美化、公司政治化、协同表面化。来看看这一切是怎么发生的。

"制而不牵"还是"牵而不制"

制而不牵，即只制约不负责支持。在本书的案例中，可以看到管理者采取的各种奇葩措施，成果却是"制而不牵"，即企业形成了"假定有罪"的主流思维方式，有人扮演"警察"和"法官"的角色，"警察与法官"就会形成权力集团，带来整个企业的割裂，制约了企业的发展。

制而不牵到一定程度，就会导致决策系统瘫痪，所有的事都要大领导拍板，推动企业逐步走向"专权模式"，继而对企业的运营造成极大的伤害。就像章义伍老师所说的：在企业里，一些人没事做，一些事没人做。没事做的人盯着做事的人，使得做事的人做不成事，也做不好事。于是，老板夸奖没事的人，因为他看到有人做不成事。于是老板训诫做事的人，因为他真的没做成事。

牵而不制，即只支持不负责制约。企业规矩不够或规矩的执行与监督力度不够，风险就会随之增加。这种情况比较少见，一般手握权力的人大多不会浪费机会。

如何牵制

在技术层面，以成本管理为例，我们先来看看部门之间是如何配合与牵制的。

在产品设计之前，财务、销售等部门要先一起根据市场部的调查结果做好未来的市场需求分析，锚定目标客户，确定未来的可能售价，再推出合理的目标成本。**在设计阶段**，设计部需要采购部提供成本支持和选型联系，可能需要协调供应商早期介入、共同开发等。采购部也希望在设计阶段就参与，这样可以在成本管控和供应商选择上尽早做打算。**进入量产阶段后**，采购部会主导一些降本项目，如品牌件替代、价值分析和价值工程，这时如果没有设计部和质量部的配合及支持，此项目基本上开个头就结束了。至于牵制，那就看成本和效率吧。

不会管，那就强力监督吧

通常出现"制而不牵"与"牵而不制"的情况多是因为管理者领导力缺失，而领导力缺失带来的管理缺失又使企业采取强力监管措施。对于企业来说，**不会管，那就强力监督吧！**

企业应该如何做好采购监管？老板们是不是都想知道答案？老板们经常会认为只要监管职能对企业经营活动进行有效监管就会万事大吉，可事与愿违，实施过程和结果可能没有设想得那么美好。

"以监代管"

"以监代管"就是将管理重心后移到事中和事后的监督上，代替事前的管理提升。就像一个国家要法治化，则必须制定完整的法律来规范公民和组织的行为，并保证这些法律都能够得以实施，而不是让警察盯着每个人，让法官对每件事做评判。

"以监代管"本质上是一种懒政，没有在流程建设、优化、提升效率等环节投入资源和精力，而通过投资监管部门来让该部门帮其监督企业的运作。当企业对管理提升无能为力时，建立监管体系来"以监代管"是最简单的做法。

"锦衣卫和御林军"

大多数企业的监管部门不会有很多机会参与企业战略规划和设计，也不了解企业的实际情况，仅以最佳实践的逻辑来执行监管，再加上监管与被监管部门对监管的理解各有不同，监管职能逐渐演变为"锦衣卫和御林军"。

怎么办

领导者应该如何合理地引导部门之间的配合与牵制？如何合理监管？事实上对于领导者来说最大的挑战是自我与对人性的理解，因此笔者认为领导者应遵循以下原则，并提供几条建议，仅供参考。

原则：无论是牵制还是监管，一定要遵循"帮助提升管理和服务战略为目标，而不是监督"原则，更重要的是促使业务部门提升管理能力，提高他们的风险意识，逐步建立业务部门的自我风险控制能力。

几点建议：第一，基于业绩目标设置跨部门的 KPI 目标，以此引导各部门都为同一个目标而努力。第二，要小心政治斗争，有人就有政治，有权力就意味着利益，所以一定不能让牵制与监管成为员工用来争宠的利器。更不要主动挑起政治斗争。第三，合理确定各部门的职责与界限。一旦出现不合理或者过度的牵制与监管，领导必须及时让员工知道底线在哪里，不然最后只有两种结果：企业没有声音了或者鸡飞狗跳。

案例：某公司法务审合同

新任法务负责人一上任，便开始对采购合同大加指责和干涉，对原有的框架合同版本做出大幅修改。他修改的理由如下："如果供应商想做这个生意，就是有利可图，有利可图就应该接受苛刻的条件！"

　　苛刻到什么程度呢？苛刻到供应商要做这家公司的生意，基本上要做好破产的准备，必须承担非常高的赔偿责任。因为这个法务负责人要求供应商承担所有可能因此导致的损失，包括所有的间接和直接损失。

　　很多合同经过这个法务负责人修改后都无法进行下去，由于业务的特殊性，这家公司在大部分供应商那里的议价能力本身就非常弱，供应商的接单意愿也非常弱，在这种情况下，这个法务负责人的强行干预给采购部造成了极大的困扰。

　　在一场合同管理谈论会中，采购经理展示了这家公司在各家供应商的销售占比，基本为 2%～5%，博弈筹码少。这位法务负责人说："可能因为我刚来，不熟悉业务，所以我觉得我们可以在合同里提比较苛刻的条件，以后你们跟我多介绍一下情况吧。"

　　这种牵强的理由当然也算一种理由，但是最根本的原因是什么？是领导的想法激发了这个法务负责人的权力欲望，他希望借此快速站稳脚跟，卖弄其法务专业性和从公司利益出发的忠诚度。然而，其在不了解供应状况的情况下，强势提高合同的风险管理边界，反而将这家公司的风险等级大幅提高了。

Tips　监管的最大陷阱是以监代管！
牵制与监管的目的是支持业务发展，而不是牵绊业务的前进。
用成效来管理，用目标来管理，而非用监督来管理。——彼得·德鲁克

（三）继任者风险

继任者填不满的漏洞风险

　　一个看似优秀的管理者，常常"过于强大"，以一己之力保持卓越运营或者勉强运营，然而他们没有建立起保持优秀乃至卓越的组织能力，以至于他的继任者不得不面对管理空缺，甚至战略空缺。而在这种管理者离开企业之前，最高管理者可能都不会意识到这种风险，因为目前一切看起来都很好。这种管理者没有完全完成自己的本职工作，而他的上司也没有。

　　这种情况在采购与供应链方面尤其容易出现。

半满与半空的风险

每个领导者或老板都希望管理层保持一定的稳定性，实际上因为各种原因管理层总会出现一定的更替，这种更替通常使机遇与挑战并存。我们来看一个古老的哲学问题："杯子已经半满"和"杯子仍然半空"。对于一个新上任的管理者，看到的是半满的水还是半空的水，取决于这个人的思维倾向和思想境界。

采购管理者经常碰到的一个重大挑战就是总经理又换人了！好不容易磨合好了，现在又要重新磨合，这就是领导的继任者风险。采购组织自身也会碰到核心管理人员更替的情况，所以我们面临的是下属的继任者风险。

积极的继任者看到的是"半满的水"，这些已经在杯子里半满的水就是前任管理者留下的技术、流程、体系及团队。他们会首先思考这"半满的水"的价值点是什么、如何更好地发挥其价值，然后思考如何获得提升的空间。

消极的继任者先看到的是"半空的水"，他们总是觉得这里不好、那里不好，一上来就大举改革，甚至推倒重建。但采用这种方式，鲜有成功者。继任者出现"半空的水"思维大概有两种原因：一是为了获得肯定而否定。通过"高明"来否定前任，以获得肯定；二是快速通过否定来控制团队和获得权力。他们这样做的原因多是自以为是、不自信和权力欲望过重。

培养继任者不仅是一种选择，更是一种智慧。继任者风险对于个人的影响只是职场成就的高低，而对于企业来说却是影响深远的。

案例：新任总经理的绝学

新任总经理王总看到的是"半空的水"，他上任后就开始逐步倒掉这"半杯水"，全面否定前任总经理制定的规则，将前任总经理倚靠的重臣挨个打压一遍，重点提拔原来处于边缘位置的人。

当很多核心规则被打破，新规则却没有能力建立起来或来不及建立时，公司很多员工没有了方向，就像一群失去太阳的蜜蜂，大家"飞累了"，就开始混日子。

原有的核心管理人员开始"躺平"，不说话、不评论，反对的声音都被视为对新任总经理的抵触，都会招致报复。新的核心管理人员快速崛起，他们在尝试自我突破的同时也要面对自我挑战——对能力的挑战，对眼界的挑战。

"半杯旧水"倒得差不多了，装进"新水，好水"的进展却不尽如人意。王总上任不到一年，该公司的员工离职率超过40%，新增订单下滑超过50%，出现近些年少有的亏损。

　　企业，要建立积累的过程。对企业来说，每一任职业经理人都会在任期内积累一定的管理和行为方式，对此，积极部分应被视为企业的基础，并对其进行积极管理；而消极部分需要由下一任经理人想办法消除。

案例：F 公司的继任管理

　　F 公司是一家私营企业，老板对人才非常重视，一直在企业配备高端职业经理人，推行现代企业管理制度，成效显著，企业发展迅速。然而 F 公司也面临着和大部分私营企业一样的挑战，即请人容易留人难，每一次管理层的变化都会带来冲击，导致一次一次流程与秩序重建。除了尽量减少不必要的管理层变化，F 公司还推出了一系列针对管理的提升措施。

　　①将每位管理层的管理要求尽可能写入公司的系统和流程中，使得好的管理成为公司企业文化的一部分。②践行知识管理，要求管理层对日常工作中的体会和经验进行及时分析与总结，建立知识库与培训体系，使得每个员工都能够获得需要的培训和知识。③任何一个离任管理者都需要在离职前对公司做出诊断和建议；新任管理者在入职 3 个月内必须维持原有流程与团队，3 个月后提交诊断和未来的发展计划到管理委员会进行讨论。

　　通过上述政策安排，F 公司管理层的更替变得平稳了，知识和管理经验也得以传承，并建立了螺旋式上升的管理提升机制。

第三部分总结：供应管理的企业家精神

- **5 个常犯的错误：**打造体力工作者团队，将领导力扔进垃圾桶，向上管理与向下管理，滥谈忠诚度，追逐有毒的快赢。
- **3 个典型的管理风险：**过度管理风险、监管与牵制风险、继任者风险。
- **四化风险：**领导力沙漠化，流程完美化，协同表面化，公司政治化。

后记：享受失败，砥砺前行

享受成功的失败

《茶经》里说："采不时，造不精，杂以卉莽，饮之成疾。"意思是，采摘茶叶不按时节，制作茶叶的工艺不够精细，茶里充斥着杂草枯叶，这样的茶喝完后会让人生病。

在书中，我们展示了许多优秀采购管理者的实践案例，大多看起来是成功的，然而背后也隐藏着无数的辛酸，也有很多失败的体验。比如，有些同事，无论你怎么用力，他们都无动于衷。有的只关注短期的价值，有的一直在等退休，有的将保住工作当作唯一的动力……

我们也经常发现自己错了。比如，我们没能预防优秀员工流失，我们没有充分建立跨职能协同，员工的潜力没有被充分发掘，甚至很多时候结果错了，至于错在哪里却也说不清楚（时机不对、用力过猛、战略过高、低估现实的力量……），我们常常让我们的团队和同事们失望，等等。

一个团队终究要与组织大环境协调，甚至妥协。办公室政治、部门壁垒、权力争斗等，最后都可以追溯到管理层成员身上。无论是打造高绩效的采购组织，还是推进可持续供应管理战略/提升协同/关注间接采购，往往会发现最大的障碍来自管理层成员，也就是说采购管理者常常只能在有限的范围内做出优化。

我们深知，只有最高决策者与管理层成员达成共识并觉醒，才能帮助采购职能更好地赋能业务，我们也相信每天一点点可控范围内的改变终究会带来质的变化。采购依然难做，采购依然难管，我们依然很难摆脱三大陷阱，但这也意味着**我们还有成长空间。我们爱这份工作，爱我们的团队，我们也将继续砥砺前行。**

终极目标不是总经理

蜂巢中的工蜂看似工作忙碌却有序而有效，原因就是它们是自我组织的。在自我组织的团队中，团队是一个整体，既没有角色之分、职位之分，也没有高下之分。团队成员的任务不是被上级强加于身的，而是根据自己的愿望和能力对任务进行合理评估并主动领取的。**这就是自组织——采购管理者的终极目标**，如果能做到，那么获得总经理职位也不是什么难事。

"'什么都不干'的采购总监""采购部是怎么做到的"等系列案例所呈现出来的组织特征已经**初具"自组织"的雏形了**。比如，**弱中心化**，团队领导者不再扮演下指令的角色，而转换为辅助与支持的角色；**自行运作的能力**，团队不再依赖指令工作，团队协作无须外力干涉，团队会自我管理与自我控制等；**自我生长**，团队成为学习型组织，有良好的继任者计划，组织的自我进化能力形成；**自我决策**，核心管理团队建立了领导力，获得足够的授权和自主权，形成了自我决策能力。

多数现代优秀的组织或多或少都具备"自组织"的影子，自组织非常适合作为建设高绩效的采购组织的标杆。对于自组织，我们要有以下认识。

不追求完全的自组织。一个组织通常情况下并不是单纯的他组织或自组织，更多的是他组织与自组织的相互交织，关键在于自组织的占比高低。

自组织不是无组织。自组织团队的形成依赖于一个明确的边界与支持环境，组织环境为它提供生产和结果所需的支持，包括信息、基础设施、教育、奖励等；而明确的边界是一个组织最基本的规则，如商业和道德准则、企业价值观等。

自组织不是降低绩效标准，不是"什么都行"，相反，自组织会设立更高的工作标准和绩效目标。自组织的领导者致力于构建心理安全的工作场所与氛围，帮助成员共同制定远大目标，设置更高的绩效目标，通过激励与赋能团队使成员达到目标，因此通常自组织具备更高的绩效成果。**自组织领导者只做两件事：设立高标准与赋能。**

打造自组织的前提条件

团队的目标必须是一致的，成员对目标的达成有积极性。自组织的成员可以自主决定工作内容和工作目标，如果成员没有统一的方向，则可能会导致大家都很努力，但很难形成合力，最终事倍而功半。

团队成员的综合能力水平要达到一定的水准。队伍中能够出现某些领域的专家，且团队成员挑战的难度必须在个体能掌控的范围内，这样成员才能不断地挑战自我、产生提升自己的动机。

团队必须存在较高的信任度。 人们渴望有一种相互尊重、彼此信任的感觉，领导者必须积极促成这种信任的形成。

高透明度。 组织必须保持相当的透明度，提供给成员足够的信息和业务数据，只有这样成员才能更好地根据进度及时地调整自己的工作方向。

团队应当是开放的、民主的、包容的， 并且允许成员对领导的决策提出异议。

领导者具备极高的领导力， 而不是极高的权力。领导者必须有意愿并且有能力接受去（弱）中心化，这可能是打造自组织最大的挑战，也最考验领导者的能力与自信程度。

案例：采购部是怎么做到的—4

Thomas 和太太都是职场打工者，Thomas 是采购总监，太太是资源开发兼政府关系总监，一个在外企上班，一个在上市公司上班。太太的收入比较高，除高薪资外还有股权激励，所以 Thomas 在家里排在最后，前面还有只叫汤圆的小猫。

收入有差异但没有本质差别，而在工作压力上却有着明显的差异。太太经常很苦恼，Thomas 看起来游刃有余。于是太太向 Thomas 请教，Thomas 说管理这种事情很难说清楚，但有几点可以分享给她。

Thomas 说他的团队会有一些特性，如离职率非常低、员工成长很快、内部影响力比较大、做事有点我行我素，以及会吵架、会扛事、抗压……除创造机会让他们成长、给他们设计职业规划这些常规的管理做法外，还有一些比较有他个人特色的想法和做法，如下所述。

- **我的命是下属给的。** 下属不给力，我是不是要累死，或者被口水淹死？所以，领导的命是下属给的，领导要对团队有敬畏之心，也正是因为如此，不能让下属受太多委屈或累死。
- **1/3 的收入花在下属身上。** 这 1/3 的收入可以用于培训支持，可以用于纯财务支持，也可以用于请下属吃饭、喝酒等。
- **老板？下属？选择题。** 很多时候，在很多事情上我们必须做选择题。比如，是支持老板还是支持下属？我的选择是在二选一时优先支持下属，虽然老板是决定你薪水和晋升的人，但是下属是帮你做业绩的人。
- **不要相信老板，而要相信下属。** 老板经常说说而已，而对于下属你可以要求他们不仅要说到还要做到，所以相信不相信老板不重要，但一定要相信下属。

- **一个都不能少**。不管是职业规划、个人成长、财务支持等，还是对下属的尊重，一个都不能少，在能力范围内要全力以赴。每个人都值得你去付出，付出终有回报。

- **要明确你要什么？要下属做什么？** 明确并不断强调我希望团队达到的目标、每个人要达到的高度，以及与他们之间工作分工的平衡点在哪里。

- **做好背锅和助理的角色**。我就是用来给团队背锅的，下属做不好，责任都在我。我就是他们的助理，专心做好支持和服务工作。

致谢

"一本混乱到一定等级的书 ，跟他的逻辑一样混乱。"——小乔

"说人话，做人事"是当今这个环境中最重要的事。——张先生

没有总结，总结就在开头的"一页读完一本书"。这本书写下的只是笔者和团队的经验与感受，是笔者和团队及众多从业者在日常工作中的简单案例分析/思考与延伸。或许你跟我一样，因此有了更多的问题；你在书里可能找不到答案或发现很多你不认可的逻辑；你也可能会在书中找到自己的影子。我们的目的是引发一些思考，希望拙作可以给你带来一点感触。

感谢 ISM、刘宝红、宫讯伟、张得红，你们对采购知识的追求给我了勇气。感谢斯坦福大学创新中心的 Michael Lewrick、Patrick Link、Larry Leiffer，你们的《设计思维手册》燃起了我写这本书的热情。感谢知乎，给了我写作的起点。

特别感谢在职场成长道路上给了我无数支持和启发的前辈和同事们：玉煌、Terence、Dirk、Dr.Zhang……

在写作过程中，我获得了很多兄弟姐妹的支持和鼓励（或打击），让我有勇气写一本跟采购专业性相关度并不高的采购书籍。如果没有这些来自采购、销售、行政、法务、财务等领域的朋友的帮助，我是无论如何都不能有这么多的收获的。感谢上海好邻居石姐在封控期间用无数美食激励我继续码字！感谢天真兄两年的倾囊相授……

在码字的过程中，我才意识到原来在惠普的十年里，惠普的管理理念在我脑子里深深地刻下了无数抹不掉的印记，感谢惠普公司和那里的同事们！更要感谢过去几年给予我压力与挑战的同事们，是你们给我注入了能量、勇气与希望，让我学会积极拥抱压力。

特别感谢曾经和我一起奋战过的几个团队，有的是全球最佳的团队，有的已经具备"Best Practice"雏形，有的已经开始了退休生涯，有的在创业道路上披荆斩棘。我时常怀念曾经一起奋斗的日子！感谢遇到你们，让我们彼此成就！

感谢识干家的编辑 Yoyo 及电子工业出版社的编辑们专业且细致的辅导与帮助，使本书有了质的提升；谢谢李蔚数次帮我制作书样，为我修订本书提供了巨大的帮助。

感谢陪伴我写完这本书的几位同事，这几年陪着我奋战。借用张帅在美网女双决赛前在社交媒体上写的话："**若不是因为有你，我依然在风雨里，只要心中有希望，就一定会看到光！**"江湖再见！

茶

少时喜欢高山乌龙，肆意而浓烈。

中年爱上武夷岩茶，厚重但清润。

暮时恋上福鼎白茶，简单且清新。

好茶不一定非得像武夷岩茶或高山乌龙那样经过复杂的炮制，将茶叶所有的精华如同孔雀开屏似地绽放，也可以像福鼎白茶那样，只有采摘、萎凋、烘干 3 个步骤，不炒不揉，只呈现自然馈赠的味道，滋味清淡、清甜爽口。我最喜欢福鼎白茶的地方就是它带着一丝丝的青草味，让人有置身茶园的感觉。

采购人员的价值既可以如高山乌龙一般浓烈，也可如武夷岩茶般厚重，更可以如福鼎白茶一样清新、与众不同。**敬请期待笔者的下一本书——《采购人的价值实现》。**